Trouver l'espoir face à la mort

J'AI LU

CHRISTINE LONGAKER

Trouver l'espoir face à la mort

Un guide pour l'accompagnement émotionnel et spirituel des mourants

Traduction de Marie-Béatrice Leray
avec la collaboration de Marianne Coulin

J'AI LU

Bien-être

Titre original :
FACING DEATH AND FINDING HOPE
A GUIDE TO THE EMOTIONAL AND SPIRITUAL
CARE OF THE DYING
Doubleday, New York, 1997

Publié avec l'autorisation de l'auteur,
c/o Baror International, Inc., Armonk, New York, USA

Ce livre est dédié à mes maîtres spirituels,
Sogyal Rinpoché et Nyoshul Khen Rinpoché,
en signe de gratitude.
Par la bénédiction de Guru Rinpoché
puissent leurs vies être fermement établies
et leur activité compatissante rayonner
de toute sa splendeur
dans les dix directions.

Ce livre est aussi dédié à
Mère Teresa, Dame Cicely Saunders,
Elisabeth Kübler-Ross
et à tous ceux dont le travail courageux
d'accompagnement des mourants
est une expression de respect pour la vie.

Puissent la compassion et la sagesse
croître dans le cœur et l'esprit de ceux qui liront ce livre
et de tous ceux qui leur sont proches,
ainsi que dans le monde entier.

Sommaire

Préface

« Apprenez à mourir et vous saurez comment vivre. Quiconque n'a pas appris comment vivre n'a pas appris à mourir. » Ces mots, extraits du corpus médiéval intitulé *L'Art de mourir,* me reviennent souvent à l'esprit quand je songe à la vision que nous avons de la mort et à son rapport à la vie. Ce n'est qu'en apprenant à affronter la mort que nous aurons appris la leçon la plus importante de la vie : comment faire face à *soi-même,* comment aller au bout de soi-même, au sens le plus profond du terme, en tant qu'êtres humains.

Malheureusement, ce n'est bien souvent qu'au moment où nous sommes sur le point de mourir que nous commençons à y penser. Même ceux qui ont la chance d'être accueillis dans une unité de soins palliatifs ne le font qu'à la fin de leur vie. Quant aux religions et aux personnes qui ont vécu une expérience de proximité de la mort, elles disent avoir vu défiler toute leur vie devant elles au moment de la mort. Mais n'est-ce pas un peu trop tard ? Ne faudrait-il pas acquérir bien avant la connaissance et la sagesse dont nous avons besoin pour faire face à la mort et à la vie ? Ne devrions-nous pas nous préparer tout au long de notre vie à ce passage ?

Peu de domaines dans la vie exigent un changement de perspective aussi radical que celui de l'accompagnement des mourants. Au cours des dernières décennies, un travail considérable a été accompli autour de la mort, et de plus en plus de gens apprécient que l'on prenne en compte les besoins émotionnels et matériels des personnes en fin de vie, afin qu'elles puissent mourir dans la dignité, sans trop souffrir, et entourées d'amour. Mais nous ne leur apportons pas encore tout le soutien spirituel dont elles auraient vraiment besoin. Dans un monde comme le nôtre, fasciné par les objectifs à court terme et les solutions rapides, on aurait vite tendance à se dire qu'après la mort, tout est fini. Le soutien que nous pouvons apporter sur le plan spirituel relève au contraire d'une vision à long terme, une vision qui englobe la totalité de la personne en fin de vie et de son avenir, et reconnaît que nous pouvons l'aider bien avant sa mort, et même après.

Quelle est la chose la plus importante à faire quand nous aidons une personne mourante ou vivante ? Lui donner notre amour. De tout notre cœur, sans condition, en étant aussi libres que possible de tout attachement. Or, notre amour est souvent mêlé à toutes sortes d'histoires compliquées et à nos blessures passées, si bien que ce que nous prenons pour de l'amour n'est bien souvent que de l'attachement.

Notre tâche consiste à découvrir ce pur amour, et c'est curieusement la mort, ou plutôt l'impermanence, qui peut nous y aider. Si nous avons tendance à trop nous attacher aux choses – qu'il s'agisse de nos émotions, de nos idées, de nos opinions, de nos possessions ou autres –, c'est parce que nous n'avons pas pris l'impermanence à cœur. Dès lors que nous pouvons accepter que l'impermanence soit la nature même de la vie, que tout le monde souffre, y compris nous-mêmes, il devient assez naturel de lâcher prise quand nous nous retrouvons confrontés à des changements ou à la mort.

Si l'impermanence était solidement ancrée dans notre cœur, nous verrions que, si tout le monde parvenait à prendre conscience de cette vérité, alors, même au plein cœur du changement, de la mort et du deuil, notre sentiment de perte ne serait pas aussi fort. Nous verserions des pleurs non pas en raison de la mort et de l'impermanence – qui sont des faits de la vie –, mais pour quelque chose de plus profond, notre compassion, parce que nous saurions que toute la peine et la souffrance que nous éprouvons n'ont pas de raison d'être, qu'elles ne sont là que parce que nous n'avons pas compris que tout, absolument tout, est éphémère.

Toutes les traditions spirituelles nous enseignent que, même lorsque les pires tragédies et les pires souffrances nous arrivent, il reste toujours de l'espoir, car il existe quelque chose que rien ne peut détruire et que personne ne peut nous retirer. C'est là une vérité fondamentale, une essence spirituelle qui se trouve en chacun de nous. D'après l'enseignement du Bouddha, c'est la compréhension de la nature véritable de notre esprit qui nous permet de mettre au jour nos ressources infinies de sagesse et de compassion.

Nous désirons tous donner notre amour à une personne mourante, et si nous avons découvert la nature de notre esprit, si nous l'avons stabilisée par la pratique de la méditation et intégrée dans notre vie, l'amour que nous pourrons donner n'en sera que plus profond, car il jaillira d'une tout autre source : du tréfonds de notre être, du cœur de notre nature éveillée. Cet amour possède une qualité particulière de liberté. Cet amour-là, au-delà de tout attachement, est semblable à l'amour divin. C'est l'amour de tous les bouddhas, celui du Christ, de Dieu. En demeurant dans cet état, sans nous forcer ni même penser, nous pouvons sentir la présence du Bouddha ou du Christ. C'est comme si nous devenions leur ambassadeur, leur représentant, de sorte que notre amour, nourri par leur amour, est renforcé par leurs bénédictions. L'amour qui jaillit vraiment de la nature de l'esprit est une telle bénédiction qu'il a le pouvoir de dissiper la peur de l'inconnu, de nous procurer un refuge contre l'anxiété, de nous apporter la sérénité et la paix ainsi que le courage d'affronter la mort et l'au-delà.

Comme nous le découvrirons nous-mêmes, plus nous

pourrons *incarner* les enseignements spirituels, plus le soutien spirituel que nous offrirons à la personne en fin de vie sera naturel et efficace. *Ce que nous sommes* est bien plus important que nos paroles ou nos actes. Notre seule présence peut rassurer notre ami dans ses derniers instants et susciter en lui une confiance profonde, de l'espoir et le sentiment que la vie a un sens.

Je crois que les enseignements bouddhistes sur la mort et l'aide aux mourants ont quelque chose de formidable à offrir aux personnes de toutes croyances comme aux athées, sans aucune notion de conversion ou d'exclusivité, restant fidèles en cela à l'esprit du bouddhisme. Chacun doit se sentir libre de les mettre en pratique. L'un de mes espoirs les plus chers, c'est que, partout dans le monde, les gens aient accès à ces enseignements, quel que soit leur niveau d'instruction. Savoir qu'à l'heure de notre mort nous bénéficierons du meilleur soutien spirituel possible constitue à mon sens l'un des droits humains les plus fondamentaux. Notre façon de mourir est très importante, car c'est le moment le plus essentiel de notre vie, et nous devrions tous avoir la possibilité de mourir en paix. J'espère que dans les années à venir nous assisterons à une véritable révolution dans notre approche de l'accompagnement des mourants. Une révolution qui porterait dans son cœur les valeurs spirituelles les plus profondes et donnerait lieu à la création de diverses structures dont les gens pourraient bénéficier à différentes étapes de leur vie ou lors du processus de la mort.

Christine Longaker est l'une de mes plus anciennes étudiantes. Elle a consacré sa vie à accompagner les mourants ainsi que leurs familles, et à former d'autres personnes à cette tâche. Je sais que les richesses contenues dans ce livre sauront vous donner l'inspiration et la force de trouver le courage, la compassion et le savoir-faire nécessaires pour venir en aide aux grands malades ou aux mourants, tout comme elles vous aideront dans la quête de votre être véritable, votre droit ultime en tant qu'être humain.

Laissez-moi ajouter mes propres prières : puissent les aspirations de tous ceux qui sont engagés dans la tâche noble et souvent bouleversante d'accompagner les mourants se réaliser ! Puissent tous ceux qui vivent leurs derniers instants connaître une mort paisible, et tous ceux qui luttent dans leur vie trouver le bonheur et un chemin spirituel authentique ! Puissent les bénédictions des bouddhas et de tous les êtres éveillés nous éclairer et transformer notre cœur et notre esprit !

SOGYAL RINPOCHÉ

Prologue

Cela fait maintenant plus de vingt ans que je me suis engagée dans une voie spirituelle, à la fois pour me libérer de la douleur de mon deuil, à la suite du décès de mon mari, et pour me préparer sérieusement à ma propre mort. Quand mon deuil a commencé à prendre fin, j'ai remarqué que beaucoup de personnes malades ou mourantes souffraient inutilement, comme cela avait été le cas pour mon mari. J'ai également assisté aux nombreux défis auxquels sont confrontés le personnel soignant, les proches et les amis du mourant ainsi que tous ceux qui cheminent seuls à travers les territoires désolés et inconnus du deuil. J'ai moi-même traversé seule l'épreuve difficile de la perte, pour finalement me consacrer, une fois guérie, à aider ceux qui passent par ces transitions cruciales.

L'année durant laquelle mon mari était malade, j'ai lu un article sur un nouveau concept de soins pour l'accompagnement des mourants dans le cadre d'unités de soins palliatifs. Les principes de cette approche semblaient correspondre exactement aux besoins de notre famille : un système humain et bien conçu pour gérer l'inconfort et la douleur des patients en phase terminale ; un soutien pour les familles qui décident de ramener chez elles un proche au seuil de la mort ; une prise en charge de la personne dans sa totalité (et pas seulement de sa maladie), grâce aux efforts coordonnés d'une équipe pluridisciplinaire et au soutien continu apporté à la famille durant la phase de deuil. En 1977, il n'y avait cependant que quatre unités de soins palliatifs aux Etats-Unis et aucune près de chez nous à Los Angeles.

Après le décès de mon mari, je suis partie vivre avec mon fils de quatre ans au nord de San Francisco où j'ai eu la chance de rencontrer un groupe de personnes merveilleuses qui mettaient en place une unité de soins palliatifs. Par bonheur, mon cursus à l'université de Californie de Santa Cruz m'offrait la possibilité de mener de front mes études et mon travail avec eux.

En même temps, j'ai commencé à étudier et à pratiquer dans la tradition du bouddhisme tibétain, ce qui m'a aidée à comprendre que, pour vraiment servir les autres, j'avais besoin de me libérer moi-même, en visant à l'éveil et à la libération totale de la souffrance. Bien que ce but d'atteindre l'éveil soit mon engagement et mon intention la plus élevée, je continue aujourd'hui encore de m'y employer et je sais que je suis bien loin d'être libre. C'est pourquoi, en écrivant ce livre, je me situe comme cheminant moi-même sur une voie de développement spirituel.

Après avoir travaillé pendant sept ans à l'unité de soins palliatifs de Santa Cruz, je partage depuis 1984 ce que j'ai appris en animant des séminaires pour le personnel soignant, les personnes en deuil et celles qui sont confrontées à une maladie chronique ou à l'imminence de leur mort. Aider les autres à apprendre à se préparer à la mort dans une perspective nouvelle et porteuse d'espoirs – et voir tout le courage dont ils font preuve pour appliquer dans leur vie ce qu'ils ont appris – a ainsi donné plus de sens à la souffrance de mon mari et à la mienne.

J'ai également passé de nombreuses années à travailler comme bénévole pour Rigpa – une organisation bouddhiste tibétaine, sous la direction spirituelle de Sogyal Rinpoché et de Dzogchen Rinpoché –, et j'ai participé à la mise en place d'un nouveau programme de formation à l'accompagnement spirituel au sein de Rigpa. Toutes les pratiques de soutien aux personnes en fin de vie que j'ai apprises dans la tradition du bouddhisme tibétain m'ont incitée à faire connaître la richesse et la sagesse de ces enseignements à un public plus large, particulièrement auprès du personnel soignant et des personnes confrontées à la mort ou au deuil. C'est le principal objectif du « Programme d'étude et de formation pour l'accompagnement spirituel », et l'une de mes aspirations en écrivant ce livre.

J'ai découvert, comme tant d'autres professionnels de la santé et de bénévoles à travers le monde, que certaines pratiques bouddhistes traditionnelles peuvent être utilisées auprès de personnes non bouddhistes avec un succès remarquable. Ces pratiques sont présentées dans ce livre sous une forme tout à fait accessible, aussi bien pour le personnel soignant que pour les non-bouddhistes désireux de les intégrer dans leur vie et leur travail quotidiens. Si ces pratiques vous semblent intéressantes et efficaces, peut-être souhaiterez-vous suivre des cours sur le bouddhisme afin de mieux connaître les enseignements traditionnels et les techniques de méditation qu'il propose.

Sachez toutefois que les enseignements de l'ancienne tradition de sagesse du bouddhisme tibétain sur la mort, sur les états qui suivent la mort et sur la nature véritable de l'esprit, sont extrêmement subtils et sophistiqués, et qu'il est par conséquent difficile de les transmettre à l'aide de mots. Je présenterai ici, au mieux de mes capacités et selon mon niveau actuel de compréhension, les enseignements que j'ai reçus de Sogyal Rinpoché. Mais comme je suis toujours une étudiante et que je n'ai pas réalisé pleinement la vérité de ces enseignements, je vous demande, ainsi qu'à mes maîtres, de bien vouloir excuser les éventuelles erreurs que j'aurais pu commettre dans ce livre.

Que nous nous considérions comme athées, juifs, chrétiens, musulmans, hindous ou bouddhistes, que nous croyions à la renaissance ou non, le plus important est de développer un « bon cœur » en domptant nos tendances égoïstes et en veillant sans relâche à faire preuve de compassion et d'amour envers les autres et à leur accorder notre pardon. C'est en développant ce « bon cœur » tout au long de notre vie que nous serons capables de nous réconcilier avec les autres, d'apporter la paix dans ce monde agité et d'affronter la mort en étant libérés de la peur.

Certes, il est possible de bien mourir sans les enseignements et les pratiques bouddhistes. Bien que mon chemin spirituel m'ait apporté espoir et inspiration, je n'ai aucunement l'intention d'imposer ces idées à qui que ce soit. Les vues et les pratiques spirituelles présentées dans ce livre sont destinées aux personnes qui désirent apprendre comment se préparer à leur mort de la meilleure façon possible et développer la confiance et le courage qui leur permettront d'apporter un soutien authentique autour d'elles. Lorsque vous vous occupez de personnes qui viennent de cultures ou de systèmes de croyance différents des vôtres, pensez toujours à les aider d'une manière appropriée à leur compréhension. Que vous puissiez ou non parler de spiritualité avec ceux qui souffrent ou vivent leurs derniers instants, vous pourrez toujours leur offrir en silence vos prières et vos méditations.

Les mourants veulent être considérés comme des personnes *vivantes* ; ils veulent être acceptés avec compassion dans leur vulnérabilité et leur souffrance, tout en continuant à être perçus comme des personnes à part entière. Nous y parviendrons d'autant mieux que nous serons préparés à notre propre mort, notamment en pratiquant la méditation qui nous permet de nous relier à notre essence véritable. Puis, lorsque nous serons au chevet d'un moribond, nous saurons avec certitude qu'il est plus que sa souffrance, plus que tout ce qui se manifeste alors à la surface : la confusion, la colère, le déni, la folie... Nous pouvons reconnaître et honorer la bonté inhérente de chacun, même si cet aspect semble obscurci.

Dès lors que cette compréhension fait partie de nous, nous ne sommes plus tentés d'exposer des bribes de connaissance philosophique ou des platitudes à une personne qui est sous l'emprise de la peur et de la confusion, et nous pouvons au lieu de cela lui offrir toute la richesse de notre cœur. *L'accompagnement spirituel étant une expression de notre compassion et de notre sagesse inhérentes, il est notre manière d'être tout entière.*

Tout ce que j'ai appris des professionnels et des bénévoles qui apportent un soutien vital aux personnes séropositives ou atteintes du sida transparaît dans ce livre. Il y a toutefois un autre message que j'aimerais transmettre au sujet de l'épidémie du sida.

On m'a souvent fait part du récit tragique d'homosexuels qui avaient été jugés et rejetés après avoir révélé le diagnostic de leur maladie à leur famille. Je peux aussi comprendre l'extrême difficulté à laquelle se trouvent confrontés certains parents affectés par le deuil de leur fils, surtout s'ils vivent dans un milieu où ils pourraient être frappés d'ostracisme en annonçant la mort de leur fils ou en montrant leur chagrin. J'aimerais tant que l'on reconnaisse la peur que suscitent en nous ceux qui choisissent un style de vie différent du nôtre, et que l'on s'efforce de la vaincre. Notre tâche dans la vie est d'apprendre à aimer. L'amour est fondé sur la compréhension et l'acceptation, et la compréhension naît d'un dialogue ouvert et franc. Chaque personne est digne de notre plus grand respect, car chacun de nous est un « enfant de Dieu » à même de devenir un Bouddha, un être éveillé.

Tous ceux qui ont besoin de notre soutien, que ce soit les personnes atteintes d'une maladie chronique ou incurable, les familles en deuil, les patients se remettant d'une crise cardiaque dans une maison de repos, tous ont aussi quelque chose à nous offrir. Lorsque nous nous relions vraiment aux autres, que nous leur accordons notre compréhension et notre amitié, nous recevons d'eux beaucoup plus que ce que nous leur donnons. Ce cadeau est plus satisfaisant pour l'esprit que le prestige, le pouvoir ou n'importe quelle somme d'argent.

En offrant notre soutien, comme professionnel ou comme bénévole, à ceux qui sont malades, souffrent ou vivent leurs derniers instants, nous pouvons apprendre à mieux nous connaître, à dire la vérité avec bonté et à découvrir les meilleurs aspects de nous-mêmes. Nous devons surtout adopter une attitude ouverte, en comprenant que, plus nous apprenons, plus il y a à apprendre. Chaque fois que nous pénétrons dans le monde de la souffrance, nous avons une occasion unique de découvrir les aspects inachevés de notre être et, ce faisant, de guérir et de grandir.

Ne croyez pas que ce livre ne s'adresse qu'aux personnes atteintes d'une maladie incurable, car nous sommes tous confrontés à la mort en cet instant même. En fait, ce livre s'adresse tout autant aux vivants. Nous cessons de « vivre » peu après avoir rendu notre dernier souffle, mais comme nous ignorons à quel moment cela se produira, nous devons nous préparer à notre mort dès maintenant.

Bien que les récits relatés dans ce livre se réfèrent à des structures familiales traditionnelles, le message que j'ai tenté de faire passer s'applique également à ceux qui vivent d'autres formes de relations.

Les noms et les lieux indiqués dans ces récits ont été modifiés. Je suis extrêmement reconnaissante envers tous ceux qui, en partageant leur vie, leurs combats les plus difficiles ainsi que leur compréhension et leur courage remarquables, ont non seulement enrichi ma vie mais continuent de libérer de souffrances inutiles bien d'autres personnes qui sont confrontées à l'épreuve de la souffrance, du deuil ou de la mort.

PREMIÈRE PARTIE

L'expérience du moment de la mort et de la mort

1

Affronter la mort

« Pourquoi le bateau tangue-t-il si fort ? » s'écria mon mari en se redressant sur son lit, le corps ruisselant de sueur. « Comment me suis-je brisé les reins ?

– Tout va bien, Lyttle, lui répondis-je aussi calmement que possible. Tu n'as rien. Ce n'était qu'un mauvais rêve. » J'essayais de prendre un air rassurant, mais en réalité j'avais terriblement peur. De toute évidence, la douleur le mettait au supplice et ce délire était un nouveau signe indiquant que son état de santé s'était encore dégradé.

Lyttle avait vingt-cinq ans et pendant presque tout l'été, il ne s'était pas senti bien. Ces derniers temps, de nouveaux symptômes inquiétants s'étaient déclarés : son mollet était devenu si enflé et si douloureux qu'il ne pouvait plus marcher sans aide et un testicule s'était hypertrophié. Les deux dernières visites que nous avions effectuées au service des urgences ne nous avaient apporté qu'un léger réconfort, et les médicaments qu'on lui avait administrés semblaient sans effet. Je devais m'occuper de Lyttle et de Donovan, notre fils de trois ans, après d'épuisantes journées de travail. Ces dernières semaines, sa soudaine maladie puis ces nouveaux symptômes m'avaient profondément inquiétée, et, là, j'avais vraiment peur.

Manifestement, l'état de Lyttle avait sérieusement

empiré. Après son réveil, la douleur et la confusion se sont intensifiées. Heureusement, Cecil, un de ses amis, passait la nuit chez nous et nous avons décidé de le conduire aux urgences. Dès notre arrivée, ils lui ont fait une prise de sang, précisant que les médecins ne pourraient rien prescrire pour apaiser sa douleur tant qu'ils n'auraient pas eu le résultat des analyses. Pendant plus de trois heures, nous sommes restés assis sous la lumière crue d'une salle d'examens sans chauffage, tandis que Lyttle gémissait de douleur.

Enfin, aux alentours de six heures du matin, un médecin est entré brusquement dans la pièce avec les résultats des analyses. Après avoir jeté un regard sur Lyttle, il dit : « Non, ça ne va pas, on a dû se tromper » et disparut aussitôt. Peu après, une infirmière est revenue prélever du sang. Elle dut s'y reprendre à plusieurs fois pour enfoncer son aiguille, car le bras de Lyttle était devenu presque bleu à force d'être resté immobile pendant des heures dans cette pièce glacée.

A sept heures du matin, une jeune infirmière pleine d'entrain vint nous annoncer que Lyttle allait être admis à l'hôpital. Un médecin nous conduisit dans une pièce chauffée et ensoleillée, tout le contraire de l'austère salle des urgences, et une infirmière empila des couvertures chaudes sur Lyttle pour l'aider à se réchauffer. Les premières analyses de sang indiquaient que Lyttle avait probablement quelque chose de grave, mais il fallait encore attendre quelques heures pour connaître les résultats définitifs. Ils ont enfin donné quelque chose à Lyttle pour apaiser sa douleur, sans que cela produise l'effet escompté. Durant la première heure, ils ont augmenté considérablement les doses, et ce n'est que lorsque les fortes quantités de calmants ont commencé à l'abrutir que la souffrance et la tension ont semblé alors relâcher un peu leur emprise.

J'ignore s'il est plus difficile d'éprouver une douleur insoutenable pour soi-même ou d'en être le témoin impuissant chez une personne aimée. Après tout ce qui s'était passé et ne s'était pas passé pendant notre longue attente pour que Lyttle reçoive des soins, j'étais en colère et je me sentais de plus en plus angoissée.

A neuf heures du matin, une jeune interne entra précipitamment dans la chambre de Lyttle pour annoncer : « Les dernières analyses sont terminées et elles confirment que vous êtes atteint de leucémie aiguë. Nous n'en connaissons pas encore l'étendue, mais... »

A cet instant, la porte s'ouvrit violemment et un jeune homme poussant un brancard voulut entrer. L'interne lui fit signe de quitter la pièce, puis elle reprit son sinistre bulletin :

« Une équipe de spécialistes étudie actuellement votre cas. Compte tenu de la nature de vos symptômes, en particulier du délire que vous avez eu la nuit dernière, nous craignons que la leucémie n'ait envahi le cerveau et les organes sexuels, deux endroits où la chimiothérapie ne pourra pas agir. Nous n'avons pas encore décidé du traitement à prescrire, mais le radiologue vous attend déjà pour un premier traitement. Nous vous donnerons plus de détails lorsque vous serez de retour dans votre chambre. »

Nous étions en état de choc, sans même avoir le temps d'assimiler cette terrible nouvelle. Après avoir installé Lyttle à la hâte sur un brancard, ils l'ont poussé dans le couloir et nous nous sommes dirigés tous les trois vers le service de radiologie. Pétrifiée et me sentant étouffer dans l'ascenseur plein d'étrangers, j'ai regardé les lourdes portes d'acier se refermer sur nous. Plus rien n'avait l'air réel ; le passé venait soudain de se clore à tout jamais et un avenir hostile semblait nous tomber dessus.

Ce sentiment d'irréalité fut renforcé par notre rencontre avec le radiologue à l'intérieur d'une minuscule cabine. Il voulait notre consentement pour administrer à Lyttle une dose de 300 rads, en vue de détruire les cellules leucémiques qui avaient apparemment envahi les testicules. Ce traitement mettrait fin à la possibilité d'avoir un autre enfant, mais d'après le spécialiste, c'était aussi nécessaire qu'urgent, une question de vie ou de mort. Il nous laissa seuls quelques minutes pour prendre notre décision.

Par une ironie du sort, Lyttle venait juste de terminer une formation de quatre ans pour devenir technicien en radiologie.

Je lui demandai calmement : « Est-ce beaucoup, 300 rads ?

– Oui, répondit-il. Dans notre métier, on considère qu'il est dangereux de recevoir plus de 500 rads par an. » Puis il s'est tu et j'ai vu qu'il avait les larmes aux yeux.

« Tu voulais que nous ayons un autre enfant, dit-il, et j'ai toujours remis cette décision à plus tard. Je suis vraiment heureux que nous ayons eu Donovan pendant qu'il était encore temps. »

Le médecin réapparut et il partit avec Lyttle vers la salle de soins. Je n'avais pas d'autre endroit où aller que le couloir bondé où nous attendait Cecil. Alors que je m'appuyais contre lui, mes jambes se sont soudain dérobées et j'ai eu l'impression que le monde s'écroulait autour de moi. Bouleversée, j'ai fondu en larmes, tout en étant consciente des gens autour de nous qui parlaient et vaquaient à leurs occupations. J'étais choquée et en colère, face à l'insensibilité du personnel médical et à la dureté du cadre hospitalier. Il n'y avait aucun endroit où aller, aucun lieu intime pour abriter mon chagrin, alors même que Lyttle et moi venions d'être séparés brutalement, encore secoués par la terrible nouvelle que nous venions d'apprendre.

Le miroir de la mort

A la fin de cette si longue journée à attendre le diagnostic et après la séance de radiothérapie de Lyttle, nous avons enfin eu l'occasion de nous parler en tête à tête. Nous ignorions ce qui nous attendait, mais nous savions l'un comme l'autre que nous étions confrontés à la probabilité de sa mort prochaine. Je me suis alors rendu compte que tout ce que j'avais retenu sur la mort, c'est qu'elle était tragique, sans espoir et triste.

« Si la mort n'est que cela, dis-je à Lyttle, alors ce qu'il te reste à vivre ne sera que la phase ultime de notre tragique histoire et nous aurons l'impression d'être des victimes de cette terrible maladie. Je ne veux pas penser à la mort de cette façon. Je ne sais pas vraiment ce qu'est la mort ni même s'il y a quelque chose après, mais j'aimerais trouver un moyen de considérer ce qui nous arrive d'une manière plus positive. Peut-être pourrions-nous envisager la mort comme un cadeau dans notre vie et non comme un drame. Cette expérience pourrait nous aider à vraiment apprécier notre vie et à bien utiliser le temps qu'il nous reste à passer ensemble. »

Ce jour-là, nous nous sommes engagés à nous servir de chaque nouvelle expérience de la meilleure façon possible, comme d'un catalyseur pour notre propre croissance. Cette vision plus optimiste de la mort nous a permis de vivre les mois à venir avec une richesse et un courage qui auraient été impossibles autrement.

Certes, ce fut une année vraiment difficile. Nous n'avions ni guide ni modèle pour nous montrer comment nous préparer à une « bonne mort », et très peu d'indications sur la façon de vivre face au miroir de la mort. Nous ne comprenions pas ce qui se passait. En dehors de notre cercle familial, nous avons reçu peu de soutien, nous avons commis beaucoup d'erreurs, nous nous sommes parfois blessés mutuellement et nous avons souvent laissé passer des occasions de nous rapprocher d'une manière plus authentique.

Cependant, l'engagement que nous avions pris donnait un sens à nos bons jours et à nos mauvais jours, de même qu'à nos pires cauchemars. Nous étions déterminés à continuer de vivre jusqu'au décès de Lyttle. Les plus petits gestes de gentillesse, de générosité ou de sacrifice revêtaient une plus grande signification. De tels actes nous permettaient de mesurer la qualité de notre relation avec les autres, de tester notre compréhension du déroulement de la vie et d'approfondir notre croyance en la bonté fondamentale de la nature humaine. Une des choses les plus importantes que j'aie apprises à faire fut d'abandonner ma volonté d'être constamment « indépendante », ce qui m'obligea à mettre ma fierté de côté pour demander ce dont j'avais besoin. Ceux qui m'ont offert leur soutien m'ont apporté bien plus qu'ils ne le pensent.

Un aperçu de l'avenir

Quelques semaines après l'annonce du diagnostic, nous avions toujours des raisons d'espérer. Lyttle était atteint d'une leucémie aiguë lymphoblastique, une forme de leucémie qui touche habituellement les enfants. En 1976, les traitements qu'on leur administrait avaient un bon taux de réussite. De plus, Lyttle allait être traité au centre hospitalier de Los Angeles, l'un des plus importants centres de recherche sur la leucémie où les spécialistes ont accès aux découvertes et aux protocoles de traitement les plus récents.

La première séance de chimiothérapie n'a pas eu l'effet escompté. Normalement, les doses qu'il avait reçues auraient dû provoquer une rémission chez l'enfant, mais ce ne fut pas le cas pour Lyttle. Il devait donc être hospitalisé pour y subir un traitement intensif de chimiothérapie. En une fin d'après-midi de septembre, je me trouvais avec ma sœur et une amie dans la pénombre d'une pièce froide de l'hôpital, à raconter des histoires et à plaisanter.

Soudain, quelque chose accrocha mon regard et je jetai un coup d'œil dans la chambre située de l'autre côté du couloir. Cette pièce, exposée à l'ouest, était inondée de lumière. Sur le lit, j'aperçus le profil d'un vieillard très maigre se mouvant avec une extrême lenteur. Il n'avait plus de cheveux et portait des lunettes cerclées de métal. Il était assis dans son lit, tournant le dos à la porte entrouverte. Tandis qu'il enlevait sa veste de pyjama, je vis son dos frêle et sa peau tendue sur ses os saillants. Comme il s'apprêtait à retirer ses vêtements, je détournai mon regard pour reporter mon attention sur la pièce où nous nous trouvions.

Avec ses pommettes hautes, ses yeux d'un vert limpide et ses cheveux châtain clair tombant sur ses épaules, Lyttle avait l'air jeune, offrant un contraste marqué avec la silhouette de l'homme aperçu de l'autre côté du couloir. Son corps était encore fort et bronzé. Il prenait plaisir aux attentions des deux jeunes femmes et ils riaient ensemble d'un air décontracté. Bien que Lyttle ait été admis dans cet hôpital pour y recevoir une nouvelle séance de chimiothérapie plus puissante que les précédentes, nous étions tous deux persuadés de triompher de toutes les adversités. A le regarder dans cette chaude lumière d'après-midi, cela me confortait dans ma certitude.

Environ cinq minutes plus tard, prise de curiosité, je jetai à nouveau un œil de l'autre côté du couloir. Le vieil homme avait presque fini de s'habiller et j'étais heureuse pour lui à l'idée qu'il allait probablement rentrer chez lui. D'un pas hésitant, il se dirigea vers la fenêtre, toujours de dos. Puis il se retourna et je découvris avec stupeur qu'il avait le visage d'un jeune homme ; il ne devait pas avoir plus de trente-cinq ans !

Il était complètement chauve, extrêmement frêle, et on aurait dit qu'il allait s'effondrer.

Soudain, il se précipita vers son lit pour saisir une cuvette en métal et il commença à vomir violemment. Horrifiée, je détournai les yeux et croisai le regard de mon mari. Lyttle avait tout vu. Encore sous le choc, nous avons certainement pensé tous les deux : Cela n'arrivera pas à Lyttle. *Cela ne peut pas arriver à Lyttle.* Il est trop jeune et trop fort, et il lui reste encore trop de choses à vivre pour finir comme ça. Les infirmières nous avaient déjà prévenus que la nouvelle chimiothérapie était très différente des précédentes et qu'il allait perdre ses cheveux. Nous avons alors compris que ce n'était là qu'une infime partie de la dure réalité qui l'attendait.

Dans la soirée, une fois les visiteurs partis, l'hôpital avait retrouvé son calme. Après avoir introduit une perfusion dans le bras de Lyttle, une infirmière resta assise près de lui pour contrôler toute réaction allergique aux nouveaux médicaments. A la vue de ses beaux cheveux longs, elle lui rappela gentiment : « Ne vous inquiétez pas si vous commencez à les voir tomber après ce traitement. »

Puis elle se tut, mais elle devait savoir que nous venions de franchir une étape cruciale. Depuis qu'elle travaillait dans le service des leucémiques, elle avait été à maintes reprises le témoin des souffrances indescriptibles engendrées par cette maladie et la violence des traitements. Ce que nous venions d'apprendre planait, inexprimé, dans le silence qui suivit et nous étions tous deux bouleversés de l'avenir qu'il nous avait été donné d'entrapercevoir.

Le moment de la mort

N'ayant jamais vu personne mourir auparavant, je ne savais à quoi m'attendre. Pendant l'année de sa maladie, ponctuée de crises à répétition, d'occasions manquées et de rechutes, nous avons compris, Lyttle et moi, qu'il valait toujours mieux vivre l'instant présent et reconnaître ce qui se passait, quelle qu'en soit la difficulté, et se parler à cœur ouvert.

La veille de sa mort, un an après le diagnostic, Lyttle a été transféré au service de soins intensifs, car il avait du mal à respirer à cause de caillots de sang dans un poumon. Le médecin nous a annoncé que l'état de Lyttle s'était aggravé en tout point. Normalement, le taux de globules blancs est compris entre 5 000 et 10 000 par millimètre cube. Au cours de l'année qui venait de s'écouler, chaque fois que son taux avait approché les 100 000, Lyttle avait eu de la chimiothérapie. A présent, son taux de globules blancs dépassait 685 000. Quand j'ai entendu ce chiffre, j'ai senti mes genoux se dérober. Nous avons alors compris que c'était pour Lyttle le début de la fin.

J'ai tiré le mince rideau jaune autour de son lit pour nous isoler du regard des autres malades et du personnel soignant. Lyttle était relié à toutes sortes de moniteurs et de perfusions, si bien qu'il était impossible d'être proches physiquement. Conscients de l'imminence de sa mort, nous avons profité de ce moment pour nous parler sans détour, sachant que nous n'en aurions peut-être plus l'occasion.

« Lyttle, je suis triste de te perdre. Je t'aime tellement. Bien que cette année ait été difficile, je suis très heureuse d'avoir passé tout ce temps avec toi. J'ai le sentiment que notre amour s'est vraiment approfondi. Je ne sais toujours pas ce qu'est la mort, ni même s'il y a une continuation après. Pourtant, quand je vois tout ce que la pratique de l'honnêteté, du pardon et de l'acceptation de l'autre nous a appris, je ne peux pas croire que cela n'a servi à rien. D'une façon ou d'une autre, je sais qu'après ta mort, notre amour continuera. Mais tu vas quand même me manquer terriblement. »

Lyttle me répondit d'une voix hésitante : « Christy, je ne sais pas comment j'aurais pu traverser cette maladie sans toi. Au début, j'avais très peur que tu ne me quittes. Mais tu es restée près de moi jusqu'au bout et tu m'as énormément aidé. Merci pour tout ce que tu as fait. Je sais que cela n'a pas toujours été facile. Moi aussi, je suis très heureux que nous ayons passé cette année ensemble. Je t'aime. »

Vingt-quatre heures plus tard, ses urines étaient devenues noires de sang. Au matin, un interne dirigea une lumière dans ses yeux avant de repartir, l'air grave. En regardant les vaisseaux sanguins situés à l'arrière des yeux, il avait vu une hémorragie dans les veines du cerveau. Plus tard, le médecin de Lyttle, avec lequel nous avions sympathisé au cours de cette année, nous dit que cette hémorragie allait être difficile à enrayer.

« Mais elle peut s'arrêter d'elle-même », ajouta-t-il avec optimisme.

Lyttle avait survécu à de nombreuses crises, l'année précédente, grâce à des interventions chirurgicales qui lui avaient permis d'échapper à la mort. Je n'avais pas bien compris si c'était la fin ou s'il y avait encore de l'espoir. J'avais besoin de savoir si Lyttle était entré dans la dernière phase de l'agonie, mais je n'avais pas le courage de poser la question directement. Au lieu de cela, je demandai : « Concernant ce taux de globules blancs, pouvez-vous faire quelque chose ? »

Le médecin mentionna plusieurs possibilités, ce qui laissait penser qu'il y avait peut-être des solutions efficaces pour sauver Lyttle de l'état de plus en plus critique dans lequel il se trouvait.

Essayant toujours de trouver un moyen de connaître la vérité, je finis par dire : « Dois-je demander à ses frères et sœurs de venir ?

– Oui, me répondit-il gentiment, dites-leur de venir. »

C'était difficile à entendre, mais j'avais besoin qu'on me confirme la vérité. J'ai confié au médecin mon souhait que Lyttle meure d'une façon naturelle, sans recourir aux techniques de réanimation. Il pensait comme moi que c'était une sage décision. Je lui ai demandé d'en informer le personnel du service au cas où il ne serait pas là au moment de la mort de Lyttle.

Au cours de l'année, à l'occasion des fréquentes hospitalisations de Lyttle, nous avions sympathisé avec une infirmière du service de leucémie. Cet après-midi-là, elle vint lui faire ses adieux et repartit, les larmes aux yeux. J'ai été profondément touchée par son courage et sa manière de montrer si ouvertement son amour, et je lui en ai été infiniment reconnaissante. Dans la soirée, Lyttle s'adressa une dernière fois aux membres de sa famille qui s'étaient réunis à son chevet.

Les changements physiques inhérents au processus de la mort étaient surprenants. A un moment donné, Lyttle était brûlant de fièvre pour être secoué d'irrépressibles frissons l'instant suivant. Son lit était trempé de sueur. Quand il revenait à lui par moments, la douleur s'inscrivait de nouveau sur son visage, puis il perdait à nouveau connaissance. Quelques heures plus tard, un affreux gargouillement s'est fait entendre chaque fois qu'il essayait de respirer avec la plus grande difficulté. J'ai demandé aux infirmières de faire quelque chose, ce que j'ai regretté tout de suite après quand j'ai vu ce qui se passait. Elles ont introduit des tubes dans sa gorge pour aspirer les liquides qui obstruaient ses poumons, mais comme cette intervention le faisait souffrir davantage, je les ai suppliées d'arrêter.

Peu après minuit, le voyant lumineux du moniteur cardiaque s'est mis à clignoter. L'équipe médicale nous a alors fait quitter la pièce et je me suis retrouvée dans le couloir, à la fois triste, effrayée et frustrée : contrairement à mes souhaits, ils essayaient de le réanimer !

Quelques minutes plus tard, un médecin est apparu

dans le couloir. « La pulsation cardiaque de M. Longaker a été rétablie pendant quelques minutes mais elle s'est à nouveau arrêtée. Nous ne pourrons plus le réanimer. »

Sa mère et moi avons alors demandé à nous rendre à son chevet. Lyttle était allongé sur le lit, les yeux fermés et le corps immobile. Il ne respirait plus. Etait-il décédé ? Le moniteur cardiaque indiquait toujours des battements irréguliers et l'on voyait se dessiner des pics et des creux sur l'écran. On aurait dit qu'il était en vie et qu'il se reposait. J'ai compris alors que la mort ne survient pas à un moment unique et précis.

Tout au long de l'année qui venait de s'écouler, je m'étais occupée de Lyttle et je me sentais soudain totalement désemparée, à me demander ce que je pourrais faire pour lui maintenant.

Puis je me suis souvenue d'un article que j'avais lu dans un magazine, quelques mois plus tôt, où un lama tibétain donnait des conseils sur la manière d'accompagner un proche à l'agonie. « Il y a deux choses essentielles à faire pour aider une personne proche de la mort, disait-il. Après lui avoir donné tout votre amour, laissez-la partir. Laissez-la mourir en paix en se sentant aimée. Et pour qu'elle puisse se préparer à l'extraordinaire occasion spirituelle que représente la mort, encouragez-la à effectuer régulièrement la pratique spirituelle en laquelle elle croit. »

Le lama racontait ensuite l'histoire d'une nonne âgée qui était à l'article de la mort. Elle était consciente mais incapable de parler. Un vieil homme, qui avait été pour elle un frère spirituel et un ami, vint la voir dans sa chambre tôt le matin pour l'encourager avec tendresse et lui faire ses derniers adieux. Il lui rappela de s'en remettre entièrement aux enseignements et aux pratiques spirituelles qu'elle avait reçus pour le moment de la mort, car les instants pour lesquels elle s'était préparée toute sa vie étaient arrivés. Il lui dit de ne pas s'inquiéter pour ceux qui restaient et l'incita à se concentrer sur sa pratique spirituelle jusqu'à son dernier soupir, auquel cas tout se passerait bien pour elle. Avant de partir, il ajouta : « Maintenant, je vais faire les courses et peut-être qu'à mon retour je ne te reverrai plus. Alors, *adieu.* »

Ayant compris l'essence de son message, la vieille nonne acquiesça d'un signe de tête et sourit pour dire adieu à son ami [1].

A cette époque de notre vie, Lyttle et moi n'avions aucune pratique spirituelle sur laquelle nous appuyer. Mais, comme cette histoire m'était revenue à l'esprit alors que j'étais à ses côtés au moment de sa mort, je lui ai dit qu'il pouvait partir sans crainte et que je l'aimais, et je lui ai dit adieu en lui souhaitant silencieusement un bon voyage. Du fond du cœur, je me sentais en paix et pleine d'amour, prête à le laisser partir.

En observant le corps de Lyttle, immobile sur son lit d'hôpital, j'ai su qu'un jour, je serais moi aussi sur mon lit de mort. Et je me suis dit que je ne pouvais accepter cette vérité qu'à une condition : que je sache alors ce qu'est la mort et que j'y sois pleinement préparée.

Avec la mort de Lyttle commençait ma quête personnelle sur les moments précédant la mort et sur la mort elle-même, ce qui modifia profondément le sens que je donnais à ma vie.

2

Trouver la grâce

« Vous les jeunes, vous ne vous rendez pas compte de la chance que vous avez. » Ainsi parlait l'écrivain de science-fiction Ray Bradbury à un jeune auditoire de l'université de Los Angeles en 1977, à qui il expliquait comment percevoir les choses pour devenir un écrivain à succès. « Vous devez être attentifs et remarquer ce qui se passe au-delà de votre vie quotidienne, sinon vous ne saurez pas quelle chance vous avez.

« Par exemple, cela fait seulement quelques décennies que la médecine moderne est capable de prévenir nombre de maladies infantiles mortelles. Si j'avais donné cette conférence cinquante ans plus tôt, plus de la moitié d'entre vous n'auraient pu être là aujourd'hui...

« Lorsque j'étais enfant, l'expérience de la mort était tout à fait courante dans les familles. Une femme pouvait avoir huit enfants, mais la moitié ne vivait pas au-delà de l'âge de cinq ans. A tout moment il y avait des gens qui mouraient. On prenait soin d'eux à la maison, on les regardait vivre leurs derniers instants, puis on lavait leur corps et on les transportait au cimetière dans un cercueil. Il était important de croire en Dieu afin de pouvoir donner un sens à toutes ces morts. »

Il est vrai que nous ne sommes pas conscients de la

chance que nous avons. Nous ne savons pas non plus ce que nous avons perdu. Tout en écoutant Ray Bradbury, je pensais à mon mari qui était hospitalisé à quelques centaines de mètres seulement du lieu où nous nous trouvions. Avant le diagnostic de sa leucémie, Lyttle et moi avions très rarement pensé à la mort, à la souffrance ou aux grandes transitions de la vie. Le fait d'avoir un mari et un enfant constituait le centre de ma vie et, comme la plupart des gens, je considérais cette situation comme allant de soi. Quand vous croyez que les autres ne cesseront jamais d'exister, vous ne leur accordez toute votre attention qu'à de rares moments. A l'inverse, il est facile de garder de la rancune envers ses proches et de se comporter avec eux d'une façon conditionnée et machinale.

Lyttle et moi avions le sentiment d'avoir tout ce que nous désirions et de n'avoir qu'une chose à faire, jouir de la vie. Bien qu'ayant été élevés dans la tradition chrétienne, nous n'étions alors rattachés à aucune religion mais nous pensions tous les deux qu'une certaine réalité spirituelle existait au-delà de la dimension matérielle de la vie.

Lorsque mon mari est soudain tombé gravement malade, comme rattrapé au beau milieu d'une vie heureuse mais spirituellement neutre, on aurait pu penser qu'il avait perdu la grâce. Mais je sais maintenant que vivre dans une ignorance bienheureuse n'est pas la grâce, ni même un mode de vie souhaitable, ne serait-ce que parce que cela ne peut pas durer éternellement. Les vicissitudes et les souffrances de la vie sont inévitables et elles peuvent nous surprendre alors même que nous ne sommes pas prêts à les affronter. Si nous n'avons pas le sentiment que « quelque chose de plus grand » existe, il est peu probable que nous sachions vraiment apprécier la vie et ceux que nous aimons. En vérité, être confronté à la maladie, à la souffrance ou à la mort, c'est *trouver la grâce*. Lorsque Lyttle et moi avons été contraints d'admettre sa mort prochaine, nous avons enfin compris que *tout était impermanent.* Le fait d'avoir été sans cesse confrontés au miroir de la mort pendant l'année de sa maladie nous a donné le courage de trouver une direction porteuse de sens et de nous y tenir. Au lieu de nous percevoir comme des victimes impuissantes, nous avons pris l'engagement de créer le genre de vie qui nous tenait vraiment à cœur pour notre dernière année à passer ensemble. Ce changement s'est produit lorsque nous avons décidé de considérer la mort autrement, en fait dès le premier jour à l'hôpital.

L'année au cours de laquelle j'ai pris soin de Lyttle, je me suis dit que cette période serait la plus douloureuse et la plus difficile de ma vie, ce qui m'a semblé vrai pendant un certain temps.

Après le décès de Lyttle, j'ai vécu durant quatre mois dans un état de torpeur. Il m'arrivait d'être triste, mais je n'avais pas encore pris pleinement conscience du caractère irrévocable de la perte que je venais de subir. J'ai ensuite connu des souffrances morales si atroces que j'ai parfois eu l'impression de mourir. A d'autres moments, j'avais peur de tout simplement perdre le contrôle de ma vie, de devenir folle de chagrin et de confusion. Ce processus douloureux du deuil et la crainte de perdre la raison ont duré plusieurs mois.

L'expérience du deuil a produit dans ma vie un changement bien plus profond que la maladie et la mort de Lyttle. De désespoir, j'ai commencé à prier, même si à l'époque je ne croyais en rien ni en personne. J'étais une athée convaincue typique. Je priais pour demander de l'aide, pour trouver quelque chose qui puisse m'aider à surmonter ma souffrance. Par moments, j'étais plongée dans une solitude et un désespoir profonds, persuadée que seule la mort apporterait un répit à ma douleur.

Les deux années faisant suite au décès de Lyttle ont été la période la plus difficile de ma vie, car le processus du deuil et l'apprentissage du détachement m'ont fait vivre ma propre « mort intérieure », m'obligeant à abandonner toutes les références à mon mode de vie précédent. Je suis devenue beaucoup plus sensible à la fragilité de la vie et j'ai compris très clairement que j'allais subir bien d'autres pertes, particulièrement celle de mon fils, que ce soit par sa mort ou la mienne. Ainsi je priais parce que je me sentais perdue, seule et désespérée, et parce que je ne voulais plus jamais revivre un aussi profond désespoir et un tel sentiment d'impuissance. Je savais que j'avais besoin d'une voie spirituelle pour m'aider à me libérer de ma souffrance.

Une compréhension plus profonde de la mort

La souffrance et la mort de mon mari m'ont fait vivre deux expériences exceptionnelles qui ont eu une influence décisive sur ma façon de concevoir la vie et de lui donner un sens : travailler dans le cadre d'une unité de soins palliatifs et apprendre, avec Sogyal Rinpoché, les enseignements et les pratiques du bouddhisme tibétain sur la vie et la mort.

Un an après le décès de Lyttle, j'ai quitté Los Angeles pour m'installer à Santa Cruz, où j'ai contribué à la mise en place d'une unité de soins palliatifs. J'y ai travaillé pendant sept ans, à la fois comme membre du conseil d'administration, pour former des bénévoles et le personnel soignant ou rendre visite aux mourants, à leurs familles et aux personnes en deuil. L'un des cadeaux les plus précieux que m'aient apporté la souffrance et la mort de Lyttle, c'est d'avoir pu aider les familles à comprendre comment elles pouvaient utiliser le moment de la mort, et soulager ainsi nombre des souffrances inutiles vécues lors de l'agonie et du trépas.

Les sept années que j'ai passées dans cette unité de soins palliatifs à aider les autres à trouver l'espoir face à la mort m'ont aussi énormément apporté. Ce travail m'a permis de continuer à contempler la vie dans le miroir de la mort et à clarifier mes priorités et mes choix. Chaque expérience était plus forte qu'elle ne l'aurait été autrement et je ressentais chaque jour de la gratitude pour mon travail et pour ma vie.

Alors que je travaillais depuis quelques années à l'unité de soins palliatifs, un bénévole m'a proposé d'assister à une conférence sur le thème de la mort que donnait Sogyal Rinpoché, un maître bouddhiste tibétain. J'ai accepté sans réelle conviction, car j'avais déjà lu quelques passages du *Livre des Morts tibétain* et il m'avait semblé que ces enseignements n'étaient pas adaptés à mon travail d'accompagnement des personnes en fin de vie et de leurs familles dans l'Amérique d'aujourd'hui.

Je fus donc agréablement surprise de voir que Rinpoché ne cherchait pas à décrire les visions compliquées que nous pourrions avoir après la mort, mais qu'il parlait au lieu de cela du processus bien réel de la mort : la dissolution des composants physiques, des sens et des capacités physiques que j'avais pu observer à maintes reprises chez les patients en fin de vie. Tout ce que Rinpoché enseignait possédait un caractère pratique et son attitude révélait des qualités de compréhension profonde, de compassion et d'ouverture. Dans la perspective du bouddhisme tibétain, il présenta la manière suprême de se préparer à la mort, puis diverses méthodes d'accompagnement spirituel destinées à ceux qui ne sont pas bouddhistes.

Sogyal Rinpoché insista sur l'importance de parler honnêtement au mourant, de lui donner pleinement notre amour, et plus particulièrement de créer autour de lui une atmosphère sacrée favorisant la pratique spirituelle.

Puis il commença à nous raconter l'histoire de sa grand-tante, Ani Rilu, une nonne tibétaine âgée qui était sur le point de mourir au Sikkim. Apprenant qu'Ani Rilu vivait ses derniers instants, un vieil homme, qui faisait partie de la famille depuis de nombreuses années et travaillait aux cuisines, vint la voir tôt le matin dans sa chambre avant de partir faire les courses. Il lui rappela la nécessité d'une pratique continuelle et assidue pour se préparer à la mort et lui dit de ne pas s'inquiéter pour ceux qu'elle laissait derrière elle. Puis, avec beaucoup d'amour, il lui fit ses derniers adieux.

J'écoutais, rivée à mon siège, des larmes de gratitude dans les yeux. C'était l'histoire dont je m'étais souvenue au moment de la mort de mon mari ! Si l'enseignement de Rinpoché m'avait déjà aidée une fois en me permettant d'offrir à mon mari une mort paisible, alors je pouvais être certaine qu'il allait encore m'aider dans ma vie et mon travail. Et j'étais enchantée d'apprendre que Rinpoché allait revenir aux Etats-Unis pour y donner des enseignements et conduire des retraites.

C'est ainsi que je fis mes premiers pas sur un chemin spirituel authentique, auprès d'un maître porteur d'un très important message d'espoir pour le monde moderne.

Les enseignements du bouddhisme tibétain m'ont aidée à prendre conscience de toutes les possibilités que renferme la vie. J'ai appris qu'on pouvait travailler avec la souffrance et la transformer, et utiliser sa vie pour se préparer spirituellement à la mort. J'ai fini par comprendre clairement – grâce à la présence, aux bénédictions et aux enseignements de tous les grands maîtres spirituels que j'ai rencontrés – que chacun d'entre nous possède une essence profonde inhérente qui est sa nature originelle et véritable, une conscience pure et immuable qui sous-tend la totalité de la vie et de la mort. Et s'il m'arrive parfois d'éprouver de la confusion et de la souffrance, je sais maintenant que je ne suis pas mes émotions ni ma confusion, ma négativité ou mes peurs. Le chemin spirituel m'offre de nombreux outils pour comprendre et transformer ces habitudes émotionnelles douloureuses et pour m'en libérer peu à peu.

Le fait d'avoir été confrontée très tôt à la mort et au deuil dans ma vie d'adulte m'a apporté ce cadeau très précieux qu'est la voie spirituelle. Cela peut aussi arriver à tous ceux qui doivent affronter l'épreuve des derniers instants de la vie, de la mort ou du deuil. Regarder chaque jour dans le miroir de la mort nous apprend à trouver un sens plus profond à notre vie, cela nous donne la force de nous changer nous-mêmes et de transformer notre souffrance. Nos expériences de souffrance et de perte les plus intenses peuvent nous inciter à nous engager sur le chemin qui mène à la libération spirituelle.

Les quatre tâches de la vie et du moment de la mort

Forte de mon expérience personnelle après toutes ces années à visiter les malades et leurs proches dans les unités de soins palliatifs et à former le personnel soignant, j'ai défini les quatre tâches de la vie et du moment de la mort qui me semblent essentielles si l'on veut bien vivre sa vie et sa mort. Ces quatre tâches, décrites en détail dans la deuxième partie de ce livre, sont les suivantes :

- comprendre et transformer la souffrance ;
- créer un lien, guérir les relations et lâcher prise ;
- se préparer spirituellement à la mort ;
- trouver un sens à la vie.

Puisque la mort peut survenir à tout moment, le fait d'apprendre à accomplir ces tâches dès maintenant nous permet de nous préparer à notre mort, et nous offre des outils pour vivre pleinement et trouver un sens à tous les changements non désirés, aux pertes et aux situations douloureuses que nous rencontrons dans notre vie.

L'intensité de notre souffrance tout au long de notre vie dépend de notre capacité à utiliser ces expériences d'impermanence et de changement comme autant d'occasions pour apprendre à mourir et à relâcher notre emprise face à tout ce que nous perdons. En nous familiarisant avec cette attitude de non-attachement, chaque fois que nous « lâcherons prise » face au changement, nous pourrons commencer à entrevoir une réalité plus grande encore : l'ouverture et la liberté de notre nature semblable au ciel, l'essence immortelle et immuable la plus intime de notre être.

Tous les événements qui se produisent – particulièrement les « morts au cours de la vie » qui sont notre lot à tous – sont ainsi des jalons sur notre chemin qui nous indiquent la voie à suivre pour apprendre à vivre et, ce faisant, à mourir.

3

Les besoins des mourants

Après toutes ces années passées à écouter des personnes vivant leurs derniers instants, à les entendre tenter de formuler leurs besoins durant ce passage le plus difficile de leur vie, je vais essayer de parler en leur nom, à vous, à leurs proches et aux soignants. Je parlerai d'une seule voix qui les représentera toutes, afin d'exprimer ainsi les besoins émotionnels, pratiques et spirituels d'un être humain confronté à une mort imminente.

J'ai besoin de dire mes pensées et mes peurs. Je vis tant de bouleversements. Je suis si inquiet au sujet de mon avenir. Parfois, je ne vois que toutes ces choses qui m'attendent et me font si peur. Et chaque jour ma peur déclenche une nouvelle émotion. Parfois, je n'en peux plus et j'ai besoin de croire que tout cela ne m'arrive pas. Il y a ainsi des jours et des semaines entières où je me sens triste ou en colère. Si vous pouviez m'écouter et m'accepter sans essayer de me faire changer d'humeur, je parviendrais sans doute à me détendre, et peut-être même à rire avec vous de nouveau.

Jusqu'à présent vous avez toujours voulu que je sois maître de moi-même et de mes émotions. Maintenant, j'ai peur que vous n'ayez une moins bonne opinion de moi si je me montre tel que je suis. Les situations de stress extrême auxquelles je suis confronté risquent de faire resurgir les pires aspects de ma personne, les tréfonds de mon être. Si cela devait se produire, j'aurais besoin qu'on me laisse tranquille pendant un certain temps. Ne vous inquiétez pas, je reviendrai.

Savez-vous que j'ai peur d'exprimer mes pensées et mes sentiments véritables ? Qu'adviendrait-il si tous ceux que j'aime s'enfuyaient et m'abandonnaient à ma solitude ? Après tout, peut-être ne voyez-vous pas à quel point cette expérience est vraiment difficile pour moi. C'est pourquoi j'ai besoin d'être réconforté, j'ai besoin que l'on comprenne ma souffrance et que l'on reste auprès de moi jusqu'au bout. J'ai besoin de savoir que vous allez m'écouter, me respecter et m'accepter quelle que soit mon humeur du jour. Voici le plus important : j'aimerais que l'on me considère comme une personne à part entière, *non pas comme une maladie, une tragédie ou un objet fragile. Ne me regardez pas avec pitié, mais plutôt avec tout votre amour et toute votre compassion. Je vis peut-être mes derniers instants, mais je suis toujours vivant. Je veux que les gens me traitent normalement et qu'ils m'intègrent dans leur vie. Ne pensez pas qu'il soit impossible d'être complètement ouvert avec moi. Si vous trouvez que je vous rends la vie dure, si vous avez peur ou que vous vous sentez triste, vous pouvez très bien me le dire.*

Plus que toute autre chose, j'ai besoin de votre honnêteté. Nous n'avons plus le temps de nous jouer un jeu ou de nous cacher l'un de l'autre. J'aimerais savoir que je ne suis pas le seul à me sentir vulnérable et à avoir peur. Lorsque vous arrivez en faisant semblant d'être joyeux et fort, j'ai parfois l'impression que je dois vous dissimuler ce que je ressens vraiment. Quand nous ne parlons que de choses superficielles, je me sens encore plus seul. Je vous en prie, permettez-moi d'être moi-même, et essayez d'être à l'écoute de ce qui se passe en moi ce jour-là. Comme cela me ferait du bien de pouvoir partager mes larmes avec quelqu'un ! N'oubliez pas qu'un jour prochain nous devrons nous dire adieu.

Et si nous avons eu un passé difficile, ce serait bien de pouvoir commencer à l'admettre. Ce qui ne veut pas dire qu'il faut attiser les vieilles discordes. J'aimerais simplement que nous puissions reconnaître nos difficultés passées, nous pardonner mutuellement et lâcher prise. Sans cela, chaque fois que vous viendrez me voir, nous ressentirons le poids de ce qui n'aura jamais été exprimé. Croyez-moi, je suis déjà plus conscient de mes erreurs passées, et je m'en veux de vous avoir sans doute blessé. Permettez-moi, je vous en prie, de le reconnaître et de vous demander pardon. Alors, nous pourrons nous voir d'un regard neuf et profiter du temps qu'il nous reste à passer ensemble.

Maintenant plus que jamais j'ai besoin de pouvoir vous faire confiance. Lorsque nous avons prévu de nous voir et que vous arrivez en retard ou ne venez pas du tout, vous ne vous rendez pas compte à quel point je me sens abandonné. Le fait de savoir que j'aurai une visite tel jour peut m'aider énormément à supporter ma douleur, tant physique que morale. Chaque instant passé avec un ami qui m'aime et m'accepte vraiment est comme une douce lumière qui brille dans une existence à la fois dure, solitaire et effrayante.

Lorsque vous entrez dans ma chambre, pouvez-vous croiser mon regard ? J'espère que vous prendrez le temps de me regarder vraiment dans les yeux pour voir ce que je ressens réellement. J'ai tellement envie que des amis m'embrassent, me touchent l'épaule, me tiennent la main ou caressent doucement mon visage. Je vous en prie, ne réprimez pas votre affection et votre amour. A l'hôpital, j'ai parfois l'impression d'être davantage un objet ou une maladie qu'un être humain. Apportez votre humanité et votre bonté pour soulager ma souffrance. Car, quelle que soit mon apparence extérieure – renfrogné, replié sur moi-même, joyeux, amer ou diminué men-

talement –, à l'intérieur je souffre, je me sens très seul et j'ai peur.

Bien que ce soit une période difficile dans ma vie, mon principal souci est souvent de savoir à quel point mon état affecte ceux que j'aime. Ils ont l'air tellement perdus, accablés et seuls face à tous les bouleversements qu'ils vivent et à toutes les responsabilités qu'ils doivent assumer. Et après ? Comment vont-ils s'en sortir quand je ne serai plus là ? J'ai peur qu'ils ne se retrouvent seuls et abandonnés à eux-mêmes. Certains jours, lorsque tout le monde arrive avec ses émotions et ses demandes, je me sens trop faible pour y faire face. Je ne suis pas en mesure d'écouter chacun me parler de ses problèmes. Je me sentirais tellement soulagé si quelqu'un pouvait aider mes proches à prendre contact avec un thérapeute, ou une association telle qu'une unité de soins palliatifs, qui pourrait leur apporter un soutien, les écouter parler de leurs besoins et de leur tristesse, et peut-être même les aider sur le plan pratique.

C'est difficile pour vous comme pour moi de nous dire adieu. Mais si nous ne le faisons pas et que vous refusez d'accepter ma mort quand son processus aura déjà commencé, j'aurai encore plus de mal à lâcher prise. J'aimerais vivre plus longtemps mais je ne peux plus lutter. De grâce, ne m'en voulez pas et ne me poussez pas à me battre alors que je n'en ai plus la force. J'ai besoin de votre bénédiction, de savoir que vous m'acceptez, moi et ce qui m'arrive. Dites-moi, même si je suis dans le coma ou que je souffre, que j'ai le droit de mourir et que vous me laissez partir, en me souhaitant bonne chance de tout votre cœur et avec tout le courage qu'il vous sera possible de rassembler en un tel moment.

Une de mes plus grandes peurs est de retomber en enfance et de tenir des propos incohérents. Si cela devait arriver, j'ai peur que l'on manque de respect à mon égard. Rien qu'à l'idée que les autres devront m'assister dans mes besoins les plus intimes, j'ai honte. A mesure que je me rapproche de la mort, je prends conscience que je serai bientôt totalement dépendant des autres. Je vous en prie, essayez de me comprendre lorsque je refuse un nouveau changement, une nouvelle perte. Aidez-moi à prendre soin de moi-même, même pour des choses toutes simples, afin que j'accepte plus facilement les grands bouleversements qui s'annoncent. Parlez-moi directement *et non par-dessus ma tête ou comme si je n'étais pas dans la pièce. Demandez-moi quels soins médicaux je souhaite recevoir pour mes derniers instants tant que je suis capable de les exprimer clairement. Et, je vous en prie, respectez-les et veillez à ce qu'ils soient consignés par écrit et transmis aux personnes concernées.*

Cela me met tellement en colère de voir que tout le monde me traite comme si chacun savait ce qui me convient le mieux. N'est-ce pas moi la personne malade ? *N'est-ce pas ma vie, mon corps ? N'ai-je pas le droit de savoir ce qui se passe, de savoir si je vais vivre ou mourir ? J'ai besoin de connaître mon état et de savoir, d'après les estimations des médecins, combien de temps il me reste à vivre. Si vous trouvez le courage de me dire ce qui se passe, je pourrai alors décider du type de soins qui me convient et prendre des décisions concernant ma vie. Si nous cessons de nous cacher la vérité de ma mort imminente, je serai en mesure de régler les derniers détails de ma vie et de préparer ma famille à surmonter l'épreuve de mon départ.*

Vous savez, la douleur est parfois insupportable. Certains jours, elle est juste là, comme une rage de dents, et je deviens irritable. S'il vous plaît, pardonnez-moi ma mauvaise humeur. Vous ne savez sans doute pas ce que l'on ressent à vivre constamment dans la douleur et l'inconfort. Le plus dur, c'est quand personne ne croit à quel point je souffre ; cela me rend fou. J'ai besoin qu'on ait confiance en moi et qu'on soulage ma douleur. Mais n'allez pas jusqu'à me rendre inconscient. Dans les dernières semaines de ma vie je préférerais souffrir un peu mais rester conscient, pour profiter de la vie et de ma famille et pour effectuer ma pratique spirituelle.

Une des meilleures façons de m'aider à un niveau pratique serait de vous faire le défenseur de mes besoins. Lorsque je suis malade et faible, il se peut que je ne sois plus capable d'exprimer mes désirs et mes besoins. Peut-être pourrait-on adapter certains règlements de l'hôpital en fonction de mon mode de vie, de ma famille et de mes besoins personnels. Mes proches ont aussi besoin qu'on les réconforte ou qu'on les invite à se reposer de leur tâche de soignants lorsqu'ils sont trop stressés ou submergés par leurs émotions. Aidez-moi à prendre à l'avance les dispositions légales nécessaires, afin de préserver une atmosphère paisible au moment de ma mort.

Que se passera-t-il si je commence à perdre la tête ? Combien de temps continuerez-vous alors à venir me voir ? J'espère que vous ne renoncerez pas à communiquer avec moi lorsque je tiendrai des propos incohérents ou que je ne pourrai plus du tout parler. N'oubliez pas que, sous l'apparente confusion – ou l'état comateux –, je suis toujours présent, je peux toujours vous entendre et même ressentir la qualité de notre relation. Il se peut aussi que je me sente seul et effrayé. J'ai sans cesse besoin de votre amour et de votre réconfort. Pour m'aider, j'espère que vous pourrez apprendre à développer une paix intérieure profonde et une réceptivité qui vous permettront de percevoir ce que je ressens et ce dont j'ai besoin, et de savoir y répondre d'une façon appropriée.

Tandis que mon corps et mon esprit se décomposent, souvenez-vous qu'à l'intérieur je suis toujours la personne que j'étais lorsque ma vie était à son apogée, et que je suis toujours aussi digne de volonté et de respect. Même si j'ai l'air complètement ailleurs, soyez certain que votre amour et vos prières m'atteignent vraiment, qu'elles me rassurent profondément. De grâce, ne m'abandonnez pas quand la situation devient difficile. C'est notre dernière chance de guérir notre relation et de nous offrir pour la dernière fois l'amour, le pardon et la sagesse.

A l'hôpital, je me sens privé de toute liberté. J'ai du mal à abandonner les habitudes de mon ancienne vie : le plaisir d'être en compagnie de mes amis, mes activités préférées et même ma façon de me réveiller et de m'endormir. C'est dur de perdre son intimité ; je me sens si vulnérable ici. Les repas préparés à la maison, les fêtes de famille et mes musiques préférées me manquent. Comme il est difficile dans ce lieu public et réglementé de trouver un espace où partager notre intimité et notre chagrin sans crainte d'être dérangés ! J'aimerais tant garder un contact avec le monde extérieur, la nature, la beauté des changements de temps et de saisons, le vent. Dois-je être coupé de tout ce que j'aime alors que je suis toujours en vie ?

Il se peut aussi que j'aie envie de mourir à la maison. Si vous faisiez appel à une unité de soins palliatifs, ils pourraient vous montrer comment vous organiser pour prendre soin de moi à la maison aussi longtemps que possible. Mes derniers instants n'en seront que plus supportables. Je comprends que vous deviez m'hospitaliser s'il vous faut travailler et vous occuper de votre famille. Mais, je vous en prie, ne m'y abandonnez pas ! Essayez de me créer un environnement familier et de passer de temps à autre la nuit avec moi. Et même si je dois passer la fin de ma vie à l'hôpital, je vous serais reconnaissant de vous arranger avec les infirmières de l'unité de soins palliatifs pour que je puisse passer les derniers jours qu'il me reste à vivre à la maison. Quel soulagement ce serait d'être soigné dans mon cadre familier, avec mes proches et mes amis pour me veiller, méditer, prier ou tout simplement parler avec moi, m'aider à apaiser mes peurs et ma solitude.

J'ai besoin qu'on m'aide à réfléchir sur ma vie de sorte que je puisse y trouver un sens. Quel sens a-t-elle eu ? Qu'ai-je accompli ? Dans quelle mesure ai-je changé et grandi ? J'ai besoin de savoir que vous n'allez pas me juger afin de pouvoir regarder ma vie en face et me confier à vous en toute franchise. Encouragez-moi à reconnaître mes regrets pour que je puisse me réconcilier avec ceux que j'ai négligés ou blessés et leur demander pardon. Parfois, lorsque je regarde en arrière, ma vie m'apparaît comme une succession d'erreurs, une somme d'égoïsme et de manque de respect à l'égard d'autrui. Rappelez-moi ce que j'ai accompli, tout ce que j'ai pu faire de bien, pour que je sache ce que je vous ai apporté.

Ne croyez pas que, pour apaiser mes peurs, vous deviez posséder toutes les réponses. Il se peut qu'en venant me voir, vous vous sentiez angoissé et mal à l'aise. Vous n'avez pas besoin de faire semblant que tout va bien ou que vous savez rester fort. Si vous voulez vraiment m'offrir un soutien spirituel, j'ai besoin que vous soyez avant tout un être humain. Ayez le courage de partager avec moi vos doutes, vos peurs et votre tristesse face à la perte immense qui nous attend. Si nous parvenons à instaurer ensemble un lien profond et une confiance véritable, je me sentirai assez en sécurité pour commencer à lâcher prise et je pourrai affronter ma mort avec davantage d'équanimité, tout en gardant le cœur ouvert.

Après avoir écouté mes histoires pénibles et mes plaintes, rappelez-moi que je suis plus que ma peur ou ma tristesse, ma douleur ou ma colère. Aidez-moi à comprendre que toutes ces souffrances sont naturelles, qu'elles font partie de la condition humaine. Rappelez-moi que, aussi solide et réelle qu'elle paraisse, ma souffrance morale ou physique prendra fin.

Si j'ai l'air perdu dans ma douleur, aidez-moi à me souvenir que je peux encore faire quelque chose de positif : offrir mon amour et ma compassion aux autres. Dites-moi en quoi ma vie a touché la vôtre. Aidez-moi à me relier à la bonté intérieure qui est l'aspect le plus essentiel de mon être.

Comment ces derniers instants de ma vie peuvent-ils avoir un sens ? Cloué au lit, impotent, je suis tenté de croire que ce qui me reste à vivre est vain. Tout le monde doit tout faire pour moi et c'est si dur de sentir que je ne suis plus d'aucune utilité. Pourtant, si vous me le demandiez, vous verriez qu'il me reste encore quelque chose à vous offrir : ce que j'ai compris ces derniers temps sur la vie et sur la mort. Me permettez-vous de vous offrir cet ultime présent ?

Parfois, la pensée de la mort me terrifie et, en même temps, je me sens étrangement paisible et même curieux de l'aventure qui m'attend. C'est en tout cas un voyage pour lequel je ne me suis sans doute pas assez préparé. N'essayez pas de m'imposer vos propres croyances et vos réponses sur la mort. J'ai besoin que vous m'aidiez à découvrir ma propre philosophie, mes propres ressources intérieures et une confiance en moi. Mais, si votre tradition spirituelle vous donne de la force et vous aide à surmonter votre souffrance, peut-être parviendrez-vous à m'ouvrir des fenêtres et des portes d'espoir. Il vous suffira de me raconter votre propre histoire, sans aucune attente. Avec le temps, si vous me donnez votre amour et votre confiance, je trouverai quelque chose au plus profond de moi-même.

Qu'adviendra-t-il de moi après ma mort ? Qu'est-ce qui, à ce moment-là, aura de l'importance ? Faites-moi découvrir des images de la mort qui suscitent l'inspiration plutôt que la peur, et je saurai ainsi que je me dirige vers quelque chose de bon. Ce que je n'aime pas, c'est de me dire que je dois simplement « lâcher prise » et mourir. Vous pouvez peut-être m'aider à affronter la mort d'une façon plus positive, en faisant appel à mes qualités de sagesse et de compassion authentique. Tel le fils prodigue, peut-être me suis-je trop éloigné de ma demeure et de ma vérité. Le moment de la mort m'aidera alors à retrouver le chemin vers moi-même pour que je puisse me réconcilier avec Dieu ou ma vérité intérieure.

Vous pourriez m'apprendre des pratiques spirituelles – des prières ou des méditations, des lectures ou des musiques sacrées – qui me conviennent, vous asseoir à mes côtés et pratiquer avec moi chaque fois que vous me rendez visite. Si je trouve une pratique spirituelle qui emplisse mon cœur de confiance, de dévotion et de compassion, je me sentirai mieux préparé à affronter la mort. Je vous serais très reconnaissant de faire le nécessaire avec l'équipe médicale et ma famille pour que l'atmosphère de mes derniers instants soit paisible et pleine d'amour, propice à la pratique spirituelle.

Et, je vous en prie, ne vous inquiétez pas et ne soyez pas triste si vous n'êtes pas à mes côtés quand je mourrai. Votre présence est parfois réconfortante, mais à d'autres moments elle rend mon départ plus difficile. Dites ce que vous avez à dire et faites ce que vous devez faire sans attendre, de façon à éviter les regrets si jamais je devais mourir plus tôt que prévu. Et, lorsque vous apprendrez ma mort, n'ayez aucune culpabilité ! Souvenez-vous que je vous suis reconnaissant de tout ce que vous avez fait. Ce dont j'ai le plus besoin, c'est de votre bonté, de vos prières sincères, et de savoir que vous me laissez partir en me souhaitant que tout se passe au mieux.

4

Découvrir l'espoir contenu dans la mort

Enfant, j'étais très liée à ma grand-mère. C'était une femme très pieuse qui avait une dévotion particulière pour la Sainte Vierge. Chaque jour, elle disait son rosaire face à un petit autel dans sa chambre et, lorsque je lui rendais visite, j'entrais pour la regarder. Il régnait alors dans la pièce une atmosphère paisible et pleine d'amour où l'on se sentait en sécurité.

Des années plus tard, alors qu'elle était sur le point de mourir, elle reposait, inanimée, dans une maison de repos. Ma mère m'a raconté que, juste avant sa mort, un prêtre qu'elle ne connaissait pas vint dans sa chambre pour lui donner les derniers sacrements, dire des prières et accomplir les rituels destinés à préparer à la mort les catholiques gravement malades ou au seuil de la mort. Ensuite, le prêtre ouvrit la porte pour s'en aller mais il eut alors l'intuition très nette que sa tâche n'était pas terminée. Il s'installa à nouveau au chevet de ma grand-mère pour réciter le rosaire et lui laissa ainsi cette dernière empreinte dans son cœur et son esprit avant son départ.

Après l'annonce de sa mort, je m'attendais à me sentir triste et un peu coupable, car je ne lui avais pas souvent rendu visite vers la fin de sa vie. Pourtant, les jours suivants, chaque fois que je pensais à elle, je la voyais entourée de lumière, rayonnante de bonheur et de joie. Et j'éprouvais moi-même une joie inexplicable et un amour total.

Ce n'est que des années plus tard, lorsque j'ai entendu Sogyal Rinpoché donner un enseignement sur la dimension spirituelle du processus de la mort, que j'ai commencé à comprendre la nature de l'expérience que j'avais vécue après le décès de ma grand-mère. Selon les enseignements du bouddhisme tibétain, ce qui se produit au moment de la mort laisse une impression très forte dans l'esprit et le cœur de la personne mourante. C'est la dernière pensée ou émotion de cette vie que nous retrouvons lorsque nous nous réveillons dans l'état qui suit la mort. Rappeler à une personne qui vit ses derniers instants de se tourner vers son refuge le plus sûr, la source profonde de sa dévotion et de sa confiance – comme l'avait fait le jeune prêtre en disant le rosaire pour ma grand-mère –, peut l'aider à transcender la souffrance de la mort et la conduire sur le chemin de la libération.

D'une manière peut-être plus précise encore que toutes les autres religions du monde, l'ancienne tradition de sagesse du bouddhisme tibétain a établi une carte détaillée du territoire de la mort, révélant la nature de notre expérience pendant nos derniers instants, au moment même de la mort et au-delà. Que vous adhériez ou non au reste de la philosophie bouddhiste tibétaine, le fait de comprendre ce qui survit après la mort – et de savoir comment saisir l'occasion unique que celle-ci nous offre – peut vous aider à apprécier davantage la valeur des enseignements et des pratiques pour la mort de votre propre tradition. Toutes les grandes traditions spirituelles du monde sont des chemins authentiques qui nous montrent comment bien vivre et affronter la mort avec espoir, en nous apprenant à nous relier à notre compassion, à notre dévotion et à notre sagesse inhérentes.

Les représentations de la mort

La mort n'est pas notre ennemie. Sur les gravures du Moyen Age, elle est représentée sous la forme d'un squelette dansant avec un être humain. La mort fait partie de la réalité de la vie, elle est notre compagnon fidèle. Que nous en soyons conscients ou non, nous traversons la vie en dansant dans les bras de la mort. L'« ennemi » véritable est notre ignorance délibérée, car plus nous évitons de penser à la mort ou de nous y préparer, plus nous sommes condamnés à souffrir lorsque nous y serons confrontés, que ce soit pour notre propre mort ou celle d'un être aimé.

Il n'en reste pas moins vrai qu'il nous arrive d'*imaginer* la mort comme une ennemie. Les gravures sur bois du XIXe siècle la représentent sous la forme d'un squelette armé d'une faux s'apprêtant à ôter la vie d'un seul geste. Au tout début du XXe siècle, les gravures nous montrent un médecin dans une posture héroïque protégeant un malade alité de cette représentation si menaçante de la mort.

Pour beaucoup, le face-à-face avec la mort n'évoque qu'un combat avec une force sans pitié animée du seul désir de leur prendre la vie et tout ce qu'ils chérissent. Dans toute bataille, on considère que la guérison et la continuation de la vie constituent une victoire, tandis que l'acceptation de sa propre mort revient à « renoncer », à admettre la défaite et à céder au désespoir. Si nous devons effectivement faire tout notre possible pour guérir, le fait d'éviter la mort ou de la percevoir comme notre « ennemie » nous fera éprouver une tension et une peur grandissantes lorsque notre heure arrivera, parce que nous n'aurons pas su nous préparer à l'inévitable.

Les personnes qui se sont détournées de la tradition religieuse de leur enfance affirment souvent qu'elles ne croient en rien : ni en Dieu, ni en une âme, ni en une forme d'existence après la mort. Mais il se peut aussi qu'une fois au seuil de la mort, elles se demandent avec effroi : « Et si le paradis et l'enfer *existaient,* quelles seraient alors mes chances d'aller au paradis ? » Si elles estiment ne pas être dignes du paradis, il ne leur reste qu'une alternative : la perspective effrayante de l'enfer, une existence de souffrances éternelles. Ceux qui croient que leur vie prendra fin avec la mort peuvent en avoir peur ou ne pas la craindre particulièrement. Peut-être se sentiront-ils effrayés ou désemparés face à la mort s'ils la vivent en étant privés de toute dignité ou de l'amour des autres.

Grâce au travail novateur de Dame Cicely Saunders (fondatrice de l'unité de soins palliatifs St. Christopher à Londres), d'Elisabeth Kübler-Ross et d'autres leaders de l'actuel mouvement de soins palliatifs, une image ancienne de la mort commence à réapparaître dans notre culture : celle de la mort comme un phénomène naturel faisant partie de la *totalité* de la vie. La mort n'est pas le signe d'un échec personnel ni le résultat d'un psychisme malade ; elle est universelle et nous arrivera à tous. Elle peut survenir à tout moment, pas seulement chez les personnes âgées ou celles atteintes d'une maladie incurable. Les récits populaires d'expériences de proximité de la mort ont amené de nombreuses personnes à considérer la mort comme un simple « voyage vers la lumière ». Nombre d'entre elles se sont arrêtées à cette image, persuadées qu'elles atteindraient facilement le bonheur en mourant. Mais toutes les expériences de proximité de la mort ne sont pas forcément positives ; on peut aussi souffrir après la mort. Et, malheureusement, le processus complet de la mort dure parfois assez longtemps. La qualité de notre existence après la mort dépend de la façon dont nous avons vécu et bien plus encore de notre préparation spirituelle à la mort.

Découvrir l'espoir contenu dans la mort

Pour la plupart d'entre nous, la vie représente l'espoir, et la mort la perte de l'espoir. L'espoir peut cependant être vécu à plusieurs niveaux, celui que nous ressentons alors que nous sommes en vie étant en fait le même que celui que nous pouvons avoir au moment de la mort. Si nous voulons affronter notre mort avec espoir, nous devons être prêts à prendre notre vie au sérieux dès maintenant et à utiliser toutes ses richesses cachées pour notre transformation et notre propre évolution.

Que nous soyons encore en vie ou sur le point de mourir, nous pouvons espérer mettre de l'ordre dans notre vie, purifier et réparer nos actions passées. Même si nous avons vécu d'une façon inconsciente et égoïste, nous pouvons toujours changer et commencer à développer notre compassion, notre reconnaissance et notre amour pour autrui.

Nous aspirons tous à être aimés et acceptés, et nous désirons exprimer l'amour que nous éprouvons. Nous espérons *compter* pour les autres. Nous souhaitons que notre vie ait apporté quelque chose autour de nous et qu'elle ait eu un sens. Tandis que nous puisons dans nos ressources de grâce et de courage pour nous aider à vivre le processus de la mort dans la dignité, nous espérons que même notre souffrance pourra nous élever.

Malgré la dégradation de notre corps ou l'altération de nos facultés mentales, nous souhaitons être respectés, espérant peut-être qu'il existe une unité de soins palliatifs dans notre ville pour apporter un soutien à nos proches et soulager avec douceur et savoir-faire la souffrance physique, morale ou sociale que nous pourrions ressentir au moment de notre mort.

Nous aspirons à nous développer sur le plan personnel et spirituel afin que, à l'heure de notre mort, nous soyons assurés de connaître le bonheur dans notre prochaine vie et de pouvoir poursuivre notre évolution spirituelle.

Les non-croyants peuvent regarder avec espoir ce qu'ils ont accompli dans leur vie, leur capacité à donner et à recevoir de l'amour, et ce qu'ils ont fait pour cultiver la paix de l'esprit.

Voilà tous les niveaux d'espoir que nous pouvons être amenés à découvrir lors de nos derniers instants. Nous pouvons substituer à notre désir de vivre longtemps celui de donner un sens à notre vie, en trouvant une signification à notre souffrance et la paix de l'esprit à l'heure de notre mort. Nous avons tous la capacité de bien mourir. Grâce à l'amour et aux encouragements de nos proches, au soutien apporté par l'équipe d'une unité de soins palliatifs, nous avons la possibilité de finir notre vie dans la paix et la dignité.

Les enseignements du bouddhisme tibétain – que j'ai reçus de Sogyal Rinpoché et que je présente ici au mieux de mes capacités – sont fondés sur une tradition de sagesse très ancienne qui révèle la dimension spirituelle profonde de la vie et de la mort, et présente l'espoir très particulier que nous pouvons découvrir dans la mort. Pour une personne, qui prend les enseignements à cœur et vit une expérience profonde dans sa pratique de méditation en s'appliquant avec diligence à réaliser son potentiel spirituel le plus élevé, la mort peut devenir une occasion extraordinaire d'atteindre l'éveil – la libération complète –, un état totalement libre de souffrances, de peurs et d'illusions.

L'occasion unique que nous offre la mort

Du point de vue du bouddhisme, la vie et la mort ne sont pas deux choses séparées, seulement des aspects différents d'un même tout. En tant que fin de cette vie, la mort est très réelle, mais elle est aussi le passage vers un autre type d'existence où nous continuons à évoluer.

Selon les enseignements, notre vie actuelle, le moment de la mort et même nos états d'existence après la mort, sont appelés des *bardos,* des périodes de transition pendant lesquelles nous sommes comme suspendus entre deux états d'existence : notre réalité passée et celle à venir. Il existe six principaux bardos : la vie, le sommeil et le rêve, la méditation, le moment de la mort, et les deux bardos après la mort : le bardo de la dharmata (du rayonnement intrinsèque) et le bardo du devenir ou de la renaissance. On utilise plus communément le terme « bardo » en référence au bardo du devenir – une existence transitoire dans laquelle nous entrons après notre mort, avant notre prochaine renaissance.

Les bardos sont des moments de bouleversement profond et d'incertitude en ce sens que notre passé – notre monde connu – se dissout, et que l'avenir – notre prochaine existence – ne s'est pas encore manifesté. Ces aspects sont encore plus évidents lorsque nous vivons nos derniers instants, alors que nous songeons à la perte de toutes nos références dans cette vie, à la perte de notre sécurité, et que notre avenir est encore plongé dans l'incertitude.

Et, comme la vie est un mouvement incessant de changements et d'incertitudes, nous faisons continuellement l'expérience des bardos – les morts et les renaissances : la première fois que nous quittons la maison familiale pour voler de nos propres ailes ; le jour où nous présentons notre premier-né à notre famille ;

quand nous nous retrouvons au chômage au beau milieu de notre vie ; lorsque nous devons retrouver un emploi après un divorce ; lorsque, atteints d'une maladie que les médecins ne sont pas parvenus à déterminer, nous sommes transportés en salle d'opération. Même à des niveaux subtils, nous faisons constamment l'expérience de transitions, du fait même que tout change d'un instant à l'autre. Les perceptions, les pensées et les émotions naissent, puis elles disparaissent à nouveau.

Les bardos constituent aussi des occasions exceptionnelles. Parce qu'ils sont des périodes de transition, chacun d'eux est une ouverture dans notre réalité apparemment « solide », une brèche qui nous offre la possibilité de changer : de transformer notre attitude, de choisir une nouvelle direction ou, à travers la méditation, de nous défaire de notre attachement au monde matériel et de découvrir, en nous tournant vers l'intérieur de nous-mêmes, l'essence profonde de notre être, immuable et immortelle, la nature véritable de notre esprit.

Certains bardos sont plus intenses que d'autres. Tout ce que nous faisons lorsque nous traversons ces états transitoires produit un effet considérable. Un des bardos les plus puissants est celui du moment de la mort.

Bien que notre corps et notre esprit ordinaire meurent tous les deux, un autre aspect de notre être – notre essence la plus secrète, semblable au ciel – se perpétue dans l'au-delà. De même qu'un vent violent chasse les gros nuages noirs après une nuit d'orage, à l'instant même de la mort, nos émotions, notre souffrance et notre fixation égocentrique sont balayées, et une conscience claire, pure et rayonnante apparaît, pareille à un vaste ciel clair d'une luminosité intense. C'est un aperçu de notre nature éveillée, la grande occasion qui nous est offerte au moment de la mort. Cependant, la persistance de cet état d'éveil dépend entièrement de notre capacité à abandonner notre identité confuse et conditionnée, à reconnaître notre nature véritable au moment où elle apparaît et à nous unir à elle. Comme l'écrit Sogyal Rinpoché :

> La réalisation de la nature de l'esprit, que nous pourrions appeler notre essence la plus secrète, cette vérité dont nous sommes tous en quête, est la clé pour comprendre la vie et la mort. Au moment de la mort, en effet, l'esprit ordinaire et ses illusions meurent et, dans la brèche ainsi ouverte, se révèle la nature de notre esprit, illimitée comme le ciel. Cette nature essentielle de l'esprit constitue l'arrière-plan de l'ensemble de la vie et de la mort, de la même manière que le ciel embrasse l'univers tout entier...
>
> Si tout ce que nous connaissons de l'esprit est l'aspect qui se dissout lorsque nous mourons, nous n'aurons aucune idée de ce qui se perpétue, aucune connaissance de cette dimension nouvelle – celle de la réalité plus profonde de la nature de l'esprit. Il est donc essentiel que chacun d'entre nous apprenne, de son vivant, à se familiariser avec cette nature de l'esprit. C'est à cette condition seulement que nous serons prêts lorsqu'elle se révélera spontanément, et dans toute sa puissance, au moment de la mort. C'est à cette condition seulement que nous pourrons la reconnaître « aussi naturellement, disent les enseignements, qu'un enfant se réfugiant dans le giron de sa mère », et qu'en demeurant dans cet état, nous serons finalement libérés [1].

Bien qu'il soit possible d'atteindre la libération au moment de la mort, c'est loin d'être facile. Puisque notre nature inhérente est alors libérée, nous aurons tous un aperçu de cette claire lumière au moment où elle apparaîtra. Notre capacité à la reconnaître et à y *demeurer* dépendra toutefois de notre degré de préparation, de l'état de notre esprit et de notre cœur à l'instant de notre mort, et de la façon dont nous aurons vécu.

Les enseignements du bouddhisme tibétain nous encouragent à pratiquer la méditation avec assiduité et à apprendre à stabiliser le flot de notre véritable nature *avant* de mourir, afin d'acquérir l'aisance et la confiance qui nous permettront de nous unir à notre nature au moment du trépas.

• *La mort de l'« esprit ordinaire »*

Si l'on devait répondre à la question : « Qui êtes-vous ? », la plupart d'entre nous décriraient les signes extérieurs de leur « identité » actuelle : sexe, profession, état civil, milieu familial, groupe ethnique ou culturel auquel nous appartenons, situation financière, religion et nationalité. Mais si nous perdions toutes ces références extérieures, existerions-nous malgré tout ? Nous pourrions alors citer les références intérieures qui semblent définir notre existence en tant qu'individu séparé et unique : notre passé, nos pensées et nos souvenirs, nos espoirs, nos sentiments et nos émotions, nos désirs, nos valeurs et nos opinions, et peut-être même un certain type de « personnalité ».

La plupart d'entre nous croient qu'un « soi » indépendant existe et que ce « je » – associé à nos pensées, à nos sentiments, à nos croyances, à notre passé, à notre personnalité et même à notre corps – est notre identité réelle. Cette identité ou ego n'est cependant pas notre nature véritable, mais seulement l'aspect de notre esprit qui « s'accroche au soi », ou fixation égocentrique.

Sogyal Rinpoché nous suggère de nous imaginer dans la situation d'une personne devenue complètement amnésique à la suite d'un accident. Comme nous avons oublié notre identité initiale, les autres nous disent comment nous nous appelons, ils nous racontent notre passé et nous rappellent nos croyances, ce qu'avec le temps nous finissons par accepter comme étant ce que nous sommes vraiment. Notre identité première, notre véritable nature, est toujours présente, mais notre amnésie nous empêche d'en être conscients.

Notre esprit ordinaire qui entretient cette identité illusoire est l'aspect de nous-mêmes qui se perçoit comme séparé de tout le reste et voit l'extérieur d'une manière dualiste. Notre ego, ou fixation égocentrique, se sent toujours inquiet, incomplet et perpétuellement insatisfait. Notre esprit est sans cesse en mouvement – à la poursuite de ce que nous croyons nécessaire à notre bonheur ou à notre épanouissement, ou fuyant ce qui est à nos yeux source de douleur ou de déception. Cette onde subtile d'espoir et de peur sous-tend toutes nos pensées et nos émotions conflictuelles.

Tel un escroc de talent, notre esprit rusé parvient à nous faire croire que, si nous pouvions acquérir cette chose magnifique – que ce soit cette élégante voiture de sport rouge ou une nouvelle relation –, nous serions enfin comblés et heureux. Nous investissons donc beaucoup d'espoir et d'énergie pour obtenir l'objet de nos désirs, tout cela pour continuer à nous sentir vides et insatisfaits. La voiture tombe en panne et la personne que nous désirions se languit pour une autre.

Notre ego exigeant est une fausse identité, une personnalité transitoire que nous avons développée et renforcée au cours de notre vie. Elle n'existait pas avant notre naissance et cessera d'exister à notre mort. Tel un éclair dans le ciel, notre identité actuelle *semble* exister et apparaître du fait que certaines causes et conditions sont réunies. Mais, dès lors que ces causes et conditions commenceront à se désintégrer – ce qu'elles feront au moment de l'agonie –, notre identité apparemment réelle et permanente disparaîtra elle aussi. Si nous croyons que cet ego, ou fixation égocentrique, est notre véritable identité, rien d'étonnant à ce que la pensée de la mort nous terrifie !

Cependant, derrière les nuages des projections et des émotions de notre esprit ordinaire se trouve un aspect plus profond de notre être : notre essence la plus secrète, immortelle et immuable.

• *Notre essence immortelle*

Notre essence la plus secrète – notre nature originelle et immortelle – est semblable au ciel : ouverte, libre, sans limites et embrassant tout. Pareille au ciel, notre nature véritable est immuable et indestructible, elle n'est jamais née et ne mourra jamais. De même que le soleil dans le ciel, elle est claire et lumineuse ; conscience éveillée, riche, se suffisant à elle-même et complète. Telle la clarté radieuse du soleil, notre nature est sagesse et, comme la chaleur du soleil, elle irradie une compassion et un amour illimités et inconditionnels pour tous les êtres.

Notre essence la plus secrète n'est pas quelque chose comme une âme personnelle qui continuerait d'exister après la mort. Bien que nous utilisions des mots pour la décrire, notre nature est complètement libre de tout concept, elle est un état de simplicité pure non fabriquée. Notre nature véritable est la présence de la conscience à chaque instant, avant que les mécanismes de l'ego ne commencent à se mettre en marche et à réagir à l'expérience pure par des commentaires, des jugements, des pensées et des émotions.

Notre nature véritable n'est pas différente de la nature véritable de tout ce qui est. Elle est comme l'espace contenu dans un vase : il n'y a pas de différence entre l'espace qui se trouve à l'intérieur et à l'extérieur : ils sont identiques. Le vase, tout comme notre esprit ordinaire, contient l'espace à l'intérieur. Et, quand le vase se brise – quand meurt notre esprit ordinaire –, notre nature véritable est libérée, impossible à distinguer de l'espace extérieur.

Cette essence est la source ou la graine d'éveil présente en chacun de nous. Elle ne pourra s'épanouir pleinement que lorsque nous aurons abandonné notre attachement à notre fausse identité et appris, par la pratique de la méditation, à reconnaître et à cultiver la luminosité et l'espace sans limites de notre vraie nature.

Selon les enseignements du bouddhisme tibétain, puisque cette essence la plus secrète est présente dans tout ce qui vit, chacun de nous en aura un aperçu au moment de la mort. Les récits des personnes qui ont vécu une expérience de proximité de la mort semblent le confirmer. Nombre d'entre elles disent qu'après leur mort clinique, elles ont eu la sensation de pénétrer dans une obscurité totale, un état de paix absolue, exempt de toute douleur physique. Or, cette obscurité n'est pas vide, car il y a encore une conscience qui fait l'expérience de cet état. Cette conscience est souvent perçue comme si la personne était proche de son corps ou juste au-dessus.

Un homme qui a eu une crise cardiaque raconte :

« On aurait dit que j'étais en l'air, dans l'espace, et que seul mon esprit était actif. Je n'avais plus aucune sensation de mon corps ; c'était comme si seul mon cerveau était là, suspendu dans l'espace. Je n'étais plus qu'esprit [2]. »

Lorsque l'expérience de la « mort clinique » dure plus de quelques instants, la conscience de la personne « décédée » se déplace à l'intérieur de ce qui ressemblerait à un tunnel obscur vers une lumière éclatante qui se rapproche et devient de plus en plus intense, pour ensuite se fondre dans cette lumière radieuse. Une personne rapporte : « En allant vers cette lumière extrêmement brillante, on n'a pas l'impression que le tunnel prend fin brusquement, mais plutôt qu'on se fond dans... cette merveilleuse lumière d'un splendide blanc bleuté [3]. »

Une autre personne décrit cette lumière différemment : « Ce n'était pas de la lumière, mais une absence, totale et complète, d'obscurité... on ne la regardait pas, *on était dedans* [4]. »

Ceux qui ont pénétré dans cette lumière éclatante disent avoir éprouvé une joie et un bonheur indicibles, au-delà de tout ce qu'ils avaient vécu auparavant. D'après eux, même la somme de toutes les expériences les plus heureuses et des moments d'amour les plus intenses de notre vie multipliée un millier de fois ne rendrait pas compte de cet état de félicité et de paix infinies. Comme le dit cet homme : « Plus je me rapprochais de cette lumière, plus je ressentais un sentiment de liberté et de joie ! Il n'y a pas de mots pour décrire cette expérience. J'éprouvais un sentiment d'expansion sans limites[5]. » Un autre homme raconte : « C'était la sensation la plus merveilleuse que j'aie jamais éprouvée, l'amour pur absolu. Chaque émotion, chaque sentiment est tout simplement parfait... Tout y est d'une clarté absolue[6]. »

Cet aperçu de notre nature véritable nous révèle l'espoir que recèle la mort. Mais un *aperçu n'est pas l'éveil,* et toutes les personnes qui ont fait l'expérience de cette lumière éclatante lorsqu'elles étaient « cliniquement mortes » s'accordent à le reconnaître. Beaucoup d'entre elles décrivent aussi les aspects douloureux de ce vécu : des sentiments de remords profonds pour leur vie égoïste ou négative, ou l'angoisse de se retrouver séparées d'êtres chers. En revenant à la vie, nombre des personnes qui ont vécu l'expérience de proximité de la mort ont compris que leur but dans la vie revêtait un sens et une raison d'être plus élevés, et que la mort n'est pas une fin ultime.

Si notre essence la plus secrète est notre véritable nature, pourquoi n'en faisons-nous pas l'expérience dans la vie de tous les jours ?

Notre nature véritable, semblable au ciel, est totalement ouverte et libre, indestructible et immuable. Elle est toujours là. Si nous ne la reconnaissons pas, c'est parce que notre esprit dualiste ne cesse de produire des nuages d'émotions, de pensées, de concepts, de fantasmes et de souvenirs qui voilent la présence pure et claire de notre vraie nature.

Parfois, lorsque le ciel est couvert depuis plusieurs semaines par une épaisse couche de nuages, nous finissons par croire que seuls les nuages existent. Mais si nous pouvions nous envoler au-dessus d'eux, nous ferions l'expérience de l'immensité du ciel et du soleil éclatant. De même, quelle que soit l'épaisseur des nuages de notre confusion mentale, l'étendue rayonnante qui embrasse tout de notre nature véritable est toujours présente, formant la toile de fond de notre existence.

• *Ce qui compte au moment de la mort*

En raison de l'extraordinaire occasion d'atteindre la libération qui nous est offerte au moment de mourir, c'est de notre vivant que nous devons comprendre comment nous préparer sérieusement à la mort. D'après les enseignements, deux choses sont capitales *au moment de la mort : la façon dont nous avons vécu et notre état d'esprit à ce moment-là.*

La façon dont nous avons vécu notre vie produit deux sortes d'effets. Les résultats de nos actions positives et négatives – et de nos habitudes – nous suivent après notre mort. Les enseignements bouddhistes décrivent ainsi le principe du karma : chacune de nos actions a une conséquence, ou une réaction, sur nous-mêmes. Bien que les effets de nos actes ne soient pas perceptibles immédiatement, ils sont néanmoins présents. Tous les actes de notre vie – y compris nos paroles et nos pensées – sont comme des graines que nous semons et qui, plus tard dans la vie ou après notre mort, mûriront et produiront des fruits. A notre mort, nous récolterons les fruits de nos actions, pour le meilleur ou pour le pire, ce qui déterminera notre expérience dans les états qui suivent la mort et la nature de notre prochaine existence.

Les personnes qui ont survécu à une mort clinique

et sont restées longtemps au seuil de la mort disent avoir vu défiler devant elles tout ce qu'elles avaient fait dans leur vie, y compris des scènes dont elles ne se souvenaient pas. Et elles n'en ont pas seulement été le témoin passif : elles disent avoir vécu les effets de leurs actions sur les autres *comme si c'était elles qui en faisaient maintenant l'expérience.*

« Toute ma vie est passée en revue. J'ai eu honte de beaucoup de choses parce que je voyais les choses différemment... Non seulement ce que j'avais fait, mais aussi la façon dont j'avais affecté les autres... J'ai compris que rien n'est oublié, pas même nos pensées[7]. »

« Je revivais complètement toutes les pensées que j'avais eues, toutes les paroles que j'avais dites, toutes les actions que j'avais accomplies. Et j'en revivais aussi les effets produits sur toutes les personnes, connues ou non, qui ont fait partie de mon entourage ou de ma sphère d'influence[8]. »

Une femme ayant vécu deux expériences de proximité de la mort m'a raconté : « Après la mort, quand vous découvrez les effets de vos actions et même de vos pensées sur tout et tout le monde, *c'est l'enfer.* Vous pouvez voir comment, lors de chaque rencontre apparemment insignifiante de votre vie – par exemple votre réaction à l'égard d'un étranger qui entre dans un magasin –, vous projetez constamment vos jugements et vos motivations égoïstes ou négatives, et vous en ressentez maintenant vous-même les effets. »

A l'évidence, les personnes qui ont vécu une expérience de proximité de la mort ont eu de la chance car elles ont eu la possibilité d'un nouveau départ pour réparer leurs actions passées, utiliser leur esprit et leur cœur d'une manière positive et apporter ainsi bonté et bonheur autour d'elles. Il en va de même pour nous qui entendons leur message. Nous pouvons en toute honnêteté faire le point sur notre vie, réparer nos actions passées, pardonner aux autres et demander pardon, et décider de vivre différemment à partir de maintenant.

Nos habitudes font aussi partie des graines que nous semons. Notre esprit est un flot ininterrompu d'habitudes émotionnelles indomptées et négatives qui créent nombre de nos souffrances au cours de notre vie et d'indicibles tourments après notre mort.

Il y a bien longtemps, j'ai invité un jeune maître tibétain, Dzongsar Khyentsé Rinpoché, à se rendre au chevet d'une femme qui était à l'article de la mort. Il entra dans sa chambre et se présenta. Après l'avoir remercié d'être venu la voir, elle lui dit : « Toutes ces dernières semaines, j'ai résisté à la mort, mais à présent je pense l'avoir acceptée. »

Il la regarda, une lueur d'amusement dans les yeux, et lui dit : « Je ne crois pas !

– Oui, vous avez raison », lui répondit-elle en riant. Après avoir pris une chaise pour s'asseoir à ses côtés, il se tourna vers moi et me demanda suffisamment fort pour qu'elle l'entende : « Que dois-je lui dire ? » Je lui suggérai de lui parler des bardos, ces périodes de transition pendant lesquelles nous sommes suspendus un certain temps entre deux états d'existence apparemment réels. Je m'attendais à ce qu'il parle du premier bardo de la mort, ce moment où la nature de l'esprit est complètement révélée, mais au lieu de cela, il lui parla du troisième bardo : le bardo du devenir, cette période entre deux vies qui débute au moment où la conscience de la personne quitte le corps et commence à errer, et se termine quand la conscience prend une nouvelle naissance.

Rinpoché commença par lui dire : « Après votre mort, tout continuera comme maintenant. Vous aurez la même conscience, vous vivrez les choses exactement comme en ce moment. » Tandis qu'il prononçait ces mots, je songeai que la mourante devait se sentir rassurée de pouvoir regarder la mort non comme une fin, mais simplement comme une continuité de la conscience, indépendante du corps. Mais ce que Rinpoché lui dit ensuite me surprit complètement : « Non seulement votre conscience se perpétue après la mort, mais également vos *habitudes*. » En observant l'expression de son visage à l'écoute de ce message, j'en ai déduit que nous avions eu la même pensée : « *Oh non ! pas mes habitudes !* »

La mort est vraiment le moment où toutes les graines que nous avons semées dans cette vie arrivent à maturité, une continuation de tout ce que renferment notre esprit et notre cœur à chaque instant. *La mort est la continuation de ce que nous sommes en ce moment même de notre vie.*

• *Une fenêtre ouverte sur une nouvelle chance*

La seconde chose qui compte au moment de la mort – notre état d'esprit – souligne l'importance cruciale de notre attitude lors de nos derniers instants. Au moment de la mort, nous ne rencontrons rien de nouveau, mais nous faisons au contraire l'expérience pure et simple de nous-mêmes, à la fois de notre nature absolue et de notre nature ordinaire et relative. Mais connaissons-nous vraiment bien notre *moi véritable* ? Dans quelle mesure avons-nous essayé de transformer nos habitudes conditionnées ou appris à cultiver la compassion et la sagesse dans notre esprit et dans notre cœur ? Ce que j'entends ici par « esprit » comprend notre manière d'être tout entière et notre cœur. Notre esprit véritable ne se limite pas à nos facultés mentales ou cognitives, il est la bonté fondamentale, le « bon cœur » présent au plus profond de chaque être.

La mort est un processus de dissolution graduelle : de nos forces physiques, de nos sens, des éléments grossiers et subtils qui composent notre corps et de nos facultés cognitives. L'aspect extérieur de cette dissolution prend fin lorsque nous rendons notre dernier souffle. Après quoi un processus de dissolution interne continue à se développer, durant lequel nos énergies internes disparaissent ainsi que les états-pensées de colère, de désir et d'ignorance qui nourrissent notre ego. La fin de cette dissolution interne correspond au dernier instant de la mort qui, pour la plupart d'entre nous, sera vécu comme un « évanouissement » dans un vide obscur – un espace paisible et dénué de souffrance.

Comme je l'ai expliqué précédemment, lorsque notre conscience s'éveille de cette totale obscurité de la mort, l'aube de la Luminosité fondamentale – la nature véritable de notre esprit – apparaît tel un ciel rayonnant, clair et immaculé. L'élément clé de cet instant est la *reconnaissance* : si, au moment où la Luminosité fondamentale se manifeste, nous reconnaissons qu'elle est notre nature véritable, nous pourrons alors nous unir à elle et atteindre la libération. Par conséquent, « l'attitude de notre esprit » au moment de la mort signifie, pour ceux qui ont acquis une stabilité en demeurant dans la nature de l'esprit au cours de leur vie, s'établir simplement dans cette conscience claire et pure, et s'unir tout naturellement à la Luminosité fondamentale lorsque la mort survient.

Cependant, comme la plupart d'entre nous rencontrent la mort sans y être préparés, c'est-à-dire sans avoir pris l'habitude de demeurer dans leur nature véritable, ou dans un état de confusion émotionnelle, ils ne reconnaissent pas la Luminosité fondamentale. Par la simple force de l'habitude, nous restons sous l'emprise de nos émotions, séparés de cette expérience pure, ce qui nourrit ainsi notre tendance à la fixation égocentrique, nos peurs, notre négativité et tous nos schémas de souffrance. Même si nous faisions l'expérience momentanée d'une liberté totale, nous reprendrions les habitudes de saisie et d'aversion de l'esprit qui nous propulsent malgré nous dans la confusion et la souffrance des bardos de l'après-mort et de notre prochaine vie.

Puisque la disposition de notre esprit et de notre cœur au moment de la mort – notre toute dernière pensée ou émotion – sera celle dans laquelle nous nous réveillerons juste après notre mort, nous avons la possibilité, même dans nos derniers instants, de changer notre tendance habituelle à la saisie, d'abandonner nos attachements, de renoncer à nos jugements et à nos aversions et de développer notre bon cœur. En fait, toutes les souffrances, tous les changements et toutes les pertes que nous subissons dans la vie nous offrent quantité d'occasions de nous « entraîner à mourir », d'abandonner notre tendance à la saisie, de relâcher notre esprit et de nous détendre dans notre véritable nature. Nous avons aussi de nombreuses occasions de nous réconcilier avec les autres, de purifier notre cœur blessé et de transformer notre manière de réagir à la souffrance. C'est pourquoi il n'y a dans notre vie aucun moment qui ne puisse être consacré à nous préparer à la mort.

Grâce à l'entraînement spirituel, nous pouvons apprendre des pratiques de méditation pour nous relier à notre sagesse et à notre compassion inhérentes. Lorsque notre esprit s'établit profondément dans la méditation, notre esprit conceptuel et notre sentiment ordinaire d'un « soi » peuvent disparaître momentanément. Nous faisons alors l'expérience d'une brèche ou d'un espace dans nos pensées : une conscience claire, rayonnante et éveillée qui n'est pas souillée par l'espoir, la peur ou les projections habituelles. Toute pratique spirituelle profonde et sincère nous permet de purifier et de relâcher le conditionnement émotionnel et l'ego qui nous séparent de la réalité. La méditation nous relie de plus en plus profondément à une conscience claire, naturelle et sans effort, où nous découvrons un sentiment d'aisance et d'espace, une reconnaissance infinie et une compassion joyeuse sans limites. Comme le dit Sogyal Rinpoché :

> Le message essentiel que nous livrent les enseignements bouddhistes est qu'il existe un espoir immense, dans la vie comme dans la mort, à condition que nous nous y soyons préparés. Ces enseignements nous révèlent qu'une liberté prodigieuse, et finalement sans limites, est possible, qu'il nous appartient d'y travailler dès maintenant, durant notre vie ; une liberté qui nous permettra de choisir notre mort et, par conséquent, de choisir notre naissance. Pour celui qui s'est préparé et s'est engagé dans une pratique spirituelle, la mort arrive non comme une défaite mais comme une victoire, devenant ainsi le moment le plus glorieux de la vie, son couronnement[9].

Deuxième partie

Les quatre tâches de la vie et du moment de la mort

Introduction

Que puis-je faire si mon ami, proche de sa fin, persiste à nier sa mort et ne me permet pas de lui en parler ? Comment puis-je venir en aide à un patient qui est dans le coma ou n'a plus toute sa tête et tient des propos incohérents ? Que puis-je offrir à une personne qui se sent complètement déprimée et désespérée, et refuse de parler de la dimension spirituelle de la mort ? Quelle attitude adopter face à la situation déchirante d'une jeune mère qui laisse derrière elle des enfants en bas âge ? Que dire à la personne qui, confrontée à la dégradation et à la souffrance de l'agonie, est prise d'une telle frayeur qu'elle songe à mettre fin à ses jours ?

Que pouvons-nous faire pour venir en aide à un ami, à un parent ou à un patient qui souffre terriblement et se bat contre un aspect inévitable du processus de la mort : douleur physique ou morale, incapacité de communiquer ? Tout d'abord, nous devons comprendre que mourir n'est pas un acte passif. Accepter notre mort ne signifie pas que nous devons capituler, comme si nous étions les victimes impuissantes des circonstances. Le processus de la mort est en fait la dernière étape de la vie – une occasion de grandir, à condition que nous voyions clairement l'enjeu auquel nous sommes confrontés. A ce stade de développement, il s'agit de bien terminer notre vie et de nous préparer à rencontrer la mort avec un esprit véritablement apaisé.

Les quatre tâches de la vie et du moment de la mort, dont il est question dans cette partie du livre, s'appliquent plus particulièrement au moment de la mort, si nous ne les avons jamais pratiquées durant notre vie. Elles représentent les défis majeurs auxquels nous sommes confrontés quand nous devons surmonter les bouleversements et les souffrances inévitables de la vie, tels que la maladie, la perte ou le deuil. Les comprendre, et nous y engager pleinement, nous permettra de faire face à nous-mêmes et de savoir comment et pourquoi nous choisissons de vivre, même au cœur de la souffrance la plus profonde. Ces quatre tâches nous invitent à abandonner nos habitudes passées et à prendre une direction plus positive dans notre vie, une direction plus favorable, afin de devenir des êtres humains plus authentiques et plus compatissants.

La vie elle-même est déjà un chemin, un voyage dont la destination ultime est la mort. Nous pouvons nous engager à en faire un voyage spirituel, que nous l'appelions « développer notre bon cœur », « devenir un être humain authentique », ou « réaliser notre nature de sagesse et atteindre la libération ». Nous avons la possibilité de découvrir en nous une grandeur, une générosité et un humour empreints de gaieté, afin de toucher le cœur des autres avec compassion et d'apporter ainsi davantage de bonté dans ce monde. Et, lorsqu'en définitive nous rencontrerons notre propre mort, nous saurons, sans l'ombre d'un doute, que nous aurons accompli quelque chose d'utile dans notre vie.

Première tâche

COMPRENDRE ET TRANSFORMER LA SOUFFRANCE

5

Comprendre la souffrance et y répondre

C'est le crépuscule, la fin d'un après-midi d'automne. C'est pour vous la fin d'une longue série d'examens. La salle d'attente du cabinet médical est vide et vous vous asseyez quelques instants pour réfléchir avant de rentrer chez vous. Il vous faut du temps pour digérer la nouvelle que le médecin vient de vous annoncer : votre mal est incurable et il ne vous reste peut-être plus que six mois à vivre. Prenez un moment pour vous demander : « Qu'est-ce que je ressens ? Quelles sont mes plus grandes inquiétudes ? De quoi ai-je besoin ? »

Pensez à votre vie de tous les jours et à la façon dont vous aviez l'intention de consacrer votre temps et votre énergie au cours des six prochains mois. Y a-t-il quelque chose que vous feriez différemment, des activités auxquelles vous souhaiteriez mettre fin ou d'autres que vous aimeriez terminer ?

Pensez maintenant à l'impact que cette nouvelle produira sur vos amis et votre famille. Avec qui souhaiteriez-vous la partager dans un premier temps ? Imaginez-vous en train de l'annoncer. A qui d'autre la diriez-vous plus tard, dans les mois à venir ? Imaginez ce que vous pourriez ressentir à annoncer la nouvelle de votre mort imminente à chacune des personnes que vous aimez.

Les mois passent. Vous subissez divers traitements

et faites l'expérience de leurs effets secondaires, de symptômes nouveaux et changeants, de l'inconfort physique et de la douleur. Vous passez tous les mois une partie de votre temps à l'hôpital. A mesure que vos forces déclinent, vous n'êtes plus capable de faire tout ce que vous faisiez avant et vous passez de plus en plus de temps dans un fauteuil roulant. Des étrangers, des professionnels s'occupent des détails pratiques de votre vie quotidienne, jusqu'aux aspects les plus intimes de vos soins corporels. Votre corps, vos cheveux et votre peau vieillissent rapidement et vous avez l'air de plus en plus frêle. En imaginant ce processus de maladie et de dégradation, arrêtez-vous un instant pour vous demander : « De quoi ai-je le plus besoin ? Qu'est-ce qui pourrait m'aider ? Qu'est-ce qui, dans cette maladie et cette confrontation avec la mort, me fait le plus peur ? »

Ce qui au fond de vous-même vous effraie le plus – la pire des situations ou la pire des souffrances que vous puissiez imaginer – peut en fait se produire. Si tel était le cas, demandez-vous : « Qu'est-ce qui pourrait me venir en aide ? A quelles ressources extérieures ou intérieures pourrais-je faire appel pour m'aider à traverser l'épreuve de l'agonie ? » Imaginez-vous en train de puiser dans ces ressources inestimables pour vous soutenir au cours de cette épreuve.

Plusieurs mois ont passé et vous êtes maintenant à l'hôpital, conscient de n'avoir plus qu'une semaine à vivre environ. Vous faites la liste des biens que vous voulez distribuer, en précisant ce que chacun recevra. Vous rédigez aussi vos dernières volontés concernant les soins médicaux et la façon dont vous souhaitez que l'on traite votre corps après votre décès, et vous réglez tous les derniers détails pratiques de votre vie. Imaginez-vous en train de faire vos adieux à chacun de vos amis les plus proches et aux membres de votre famille. Y a-t-il un dernier message que vous aimeriez transmettre à quelqu'un ?

Dites-vous ensuite que le moment même de votre mort est arrivé et que vous observez la scène comme si vous étiez au-dessus d'elle. Vous voyez votre corps au-dessous de vous, étendu sur le lit d'hôpital, et vous entendez vos dernières respirations, très faibles et superficielles. Quelles sont les personnes que vous souhaiteriez avoir auprès de vous ? Qu'aimeriez-vous qu'elles fassent au moment de votre mort ? Puis, alors que vous vous voyez rendre votre dernier souffle, demandez-vous quels sont vos pensées et vos sentiments dans les derniers instants de votre vie.

Cet exercice d'imagination vous permettra peut-être de mieux comprendre ce que vit une personne confrontée à la mort ainsi que ses besoins. J'espère qu'il vous aidera aussi à imaginer ce que pourraient être vos derniers instants si vous deviez mourir aujourd'hui, quelque peu inconscient et probablement pas préparé.

Afin d'offrir aux mourants les soins les plus efficaces et les plus compatissants, de comprendre vraiment la nature de ce qu'ils vivent, leurs difficultés et leurs besoins, et de les aider à se préparer sérieusement à la mort, nous devons commencer par dépasser notre propre angoisse et nous préparer, nous aussi, à la mort. Il est temps maintenant de nous y mettre. Car, le plus précieux soutien que nous puissions offrir aux personnes confrontées à la mort, à la perte ou au deuil, est la confiance que nous aurons en nous-mêmes dès lors que nous aurons trouvé un sens à notre vie, que nous nous serons réconciliés avec les autres et avec nous-mêmes, que nous aurons appris à comprendre et à transformer notre souffrance, et que nous nous serons préparés spirituellement à notre mort.

Les souffrances inévitables de la mort

Au moment de leur mort, la plupart d'entre nous feront l'expérience de certaines souffrances inévitables. Or, les personnes mourantes vivent trop souvent d'*inutiles* souffrances qui amplifient leur sentiment d'impuissance et d'isolement et vont même jusqu'à exacerber leur douleur physique.

Quelles sont les souffrances inévitables de la mort ? Lors du processus de la maladie ou du vieillissement, nous faisons l'expérience de l'inconfort physique et de la douleur tandis que les fonctions de notre corps diminuent peu à peu. Toutes les maladies n'entraînent pas de souffrances grandissantes et insupportables dans les derniers mois ou les dernières semaines de la vie, mais, comme la douleur est souvent associée à la maladie, la personne mourante craint, souvent sans raison, qu'elle n'augmente encore à l'approche de la mort.

A mesure que notre corps se dégrade, nous perdons la force et la capacité de nous occuper de nous-mêmes et nous dépendons de plus en plus des autres pour gérer les détails de notre vie, y compris pour prendre soin des aspects les plus intimes de notre corps. Cet état de dépendance et la perte de contrôle qu'il entraîne est souvent l'aspect le plus redouté du processus de la mort.

Le moment où nous sommes confrontés à la réalité de la mort peut aussi être celui où nous affrontons, pour la première fois, la nécessité douloureuse de nous défaire de notre attachement à la vie. Si nous n'avons jamais appris à lâcher prise à l'occasion des nombreuses pertes que nous avons subies au cours de notre vie, il nous sera extrêmement difficile de comprendre et de surmonter cette souffrance psychologique, ainsi que tous les autres aspects du processus de la mort.

Pour comprendre l'immensité de la souffrance émotionnelle vécue par une personne mourante, réfléchissez à une période de votre vie où vous avez perdu quelque chose auquel vous teniez beaucoup : que ce soit une maison que vous aimiez particulièrement, la possibilité de faire une brillante carrière, votre conjoint. Souvenez-vous de votre réaction lorsque vous avez fait l'expérience d'un tel changement ou d'une telle perte pour la première fois : « Je ne peux pas croire que cela m'arrive, à moi. » Vous étiez sous le choc, espérant que ce n'était qu'un mauvais rêve qui allait bientôt prendre fin.

Le premier instant de choc passé, et voyant que le « mauvais rêve » ne disparaissait pas, vous avez probablement commencé à résister au changement. Cette résistance peut s'exprimer sous diverses formes : la colère, le ressentiment ou la frustration, tandis que vous repoussez violemment quiconque tente de s'approcher de vous ; la peur viscérale de vous sentir vulnérable et malheureux qui vous pousse à fermer votre cœur et à éviter les personnes que vous aimez ; des jugements sévères où vous accusez les autres de votre souffrance, à moins que vous ne vous critiquiez vous-même d'avoir perdu le contrôle ; la résignation ou le désespoir ; le déni où vous tentez de réprimer votre douleur ou de la dissimuler.

Mais, en fin de compte, une fois vos résistances vaincues, vous avez été capable d'admettre pleinement le changement et de commencer le travail du deuil, puis de lâcher prise. Selon la force de votre attachement, il vous aura fallu un an ou plus pour vous remettre de ce processus de deuil et de détachement, de tristesse et de souffrance prolongées. Ou alors vous prendrez conscience, en y réfléchissant maintenant, que vous n'avez jamais lâché prise totalement, ni accepté cette perte importante.

En voyant à quel point il est douloureux et difficile d'accepter ne serait-ce qu'une seule perte dans notre vie, nous pouvons mieux comprendre la situation que vivent les personnes confrontées à la mort. Elles ne sont pas seulement en train de perdre une chose ou une relation à laquelle elles étaient très attachées, elles perdent tout et tout le monde, en même temps !

C'est pourquoi les personnes qui vivent leurs derniers instants sont souvent en proie à un chagrin, à une peur et à une résistance dont nous pouvons à peine imaginer la profondeur. Elles peuvent aussi s'apercevoir qu'elles portent en elles quantité de blessures jamais refermées qu'elles ont accumulées tout au long de leur vie. En s'ouvrant à la perspective des pertes immenses que laisse entrevoir la mort, elles peuvent ainsi se retrouver face à quantité de souffrances qu'elles n'ont jusqu'alors jamais pu guérir.

Les auteurs contemporains dénigrent notre peur de la mort, mais il me semble que nous avons encore plus peur du chagrin. Nous l'assimilons au moment de la mort, au désespoir et à la vulnérabilité. Nous n'avons pas dans notre culture de modèles de personnes qui ont su surmonter les épreuves du deuil, de la perte et du chagrin. Nous ne nous croyons pas capables de nous en sortir, c'est pourquoi nous résistons au chagrin comme s'il était la pire expérience qui puisse nous arriver. Or, nous ne souffrons pas qu'une fois, tout à la fin de notre maladie, pour ensuite accepter paisiblement notre mort. *Nous mourons des milliers de fois avant de mourir,* et chaque nouveau changement donne lieu à un autre degré de chagrin et de lâcher prise.

Dès l'instant où nous sommes atteints d'une maladie chronique ou incurable, nous avons l'impression d'être « exclus du monde de la santé ». Lorsque nous apprendrons plus tard que notre mal est incurable, nous entrerons dans le bardo du moment précédant la mort, qui se termine à l'instant même de la mort. Ces transitions peuvent éveiller en nous des sentiments d'anxiété et de peur intenses, dans la mesure où notre monde connu s'effondre et où notre avenir – la forme d'existence que nous prendrons après la mort – est encore incertain. A ce moment-là, nous n'avons plus rien à quoi nous raccrocher dans cette vie. Lorsque notre esprit et notre corps commencent à se désintégrer pendant le processus de la mort, nous sommes confrontés à l'expérience ultime de la « perte de contrôle ». Le bardo du moment de la mort – avec son cortège d'incertitudes, de dissolution et de peur – peut mettre au jour notre vulnérabilité la plus profonde. C'est pourquoi toute réaction ou émotion d'une personne au seuil de la mort est parfaitement compréhensible en raison de la souffrance psychique, de la résistance, de la peur et de l'extrême vulnérabilité qui accompagnent généralement le processus de la mort.

Les souffrances inutiles du processus de la mort

Rose, une femme d'une quarantaine d'années, était en train de mourir dans un grand hôpital. Elle était soignée pour son cancer dans une unité de soins palliatifs et passait seule la majeure partie de ses journées. Durant les dernières semaines de sa vie, tandis que son état empirait de plus en plus, elle n'arrêtait pas de sonner les infirmières pour se plaindre qu'elle souffrait. Son médecin avait déjà ajusté les doses de calmant de nombreuses fois pour apaiser sa douleur sans pour autant la rendre inconsciente, mais elle continuait à appeler les infirmières sans arrêt. On fit venir un psychologue, qui apprit par une des infirmières avant de se rendre au chevet de Rose que cette dernière n'avait jamais été informée du diagnostic ni de l'évolution de sa maladie.

Après lui avoir dit bonjour, il lui annonça sans détour les raisons de sa visite : « On m'a demandé de venir vous voir parce que vous n'arrêtez pas de sonner les infirmières et de vous plaindre d'avoir mal, mais elles ont fait tout ce qui était en leur pouvoir, de même que les médecins. Je suis donc venu passer un moment avec vous pour voir comment je pourrais vous aider. Dites-moi, de quoi avez-vous besoin ?

– Tout ce que je veux, c'est une tasse de thé, mais ils continuent à m'apporter ces petites pilules.

– Une tasse de thé, est-ce bien tout ce que vous voulez ?

– Non, j'ai peur, et j'ai vraiment besoin de parler, mais personne n'a le temps.

– De quoi voulez-vous parler ?

– Eh bien, j'ai le cancer, n'est-ce pas ? » demanda Rose.

Il l'invita à lui dire ce qu'elle ressentait à ce sujet.

Elle avait entendu parler d'un autre patient cancéreux qui souffrait atrocement et elle craignait de vivre la même chose. Le psychologue fit de son mieux pour la réconforter, en lui assurant que sa douleur pouvait être parfaitement maîtrisée jusqu'à sa mort.

« Avez-vous mal quelque part en ce moment ?

– Non, répondit-elle contre toute attente.

– Avez-vous peur de la mort ? » lui demanda-t-il.

Rose ne craignait pas la mort, car elle croyait en Dieu et en l'au-delà. Ce qui l'inquiétait, c'était le processus de la mort. Après cette longue conversation, Rose était rassérénée, elle se sentait beaucoup plus détendue et ne se plaignait plus d'avoir mal. Les infirmières ont continué à lui parler et à la rassurer. Et quand ses proches ont compris qu'il ne lui restait pas longtemps à vivre, ils sont venus la voir plus souvent, jusqu'à ce que Rose meure paisiblement quelques semaines plus tard.

Comme le révèle l'expérience de cette femme, les souffrances inutiles du processus de la mort proviennent en grande partie de notre crainte de reconnaître ou d'exprimer nos peurs et notre tristesse tout à fait naturelles, et du fait que personne ne prend le temps de parler honnêtement avec nous ou de nous considérer comme des « personnes vivantes ».

Généralement, ni les mourants ni leur famille ne comprennent pleinement la nature du processus physique et émotionnel qui se joue au moment de la confrontation avec la mort. Quand ils assistent aux derniers instants d'un être cher, les proches ont parfois l'impression qu'ils sont eux-mêmes en train de mourir. Ils ne comprennent pas que leurs émotions conflictuelles, leur peine, leur sentiment d'impuissance, d'angoisse, de frustration ou de culpabilité, sont parfaitement normaux. Ils n'ont pas la confirmation et le soutien dont ils auraient tant besoin en cette période extrêmement difficile. Le processus de la mort est parfois plus éprouvant pour les proches que pour la personne vivant ses derniers instants.

Une des plus grandes souffrances qu'éprouve un mourant provient parfois de l'attitude des membres de sa famille : leur attachement, leurs émotions refoulées ou leur incapacité à accepter sa mort et à lâcher prise. N'étant pas suffisamment soutenus, les proches comptent parfois trop sur la personne mourante pour recevoir une aide que celle-ci n'est plus en mesure d'offrir. En outre, la crainte de parler à cœur ouvert, et de partager leurs sentiments et leur chagrin naturel, rend la communication entre les membres de la famille de plus en plus tendue à mesure que la mort approche, de sorte que tout le monde souffre davantage.

Une autre source de souffrance inutile provient du fait que le mourant et sa famille ne sont pas toujours au courant des formes de soutien dont ils pourraient bénéficier. Parfois ils ne savent même pas vraiment ce dont ils ont besoin, encore moins comment le demander. Ils doivent souvent se débrouiller seuls, ce qui entraîne davantage d'incompréhension et de souffrance.

Si le médecin n'a pas été suffisamment formé pour gérer la douleur pendant les dernières étapes de la maladie, il ne croira peut-être pas la personne mourante lorsque celle-ci décrira sa douleur, de sorte qu'il ne lui administrera pas les doses de calmant nécessaires. Dans ce cas, le patient passe toutes les deux ou trois heures par des cycles de souffrance et d'angoisse intenses et inutiles, chaque fois que les effets de la dose précédente de calmant commencent à se dissiper. Et, si l'équipe médicale répond à la douleur du mourant par sa propre peur, elle risque de lui administrer une quantité excessive de calmant, ce qui rend la personne confuse et inconsciente pendant les dernières semaines de sa vie. Le personnel soignant ignore souvent que l'aspect physique de la douleur ne représente qu'une partie de la détresse qu'éprouve le mourant. Celle-ci peut aussi être d'ordre émotionnel, social, financier ou spirituel, et constitue parfois le facteur le plus important de sa souffrance.

Enfin, une autre souffrance inutile provient du manque de contrôle sur notre environnement physique ; quand on ne tient plus compte de nos volontés en ce qui concerne les soins médicaux et les moyens employés pour nous maintenir en vie ; quand on ne peut décider des aspects pratiques pour nous assurer une mort digne et paisible. Si la personne en fin de vie passe ses dernières semaines à l'hôpital ou dans une unité de soins intensifs, ses besoins les plus importants durant cette période ne seront peut-être pas satisfaits : un contact régulier avec quelques proches dans une atmosphère où ils pourront parler ouvertement de leurs sentiments ; des moments et un espace privés pour partager leur chagrin et se faire leurs derniers adieux ; le soutien nécessaire pour mettre au point les derniers détails pratiques de cette vie ; la liberté de dormir, de manger et de se lever à son propre rythme ; la possibilité d'admirer le spectacle de la nature ou de mourir chez soi dans un cadre familier ; et la liberté de créer, avec l'aide de ses amis et de ses proches, un environnement de méditation, de prière et de pratique spirituelle à l'approche de l'heure de la mort.

Une grande part des souffrances inutiles du processus de la mort peut être entièrement soulagée par une plus juste compréhension, une meilleure formation, un plus grand soutien, et des moyens tels que ceux offerts par les programmes de soins palliatifs. Une certaine quantité de souffrance est cependant inévitable au moment de la mort et chacun d'entre nous devra en faire l'expérience. C'est pourquoi, pour nous préparer vraiment à la mort, nous devons développer la compréhension et le courage qui nous aideront à accepter et à traverser – ou même à transformer – les pertes et les souffrances inévitables de la vie.

Les souffrances de la vie

Au cœur de toute souffrance, nous pouvons avoir un aperçu de la mort. Nous avons tous vécu des expériences d'intense souffrance et de perte : des changements brutaux tels qu'un vol dont nous avons été victimes, la perte de notre maison, la trahison d'un collègue de travail, une longue maladie ou le chagrin d'avoir perdu un compagnon. Lorsque nous examinons vraiment les expériences les plus douloureuses de notre vie, nous voyons que la mort ne nous est pas étrangère. Bien qu'elle semble n'être qu'un événement lointain qui ne ressemblera en rien à ce que nous avons connu jusqu'alors, nous subissons en fait de nombreuses pertes au cours de notre vie, tout aussi intransigeantes que la mort elle-même.

Les pertes importantes, les longues périodes de souffrance morale ou physique, les maladies graves ou le deuil sont les « grandes morts » qui nous surprennent à différents moments de notre vie. On les appelle parfois « petites morts », mais les personnes gravement malades ou celles qui traversent l'épreuve du deuil affirment éprouver la même douleur et les mêmes troubles psychiques que celles qui sont confrontées à la mort. Afin de nous préparer au grand « lâcher prise » de la mort elle-même, nous pouvons voir dans ces adversités des occasions de « pratiquer la mort », pour commencer à accepter, avec courage et dignité, les pertes que nous subissons et apprendre à lâcher prise avec élégance.

Comment réagissons-nous habituellement face aux circonstances douloureuses de la vie ? Nous nous retranchons derrière toutes sortes de diversions : allumer la télévision, travailler comme un forcené, téléphoner, faire les magasins, prendre une bière, un tranquillisant ou de la drogue, nous engager à fond dans une cause ou nous réfugier dans l'isolement et le désespoir muet.

La douleur est inévitable, la souffrance facultative. La souffrance provient de notre aversion et de notre résistance à notre situation difficile et non de la douleur elle-même. La souffrance reflète notre angoisse de perdre tous nos espoirs, d'être forcés de renoncer à tout contrôle et de nous sentir vulnérables et impuissants face à la perte ou au changement non désirés. Jusqu'à ce jour, nous nous sommes entraînés à résister à la douleur, à la nier ou à l'éviter. Mais pendant combien de temps encore ces échappatoires continueront-elles à nous aider lorsque nous serons finalement confrontés à la mort ?

Que nous soyons en train de mourir ou de vivre une des « grandes morts » de la vie, nous souffrons davantage lorsque :

- personne ne croit en notre souffrance : elle est niée, minimisée ou on nous culpabilise ;
- nous ne nous permettons pas d'éprouver du chagrin, ou les autres nous l'interdisent ;
- nous-mêmes ou ceux que nous aimons nous jugent, exigeant que nous restions parfaitement maîtres de nous-mêmes ;
- nous nous retirons dans notre coquille, ne permettant à personne d'y entrer ;

– nous nous identifions à notre souffrance, nous percevant comme des victimes impuissantes ;
– nous nions et réprimons continuellement notre douleur, renonçant ainsi à notre capacité de nous en sortir.

Réagir à la souffrance non désirée avec aversion, reproche, complaisance ou désespoir, ne fera qu'aggraver et prolonger notre douleur. Non seulement ces réactions nous créent de nombreuses difficultés en ce moment, mais à la fin de notre vie nous serons démunis face aux nombreux aspects de la souffrance des instants précédant la mort.

Les interprétations négatives de la souffrance

A l'occasion de mes innombrables visites aux mourants et à leur famille, j'ai pu constater à quel point leur état douloureux pouvait être amplifié par leur façon d'interpréter le sens de leur souffrance. A la question : « *Pour quelle raison pensez-vous que cela vous arrive ?* », leur réponse correspond souvent à l'une des interprétations négatives suivantes :

« Toute la journée, je suis là, cloué dans ce lit d'hôpital et je me demande : "Pourquoi moi ? Pourquoi cela m'arrive-t-il, à moi ?" Je ne peux pas m'empêcher de me dire que, d'une certaine façon, Dieu est en train de me punir pour une mauvaise action que j'aurais accomplie dans ma vie. » La conséquence de cette interprétation, c'est qu'en cette période critique de sa vie, alors même qu'elle a besoin de se tourner vers son ultime refuge, la personne conclut que Dieu l'a jugée et abandonnée et se sent encore plus désespérée.

Lorsque la dimension spirituelle de notre être nous échappe, il est aisé de conclure qu'un être humain n'est qu'une machine que l'on doit débrancher lorsqu'il n'est plus possible de la réparer : « Cette souffrance n'a absolument aucun sens. Je sais que la douleur se fera de plus en plus intense à mesure que je me rapprocherai de la mort et que je ne pourrai y faire face. Ma vie n'a plus de sens à présent que je suis faible et incapable de prendre soin de moi-même. Je ne suis qu'un fardeau pour ceux qui m'aiment. Je vous en prie, mettez fin à ma souffrance tout de suite. » En envisageant la situation de la sorte, la personne mourante se sent incapable de profiter des occasions qui se présentent à elle, même lors de ses derniers instants, ou de considérer sa souffrance comme une expérience ennoblissante plutôt que dégradante.

Par ailleurs, un malade apprenant qu'il est proche de sa fin peut se dire qu'il n'a aucune valeur ou se culpabiliser. « Ce doit être à cause de tous mes blocages émotionnels ou de mon type de personnalité que j'ai contracté cette maladie. Et, puisque je n'ai pas su me guérir, cela signifie que je n'ai pas su comprendre la "leçon" que cette maladie voulait me donner. C'est ma faute si je suis en train de mourir. En fait, je dois avoir un "désir de mort". » Si sa famille a aussi cette croyance, elle peut se dire qu'il « a choisi de mourir » et décider par conséquent de l'abandonner ou bien faire pression sur lui pour qu'il « continue à se battre », alors même qu'apparaissent les signes de dégradation du processus de la mort.

Chacune de ces interprétations part du principe qu'il y a quelque chose de mauvais dans la souffrance, que la mort n'est pas naturelle, qu'elle est dégradante ou le résultat d'un échec personnel ou moral. Ces interprétations négatives ne font qu'exacerber notre souffrance, en y ajoutant des sentiments de désespoir. Si nous interprétons la souffrance d'une façon plus positive, cela ne fera pas disparaître notre douleur, mais cela modifiera notre ressenti et nous offrira la possibilité de grandir ou de changer face à cette expérience.

Le rabbin Pesach Krauss travaille comme aumônier dans un grand hôpital new-yorkais spécialisé dans le traitement du cancer où il rencontre des centaines de personnes à des tournants importants de leur vie. Il écrit :

> Chaque être humain vit dans sa vie des choses qui touchent d'autres êtres humains. Nous voulons tous croire en notre valeur, penser que nous comptons vraiment, que nous sommes dignes et responsables. Nous sommes tous confrontés à des événements et à des situations que nous n'avons pas créés. Et tout dépend de notre façon d'y réagir, de les interpréter, et de notre capacité à nous laisser submerger ou à les surmonter. Si nous parvenons à les dépasser, nous pourrons alors utiliser les situations les plus difficiles comme s'il s'agissait des barreaux d'une échelle qui monte au ciel[1].

Nous voyons maintenant combien il est important de développer une compréhension qui nous permette d'accepter la vie dans sa *totalité,* avec toutes ses joies et ses peines, ses réussites et ses déceptions. Les enseignements bouddhistes nous révèlent que la souffrance est universelle, qu'elle est une part inévitable et naturelle de la vie. Ils nous montrent également comment – à condition de bien les utiliser – nos plus profondes expériences de douleur ou de perte peuvent mettre au jour la prochaine étape essentielle de notre chemin spirituel.

La compréhension de la souffrance d'après les enseignements bouddhistes

Après avoir pris conscience de sa véritable nature et atteint l'éveil – l'état totalement libre de toute souffrance –, le Bouddha a commencé à enseigner afin de révéler un chemin, un moyen, pour que tous les êtres puissent réaliser cette liberté qu'il avait découverte. Le premier message transmis par le Bouddha vise à nous éveiller à la réalité, afin que nous puissions découvrir nous-mêmes la source de sagesse et de compassion qui est en nous. On appelle cet enseignement « les quatre nobles vérités » :

- savoir que la vie est souffrance ;
- découvrir la cause de la souffrance ;
- comprendre que nous pouvons mettre fin à la souffrance ;
- s'engager sur le chemin qui nous permettra de nous libérer de la souffrance [2].

• *La vie est souffrance*

Nous ne songerions même pas à nous libérer si nous n'avions pris conscience que nous sommes soumis aux dures réalités de la vie sur lesquelles nous n'avons qu'un pouvoir limité. Au lieu d'espérer que notre souffrance disparaîtra, de la fuir ou de nous rendre insensibles à ses effets, nous devons comprendre que la souffrance est universelle. C'est là notre premier pas vers la vraie liberté.

Notre existence actuelle est une suite d'incessantes souffrances se manifestant des niveaux les plus grossiers jusqu'aux plus subtils. Bien que nous aspirions tous à un bonheur et à une paix durables, ils semblent nous échapper et nous sommes constamment insatisfaits. Malgré tous nos efforts pour atteindre des situations enviables, censées nous apporter plaisir et bien-être, la nature de toute chose en ce monde – les circonstances, les gens ou même notre confort actuel – est imparfaite, incertaine, insatisfaisante et impermanente. Comme rien n'est totalement satisfaisant ou immuable, nous nous sentons constamment abandonnés, frustrés et déçus. Nous ne pouvons même pas nous fier à notre esprit ordinaire qui, sous l'emprise de l'illusion et de l'avidité, nous précipite encore et toujours dans les difficultés et les déceptions. Ainsi la souffrance mentale et l'insatisfaction sont-elles omniprésentes dans notre vie.

Cela peut paraître plutôt déprimant si vous voulez vous accrocher à votre croyance que « les autres » sont heureux et qu'il vous sera possible, un jour ou l'autre, d'arriver à leur bonheur supposé. Mais même l'*apparence* du bonheur dans le monde matériel n'est qu'une façade. Les personnes qui vivent dans l'aisance sont frustrées comme vous, à cause de leur avidité et de leur insécurité constantes, de leurs attentes et de leurs déceptions. *La souffrance imprègne toute notre existence.* C'est pourquoi, si vous souffrez, il n'y a rien de particulièrement anormal – en fait, vous êtes sur la bonne planète... et vous avez beaucoup de compagnie !

L'autre caractéristique fondamentale de la vie sur terre est que toutes les choses et toutes les personnes auxquelles nous nous attachons sont soumises à l'impermanence, à la dissolution et à la mort. Lorsque nous finissons par atteindre une situation agréable ou confortable – un travail formidable, la maison de nos rêves, le compagnon parfait –, tôt ou tard nous ferons l'expérience de la souffrance du changement. Bien que nous ayons déjà vécu de pareils changements, chaque fois que nous obtenons quelque chose qui nous rend heureux, nous tombons dans le même piège : celui de croire que *cette fois-ci* notre situation est permanente et sûre, et que nous ne serons pas déçus. Puis notre situation change ou prend fin, nous voilà blessés, pleins d'amertume ou de colère. Mais qui en est vraiment responsable ? Nos attentes renferment le germe de la déception.

Comme si cela ne suffisait pas, il y a aussi la souffrance de la souffrance elle-même. Au cours de notre vie, nous faisons inévitablement l'expérience de la douleur physique, de la maladie, de la vieillesse et de la mort. Nous nous retrouvons souvent dans des situations non désirées ou effrayantes et nous obtenons rarement ce que nous désirons le plus.

La contemplation du caractère universel et inévitable de la souffrance a pour but de nous éveiller et de nous inciter à changer notre approche de la vie. Une métaphore traditionnelle pour décrire notre ignorance dangereuse du samsāra – ces cycles de souffrance sans fin – est celle d'enfants jouant dans une maison en feu. Non seulement, tous les jeux auxquels nous consacrons tout notre temps et notre énergie ne font que déboucher sur une frustration, mais même la maison – notre corps humain – finira par s'effondrer. Et que pourrons-nous emporter avec nous à l'heure de notre mort ?

• *Découvrir la cause de notre souffrance*

Si nous voulons devenir libres, l'étape suivante consiste à définir la cause véritable de notre souffrance. Nous pourrions être tentés de désigner les circonstances extérieures ou les gens comme la source de notre frustration ou de notre douleur. Mais si tel était le cas, chacun d'entre nous souffrirait pareillement face à la même situation pénible. Les personnes qui prennent soin des malades et des mourants affirment qu'il en va tout autrement : deux patients hospitalisés dans le même service peuvent être atteints de la même maladie avec des complications similaires, pourtant l'ampleur de leur souffrance varie considérablement. Nous faisons tous l'expérience de situations douloureuses, mais que cela nous fasse souffrir ou non dépend de nos réactions.

La prochaine fois que vous éprouverez une douleur physique ou morale, essayez de regarder en vous-même et de diriger votre attention sur votre état d'esprit. Votre mal ne devient-il pas plus intense lorsque vous créez de fortes pensées de peur ou d'aversion, d'attachement, de jalousie, d'orgueil ou de reproche ? Si vous observez honnêtement ce qui se passe en vous,

vous verrez que ce sont vos propres états mentaux d'avidité, d'attachement ou d'aversion qui sont la cause de votre souffrance.

L'ignorance, ou inconscience, est la source de toutes ces émotions négatives et perturbatrices. Nous ignorons que notre tendance à l'attachement et nos habitudes égoïstes sont la cause de notre souffrance, et nous ne sommes pas conscients de notre vraie nature, si bien que nous continuons à nous identifier à notre ego, ou fixation égocentrique, et à souffrir. Nous n'accomplissons pas les actions positives et n'adoptons pas les attitudes compatissantes qui pourraient nous apporter le bonheur. Au lieu de cela, nous nous laissons aller à des actions et à des comportements égoïstes et négatifs qui aboutissent à davantage de malheur. C'est ainsi que nous nous retrouvons dans des cercles vicieux d'attente, de peur, d'attachement, de déception et de douleur qui se répètent indéfiniment, d'instant en instant, d'année en année, de vie en vie.

Tout comme cet homme pauvre qui, dans sa quête de richesse, vit de terribles épreuves sans savoir qu'un trésor est caché dans sa maison, nous ignorons qui nous sommes vraiment et continuons à chercher dans la mauvaise direction la source du bonheur véritable. *L'ignorance est le gardien de la prison de souffrance dans laquelle nous sommes enfermés.*

• *Mettre un terme à la souffrance*

Lorsque nous finissons par accepter que la souffrance, l'impermanence et la mort soient des réalités de la vie, nous sommes libérés de nos attentes impossibles, de notre tendance à l'attachement, ainsi que des déceptions et des chagrins qui en résultent. Cela peut sembler illogique de prime abord, mais réfléchir à l'impermanence et à la mort revient à célébrer la vie.

Lorsque nous savons vraiment que les choses ne

durent pas, nous nous apercevons que nous sommes plus conscients de ce que nous possédons déjà et nous l'apprécions davantage. Nous ralentissons notre rythme et commençons à prendre plaisir à la vie, avec ses moments précieux de beauté, d'amitié et d'amour. Dès l'instant où nous réalisons que nous ignorons l'heure de notre mort, nous comprenons qu'il est sage de faire des choix qui expriment nos vraies valeurs et nos vraies priorités. Et nous serons ainsi motivés pour nous libérer des cycles de souffrance sans fin.

Il est possible de rompre ce cycle et de mettre un terme à la souffrance en supprimant sa cause – notre identification et notre attachement au soi – et en prenant conscience de la nature véritable de notre esprit. C'est ainsi qu'avec le temps, nous parviendrons à nous libérer une fois pour toutes de la souffrance.

- *S'engager sur le chemin qui mène à la libération de la souffrance*

Nous pouvons nous libérer de la prison de la souffrance en nous engageant dans une voie spirituelle où nous pourrons contempler chaque jour la vérité de l'impermanence et de la mort, accumuler des actions positives, purifier et apprivoiser nos tendances négatives et, par la pratique de la méditation, prendre conscience de notre nature de sagesse.

Au lieu de regarder vers le monde extérieur, nous dirigeons notre attention vers l'intérieur pour nous aider à nous relier à notre essence la plus secrète qui est conscience claire, pure et illimitée, et simplicité naturelle. En nous entraînant à la pratique de la méditation, nous vivrons des moments où le flot incessant de notre souffrance mentale s'interrompt, des instants de liberté, d'ouverture et de paix profonde. Par l'étude, la contemplation et la méditation, nous apprendrons à cultiver puis à intégrer dans notre manière d'être tout entière l'ouverture, la clarté et la compassion illimitée de notre nature véritable, jusqu'à transcender complètement la souffrance.

Que faire si nous n'avons pas acquis cette confiance en notre nature de sagesse et que nous sommes dans un état de souffrance extrême ? Dans le prochain chapitre, nous verrons comment la pratique spirituelle peut nous aider à accepter et à transformer nos expériences de souffrance physique ou morale.

Comment répondre à la souffrance d'autrui ?

Un des aspects les plus difficiles du travail d'accompagnement – ou de la vie d'ailleurs – est d'avoir à nous occuper d'une personne qui éprouve une forme de souffrance que nous n'avons jamais ressentie, ce qui peut raviver nos frayeurs les plus profondes, comme par exemple la mort soudaine d'un enfant. Comment répondre à la douleur d'un jeune père, alors que nous ne voulons même pas imaginer ce qu'il est en train de vivre ? Que pouvons-nous lui offrir ?

Au cours des années que j'ai passé à voyager et à enseigner, j'ai entendu de nombreux récits de souffrances inimaginables qui m'ont amenée à comprendre qu'indépendamment des circonstances particulières, chacun de nous éprouve les mêmes besoins lorsqu'il souffre.

Nous avons tous besoin que notre douleur physique et morale soit reconnue. Nous avons besoin de nous sentir en sécurité pour parler et exprimer notre douleur, et de savoir que les autres comprendront ce que nous ressentons. *Nous avons besoin de sentir, quel que soit notre vécu, ou notre état, que nous sommes respectés et acceptés en tant que personne d'une façon inconditionnelle.*

Nous avons tous besoin de la bonté humaine fondamentale, de la présence et de l'amour fiables d'une autre personne qui restera en contact régulier avec nous aussi longtemps que durera notre souffrance. Les autres nous sont nécessaires pour écouter tout simplement notre douleur et en être le témoin, nous offrir leur soutien et leur encouragement avec une franchise adoucie par la chaleur de la compassion.

Ce qui nous aide à supporter la souffrance, c'est de recevoir de fréquentes démonstrations d'affection et d'amour, d'être embrassés et de rire. Nous avons besoin de temps pour nous retirer en nous-mêmes et guérir nos blessures, et d'encouragements pour nous replonger dans les activités joyeuses de la vie. La présence d'amis nous est précieuse, car ils peuvent nous suggérer des idées ou des perspectives nouvelles sans rien attendre en retour.

Et nous avons tous besoin qu'on nous rappelle que notre souffrance et notre douleur ne constituent pas une nouvelle identité « tragique ». Nous avons besoin que les autres nous considèrent jusqu'au bout comme une personne à part entière confrontée à une nouvelle transition dans sa vie. Si les autres peuvent répondre à nos besoins avec courage et amour, cela nous donne l'espoir de supporter notre souffrance avec dignité.

Lorsqu'un ami traverse une période de souffrance physique ou morale intense, nous hésitons parfois à aller le voir ou, si nous lui rendons visite, nous avons peur de lui parler sans détour, persuadés que nous devrions savoir comment soulager sa douleur ou trouver les bons mots. Or, ce dont il a le plus besoin, c'est de notre présence. Le mot grec pour « consolateur » est *paraclete,* qui signifie « celui qui marche aux côtés de ». Le soutien que nous apportons à un ami est notre présence aimante avec un point de vue différent.

Plus que nos actes ou nos paroles, c'est notre manière d'être qui aide une personne en souffrance. « Notre manière d'être » est le reflet de notre vision globale de la vie, y compris des expériences de joie et d'adversité. Notre présence est aussi une expression de notre confiance, de l'amour profond et du respect inconditionnel que nous éprouvons pour autrui grâce à notre pratique spirituelle. « Notre manière d'être » est liée à la conscience que nous avons de notre propre souffrance, du travail que nous avons effectué sur nous-mêmes pour surmonter notre chagrin. En définitive, que notre présence soit pleine d'amour dépend de notre capacité à reconnaître nos peurs et nos attentes, puis à nous en libérer, tout en gardant une attitude compatissante et réceptive à l'égard de l'autre.

Si vous répondez à la souffrance d'autrui en vous inspirant de votre propre expérience, vous pourrez vivre de précieux moments de compréhension. Songez à une période de votre vie pendant laquelle vous avez vécu une profonde expérience de souffrance, de perte ou de chagrin. Souvenez-vous de ce dont vous aviez alors vraiment besoin. Rappelez-vous ce qui vous a aidé à faire face à votre douleur et à en guérir, et souvenez-vous des ressources – intérieures ou extérieures – auxquelles vous avez eu recours. Et si vous n'avez jamais reçu ce dont vous aviez le plus besoin, pensez à ce que vous *auriez aimé* qu'on vous offre pour vous aider à affronter votre souffrance.

Enfin, demandez-vous : « Quel bienfait cette souffrance a-t-elle apporté dans ma vie ? Suis-je capable de voir en quoi elle a joué un rôle précis dans ma vie ? Ai-je été en mesure de lui donner un sens en choisissant de réagir comme je l'ai fait ? »

Lorsque vous réfléchissez à vos expériences de profonde souffrance, vous vous rendez compte que vous êtes suffisamment armé pour apporter un soutien aux autres, car vous savez que la souffrance n'est pas désespérée, qu'elle vous donne toujours l'occasion de changer ou de trouver un sens à l'adversité.

Avant de rencontrer un ami en proie à une souffrance physique ou morale, asseyez-vous tranquillement pendant quelques minutes. Soyez conscient des pensées ou des peurs qui pourraient faire obstacle à votre réceptivité et reliez-vous à vos qualités inhérentes d'ouverture et d'amour en pensant à la souffrance de votre ami.

Tandis que vous vous installez dans votre méditation et que vous observez vos pensées, vous découvrirez peut-être que l'angoisse de l'autre vous effraie ou que vous doutez de votre capacité à lui apporter un réconfort. Peut-être essayez-vous de prévoir ce que vous allez lui dire, afin de vous donner l'impression de maîtriser la situation incertaine qui vous attend. Reconnaissez ces pensées et ces craintes, puis laissez-les se dissiper. Vous pouvez imaginer que vous enfermez vos peurs, vos projets et vos pensées dans une boîte, et que vous les abandonnez derrière vous avant d'entrer dans la pièce où se trouve votre ami.

Pensez à la situation qu'il est en train de vivre et laissez sa souffrance toucher votre cœur et éveiller votre compassion et votre amour. Si vous craignez de ne pas pouvoir faire face à son état ou à son apparence physique, souvenez-vous que votre ami possède, au cœur même de son être, une essence de sagesse et de compassion. *Votre rôle n'est donc pas de le sauver ou de lui donner vos solutions, mais de l'aider à puiser dans ses propres ressources.*

Après avoir pris conscience de votre être et ouvert votre cœur à votre ami avec compassion, vous vous sentirez plus à l'aise pour communiquer d'une façon authentique avec lui. Vous n'avez pas besoin d'avoir toutes les réponses ou d'être parfait : *soyez tout simplement vous-même.*

Vous pouvez commencer par lui dire : « Je me sens quelque peu désemparé parce que je ne sais pas quoi faire. Et je n'arrive même pas à imaginer à quel point ce que tu vis doit être difficile. Mais je suis quand même venu, car je veux que tu saches que je pense à toi et que tu n'es pas seul. Quoi qu'il arrive ou quoi que tu ressentes, je t'aime. Je t'en prie, dis-moi ce qui se passe pour toi maintenant. »

Puis, tandis que votre ami parle de lui et de ce qu'il ressent, *écoutez*. Ecoutez de tout votre être, pas seulement avec vos oreilles. Ecoutez avec votre corps, votre cœur, vos yeux, votre énergie, votre présence tout entière. Ecoutez en silence, sans l'interrompre. Emplissez tous les moments de silence avec de l'amour, ce qui encourage votre ami à poursuivre. Posez-lui de temps à autre une question pour lui permettre d'aller encore plus loin.

« Que ressens-tu d'autre ? Que se passe-t-il en toi en ce moment ? A quoi penses-tu en traversant ces difficultés ? Qu'est-ce qui est le plus difficile pour toi ? Quelle est ta plus grande peur ? »

S'il ne parvient pas à parler directement de la souffrance qu'il traverse (s'il est par exemple en train de mourir et ne veut pas en parler maintenant), vous pouvez lui dire : « Parle-moi de ta vie. Que t'est-il arrivé ? Qu'as-tu fait dont tu sois satisfait ? Quel a été le moment le plus heureux de ta vie ? Qu'as-tu accompli ? Quels ont été les difficultés et les défis auxquels tu as dû faire face ? » Ou : « Comment as-tu supporté ta maladie jusqu'à présent ? Le fait d'être malade t'a-t-il permis de voir la vie autrement ? »

Laissez-lui le temps de répondre et reconnaissez sa souffrance. N'intervenez pas pour lui raconter vos histoires ou lui faire part de vos brillantes idées. Observez en silence vos pensées et vos émotions et *continuez à être présent pour lui*. Concentrez-vous sur ce qu'il exprime à tous les niveaux : par son corps, son visage, le ton de sa voix, son énergie et ses mots. Ecoutez ce qu'il dit et aussi ce qu'il ne dit pas, mais qui est implicite. Reconnaissez les sentiments qu'il exprime et, par vos questions et votre intuition, amenez-le tranquillement à dévoiler ses pensées ou ses besoins.

Vous pourriez lui dire en retour : « Tout cela doit être très dur à vivre. Tu traverses des moments très difficiles, en as-tu conscience ? En t'écoutant, je sens ta souffrance, ton chagrin, ta frustration ou ta peur. Ce doit être vraiment très dur. Tout ce que tu ressens est parfaitement compréhensible compte tenu de ce que tu vis. »

Après avoir encouragé votre ami à décrire ses peurs les plus profondes, sa colère, ses regrets ou sa tristesse, reconnaissez sa douleur et dites-lui qu'elle mettra peut-être un certain temps avant de s'atténuer. En écoutant et en accueillant totalement la souffrance de votre ami, vous l'aiderez à s'accepter et à accepter ce qu'il vit, ce qui le soulagera ainsi d'une grande partie de la souffrance émotionnelle causée par la culpabilité ou de sa tendance à se juger sévèrement.

S'il est parfois bon de parler de vous, soyez attentif à ce que vous dites, sachez jusqu'à quel point vous pouvez le faire, à quel moment, et surtout pourquoi. Exprimez-vous clairement, avec franchise et gentillesse.

Plus tard, lorsque sa souffrance morale sera quelque peu apaisée, vous pourrez trouver un moment opportun pour l'amener à regarder les choses au-delà de sa situation immédiate. Vous pourrez choisir des mots et des images d'espoir en vous inspirant des paroles de votre ami ou vous exprimer en ces termes :

« J'entends ta douleur et ton désarroi et je comprends que ça va très mal pour toi en ce moment. Je sais que tu dois parfois te sentir complètement perdu, ou craindre que cette souffrance ne finisse jamais. Mais même si elle ne disparaît pas rapidement, elle ne durera pas éternellement.

« En ce moment, ta souffrance doit ressembler à un gros nuage qui cache toute lueur d'espoir. Souviens-toi pourtant qu'il existe un autre aspect de ton être qui est toujours entier, paisible et aimant. Cet aspect, qui a connu la joie et le bonheur, peut à nouveau être heureux. Souviens-toi de cela et, je t'en prie, ne te juge pas et ne te laisse pas aller au désespoir. Quoi qu'il arrive, je resterai en contact avec toi et je reviendrai te voir. Je t'aime. »

Trouver un sens à notre souffrance

Si nous ne pouvons pas choisir les cartes que la vie nous distribue, nous pouvons toujours décider de ce que nous en ferons. Nous avons ainsi la possibilité d'utiliser les expériences de souffrance comme des occasions pour recentrer les énergies de notre cœur et de notre esprit : cultiver nos bonnes qualités, changer une habitude destructrice, mettre nos affaires en ordre ou approfondir notre confiance dans la voie spirituelle. La difficulté consiste à trouver un moyen d'évoluer ou de découvrir une direction positive au beau milieu de notre souffrance, au lieu de nous lamenter sur ce que nous sommes en train de perdre.

Un ami m'a fait part de sa vision des choses : « La souffrance approfondit mon âme, m'oblige à descendre tout au fond pour trouver le joyau enfoui dans les ténèbres. Je traverse une période d'obscurité et, lorsqu'elle se dissipe, un niveau d'intégration complètement nouveau apparaît. Même si la situation semble désespérée, si vous la vivez jusqu'au bout, vous y découvrirez quelque chose d'utile et de précieux. Il y a des choses que vous avez besoin d'apprendre et vous ne pouvez le faire que grâce à la souffrance. »

Puisqu'il est impossible de connaître toutes les causes de nos difficultés, il est vain de croire que la souffrance est une façon de nous punir d'avoir été mauvais, ou de pester contre notre sort. Je trouve la vue bouddhiste très intéressante : dans toute situation, quelle que soit la difficulté, nous avons le pouvoir d'influer sur notre avenir en apportant notre souffrance sur le chemin spirituel, et en développant notre conscience et notre compassion face à l'immense souffrance vécue par tous les êtres.

Le fait de répondre positivement à notre souffrance ne fera peut-être pas disparaître notre douleur immédiatement, mais, avec le temps, cette attitude créera les causes et les conditions de notre bonheur futur. Les plus intenses expériences d'adversité deviennent souvent de puissantes motivations qui nous poussent à nous engager dans une voie spirituelle. Puisque nous nous sommes finalement éveillés à l'universalité de la souffrance et de l'impermanence, et que nous avons compris qu'on ne peut y échapper, nous décidons de devenir libres. Selon les mots d'Elisabeth Kübler-Ross :

> La plupart des gens considèrent leurs conditions de vie comme difficiles, leurs épreuves et leurs tourments, leurs terreurs et toutes les pertes comme une malédiction, une punition de Dieu, quelque chose de négatif. Si seulement on pouvait comprendre que rien de ce qui nous arrive n'est négatif, et je souligne : absolument rien ! Toutes les épreuves et les souffrances, même les pertes les plus importantes, ainsi que tous les événements dont on dit par la suite : « Si je l'avais su avant, je n'aurais jamais cru pouvoir tenir le coup », sont toujours des cadeaux. Etre malheureux et souffrir est comme forger le fer rouge. C'est l'occasion qui nous est donnée pour grandir. C'est la seule raison de notre existence sur terre. On ne peut pas grandir psychiquement en étant assis dans un beau jardin où l'on vous sert un succulent dîner sur un plateau d'argent. Mais on grandit lorsqu'on est malade ou lorsqu'on souffre, lorsqu'il faut faire face à une perte douloureuse. On grandit si l'on ne met pas la tête dans le sable, mais qu'au contraire on accepte la souffrance en essayant de la comprendre, non comme une malédiction ou une punition, mais comme un cadeau fait dans un but précis[3].

6

Pratiques spirituelles pour transformer la souffrance

Dans le journal qu'elle rédigeait pendant sa maladie, Treya Wilber écrit :

> Apprendre à se faire un ami du cancer, ainsi que de la possibilité d'une mort imminente et probablement pleine de souffrances, m'a beaucoup appris à m'accepter telle que je suis et à prendre la vie telle qu'elle est. Je sais qu'il y a beaucoup de choses que je ne peux changer. Je ne peux pas forcer la vie à avoir un sens ou à être juste. Cette acceptation de la vie telle qu'elle est, avec tous les chagrins, les douleurs, les souffrances et les tragédies, m'a apporté une sorte de paix. Je m'aperçois que je me sens plus que jamais reliée à tous les êtres qui souffrent, je ressens une compassion plus ouverte et j'éprouve un désir toujours plus grand d'aider les autres [1].

Après avoir cherché en vain quelle « leçon » tirer de sa maladie, quelle signification lui attribuer, Treya décida plutôt de donner un sens à sa situation en choisissant d'y répondre d'une façon positive. En acceptant sa propre souffrance, elle a pu s'ouvrir à l'immense souffrance du monde autour d'elle et approfondir ainsi son amour et sa compassion pour tous les êtres.

La plupart d'entre nous désirent que leur vie et leurs activités quotidiennes aient un sens. Les soignants qui travaillent dans un grand hôpital, les personnes qui sont dans l'impossibilité de travailler à cause d'une maladie chronique ou d'une déficience mentale, celles qui se rendent tous les jours de la semaine au bureau ou à l'usine, ou les parents qui restent à la maison pour élever leurs jeunes enfants, tous se demandent comment donner un sens à leur vie et à leur travail quotidiens.

Si nous débutons chaque journée et toutes nos actions positives ou nos pratiques spirituelles en ayant à l'esprit les Trois Principes sacrés, tous nos actes seront revêtus d'un sens sacré. Ces trois principes se définissent comme « bon au début, bon au milieu et bon à la fin ». Ils nous aident à nous relier à l'aspect positif et compatissant de notre véritable nature et à approfondir notre expérience de la sagesse.

- « *Bon au début* »

Au début de notre pratique de méditation quotidienne, nous pouvons éveiller en nous l'aspiration à une « compassion profonde ». La compassion ordinaire, limitée et conditionnelle, provient d'une perspective dualiste : il y a « moi » ressentant de la compassion pour « toi » (tant que tu sembles malheureux et ne fais rien pour me déplaire). La compassion suprême, que l'on appelle souvent dans le bouddhisme, bodhicitta, « le cœur de notre esprit éveillé[2] », est illimitée, immuable et impartiale. C'est un amour et une compassion purs et inconditionnels pour tous les êtres émanant de notre essence de sagesse. La compassion profonde s'appuie sur la reconnaissance que, du point de vue de notre nature véritable, tous les êtres sensibles sont par essence identiques. Et puisque nous sommes tous reliés les uns aux autres, tous les êtres sont dignes de respect et d'amour, comme s'ils faisaient partie de notre famille ou de nos amis les plus chers.

Commencez par réfléchir tranquillement pendant

quelques instants aux multiples façons, tant directes qu'indirectes, dont vous faites l'expérience de la souffrance et reconnaissez combien vous aspirez à vous en libérer. Prenez conscience qu'au plus profond de votre être se trouve votre *essence la plus secrète* : un état d'ouverture, une clarté rayonnante et une compassion illimitée totalement exempte de souffrance.

Puis pensez aux nombreuses personnes qui souffrent en ce moment même : des milliers d'entre elles sont confrontées à des problèmes identiques aux vôtres et de nombreuses autres se trouvent dans des situations beaucoup plus douloureuses ou désespérées que la vôtre. Pensez à ceux qui ont été victimes d'une catastrophe récente ou qui vivent dans un pays où sévissent la guerre et la famine. Souvenez-vous de cette personne que vous avez croisée dans la rue, de ce collègue de travail ou de ce membre de votre famille qui éprouve actuellement une terrible souffrance physique ou morale. Tandis que vous pensez à toutes ces personnes qui sont dans l'affliction, laissez leur souffrance toucher votre cœur afin que naisse en vous un désir profond de leur venir véritablement en aide.

Et, si bien des gens vous semblent des étrangers, vous êtes en réalité relié à eux car ils font tous partie de la famille humaine. Dans d'autres circonstances, n'importe quel étranger pourrait devenir votre ami le plus cher ou sauver d'un accident mortel une personne que vous aimez. Songez aussi que vous êtes peut-être lié à toutes ces personnes, prétendument étrangères, pour avoir vécu un nombre incalculable de vies avec elles, chacune ayant pu être votre compagnon, votre enfant, un parent ou votre ami le plus cher au cours de vies passées. De même que vous souhaiteriez venir en aide à vos amis les plus proches lorsqu'ils sont dans le malheur, laissez votre compassion devenir illimitée et impartiale jusqu'à éprouver la même compassion profonde et le même amour envers tous les êtres.

Tout ceci peut éveiller en vous la noble aspiration de

contribuer du mieux que vous le pouvez au bien d'autrui : partager avec eux la force positive et les mérites de votre pratique spirituelle et vous engager à soulager leurs souffrances et à leur apporter le bonheur par tous les moyens en votre pouvoir – vos actes, vos paroles, vos prières ou vos pensées. Vous pouvez terminer par une prière, comme par exemple celle du grand saint tibétain, Jigmé Lingpa :

> Hypnotisés par l'infinie variété des perceptions, semblables au reflet illusoire de la lune dans l'eau,
> Les êtres errent et se perdent sans fin dans la ronde incessante du samsara.
> Afin qu'ils puissent trouver le bien-être et la liberté dans la Luminosité et l'Espace omnipénétrant de la véritable nature de leur esprit,
> Je fais naître en moi l'Amour,
> la Compassion,
> la Joie et
> l'Equanimité illimités de l'Esprit d'éveil,
> le cœur de la Bodhicitta.

• « *Bon au milieu* »

Le deuxième aspect des Trois Principes sacrés se réfère à notre engagement à demeurer dans la présence de la conscience claire de notre nature véritable, pendant notre travail ou notre pratique spirituelle. Cette attitude nous aide à aborder chaque situation avec davantage de générosité, de bonté, de bien-être et d'humour. Si nous n'arrivons pas à demeurer dans la véritable nature de notre esprit tout au long de la journée, nous pouvons prolonger l'inspiration tirée de notre pratique en ayant une attitude ouverte, paisible, enjouée et détachée envers tout ce que nous rencontrons, tout en gardant à l'esprit notre motivation sacrée, celle d'avoir une attitude compatissante dans la vie et envers tous les êtres.

• « *Bon à la fin* »

A l'issue de notre pratique de méditation et en fin de journée, nous dédions les mérites obtenus – les bienfaits de notre pratique spirituelle et le pouvoir généré par nos actions positives – au bonheur immédiat et ultime de tous les êtres. Nous prions, du fond du cœur, pour que tous les bienfaits engendrés par nos actions positives puissent aider à soulager la souffrance d'autrui, à leur apporter le bonheur et la paix et contribuer à leur éveil ultime. Cette offrande réaffirme notre aspiration à la compassion et scelle notre pratique, pour que ses bienfaits ne soient jamais perdus. Elle a également pour effet d'unir notre action à l'action éveillée de tous les saints et de tous les êtres éveillés, rendant ainsi nos mérites plus vastes et inépuisables. Comme l'a dit le Bouddha :

> Une goutte d'eau
> tombant dans le vaste océan
> jamais ne disparaîtra
> tant que demeurera l'océan.
>
> De même, nos mérites
> totalement dédiés à l'éveil
> jamais ne seront anéantis
> avant que ne soit atteint l'éveil.

Lorsque nos actions positives sont motivées par la compassion, que nous gardons notre cœur et notre esprit purs au cours de notre travail et de notre pratique spirituelle pour à la fin en dédier les mérites aux autres, tout ce que nous faisons devient partie intégrante de notre chemin spirituel, l'évolution vers notre potentiel le plus élevé. En appliquant ces Trois Principes sacrés tous les jours et en les gardant à l'esprit à chaque instant, nous commencerons à percevoir le sacré dans tout ce que nous faisons et en chaque personne que nous rencontrons.

Nous pouvons dédier notre pratique en récitant cette prière :

Par le pouvoir et la vérité de cette pratique,
Puissent tous les êtres obtenir le bonheur et les causes du bonheur ;
Puissent-ils être libres de la douleur et des causes de la douleur ;
Puissent-ils ne jamais être séparés du bonheur sacré qui est sans douleur ;
Puissent-ils demeurer dans l'équanimité, sans trop d'attachement ni trop d'aversion,
Et vivre en croyant en l'égalité de tous les êtres.

La méditation : une attitude ouverte et inspirée, une présence pure

Sogyal Rinpoché a donné une très belle description de la méditation :

> Le Bouddha était assis sur le sol, serein, digne et humble à la fois ; le ciel était au-dessus de lui et autour de lui, comme pour nous montrer qu'en méditation, nous sommes assis avec une attitude d'esprit ouverte et semblable au ciel, tout en restant présents à nous-mêmes et en étroit contact avec la terre. Le ciel est notre nature absolue, sans entraves ni limites, et le sol notre réalité, notre condition relative, ordinaire. La posture que nous adoptons quand nous méditons signifie que nous relions l'absolu et le relatif, le ciel et la terre, comme les deux ailes d'un oiseau, intégrant le ciel de la nature immortelle de l'esprit et le sol de notre nature mortelle et transitoire[3].

Le sens véritable de la « méditation » est de nourrir le flot de conscience claire, libre de toute dualité – une présence pure, simple et nue –, une conscience sans commentaires ni réactions, une présence pure faite de paix profonde et d'amour inconditionnel, dénuée de toute tendance à l'attachement aux phénomènes extérieurs et au « soi », celui qui saisit. C'est la libération définitive de la souffrance, un état où notre habitude invétérée de nous identifier à un ego, ou fixation égocentrique, disparaît et où nous atteignons la paix et la félicité profondes de notre nature véritable.

La méditation est plus qu'un exercice de relaxation, c'est une pratique qui a pour but de nous relier à l'essence la plus secrète de notre sagesse. Il faut cependant être détendu pour méditer. Les instructions suivantes comprennent des techniques pour calmer et détendre le corps et l'esprit, des détails sur les méthodes et l'esprit de la méditation, et des suggestions pour vous aider à comprendre et à accepter votre situation présente ou même à transformer votre souffrance.

La pratique de la méditation a pour but de nous aider à mieux nous accepter, notamment quand nous souffrons. Lorsque nous souffrons physiquement ou moralement, la méditation nous aide à nous défaire de réactions telles que l'aversion, la dépression, la peur ou notre attachement au soi qui tend à resserrer son emprise lorsque nous avons mal. Lutter contre la souffrance, c'est comme gravir une côte à bicyclette en pédalant contre le vent. La pratique de la méditation consiste à tourner sa bicyclette dans l'autre sens et à se laisser porter doucement par le vent, et à apprendre ainsi à accepter sa souffrance et à découvrir qu'il y a toujours une solution à toutes les situations de la vie.

La méditation n'est pas tant quelque chose que nous pouvons *faire* qu'un état à atteindre naturellement grâce à la pratique. Les méthodes utilisées créent les conditions favorables – une attitude ample et ouverte, un bon cœur, ainsi qu'une posture physique empreinte de grâce et de dignité vigilante – qui nous conduisent aisément à un état de bien-être et de sérénité, l'état de conscience claire de notre nature véritable.

• *Une posture vigilante et gracieuse*

Asseyez-vous tranquillement et calmez-vous en respirant normalement par la bouche et par le nez, les yeux ouverts, le regard légèrement dirigé vers le bas. Veillez à ce que votre buste ne soit ni penché en avant ni trop raide, ce qui ne serait pas naturel. Asseyez-vous de sorte que vos épaules et votre torse expriment force et dignité et maintenez une présence alerte. Selon une image de la tradition zen, votre posture doit « ressembler à celle d'un tigre sur le point de bondir ».

Si vous vous asseyez sur une chaise, choisissez-la avec un dossier droit ou utilisez un coussin pour soutenir la partie inférieure de votre colonne vertébrale, afin que vous ayez le dos bien droit et que vos pieds reposent sur le sol. Si vous vous installez par terre sur un coussin, croisez légèrement les jambes. Assurez-vous que le coussin est assez haut pour que vos genoux pliés puissent toucher le sol et votre bassin reposer de façon stable. Cette posture vous permettra aussi de garder le buste bien droit sans forcer sur les muscles du dos.

Laissez vos mains reposer légèrement sur vos genoux. C'est ce qu'on appelle « la posture de l'esprit à l'aise ». Souvenez-vous, lorsque vous prenez cette posture, que la méditation n'est rien d'extraordinaire ; vous ne faites qu'exprimer votre nature originelle.

Le fait de garder les yeux ouverts vous aide à garder une conscience claire et alerte car tous vos sens sont ainsi ouverts à votre expérience, ce qui permet aussi de rester plus facilement éveillé ! Au début de votre pratique, si votre esprit et vos sens sont trop agités, vous pouvez garder les yeux fermés pendant les premières minutes de méditation, mais ouvrez-les progressivement et dirigez votre regard vers le bas selon un angle de quarante-cinq degrés environ.

Détendez votre ventre, vos jambes et vos bras, les muscles de votre visage et même vos mâchoires, comme si vous preniez un jour de congé pour vous reposer de tous vos soucis et apprécier la douce chaleur d'un soleil d'après-midi de printemps. Gardez la bouche légèrement entrouverte, comme si vous étiez sur le point de dire « Ah ». Offrez-vous votre compassion, mettez-vous tout simplement à l'aise et demeurez naturellement, en abandonnant toute lutte ou inquiétude à votre sujet.

• *Les méthodes et l'esprit de la méditation*

Puisque le but de la pratique de la méditation est d'arriver à un état de conscience claire, un bon cœur et un bien-être libre de toute préoccupation, abordez la pratique dans le même esprit. Quand vous commencez à vous asseoir et à vous calmer, il se peut que votre esprit soit agité et dispersé. Ce n'est pas à cause de la méditation, mais parce que vous prenez finalement conscience du flot turbulent de vos pensées qui n'ont jusqu'alors jamais été pacifiées. La méditation n'est pas une nouvelle bataille ou une lutte intérieure. Au lieu d'essayer de vouloir faire une « bonne » méditation ou de bannir vos « mauvaises » pensées ou vos « mauvais » sentiments, abandonnez tous vos jugements, vos attentes ou vos inquiétudes concernant ce qui se passe durant la pratique.

D'après Sogyal Rinpoché : « La méditation consiste à ramener l'esprit en lui-même, à relâcher toute tension ou lutte et à se détendre dans la clarté et la paix de votre nature véritable. »

Laissez toutes les énergies dispersées de votre esprit se calmer, comme des particules au fond d'un verre d'eau boueuse. Que se passe-t-il lorsque vous posez le verre sur la table ? La boue continue à tourbillonner quelques instants, puis elle finit par se déposer au fond du verre. La clarté de l'eau, qui n'a jamais cessé d'exister mais qui était obscurcie temporairement, commence tout naturellement à apparaître.

Pour arriver à cet état de pure présence dans votre pratique, il existe de nombreuses méthodes de méditation à même de pacifier peu à peu votre esprit agité, de désarmer votre négativité et votre peur, et de vous aider à vous réconcilier avec vous-même et, partant, avec le monde autour de vous. La pratique de shamatha, ou « demeurer paisiblement », consiste à porter son attention sur un objet ou une activité, de sorte que votre esprit soit concentré sur une seule chose très simple à faire. Un des objets d'attention dans la pratique de shamatha est la respiration elle-même.

Lorsque vous méditez, respirez naturellement et portez votre attention sur vos sensations physiques chaque fois que vous expirez. Sentez l'air sortir de vos poumons, passer dans votre gorge et quitter votre corps par votre nez et votre bouche. Concentrez tout simplement votre attention, légèrement, sur chaque expiration. A la fin de chaque expiration, comme l'air de l'intérieur se mêle à l'espace et se fond en lui, considérez que votre esprit ordinaire, et sa tendance à la saisie, se fond aussi dans l'espace.

Il n'est pas nécessaire de se concentrer sur la sensation de l'inspiration. Reposez-vous tout simplement, puis concentrez de nouveau votre attention sur la sensation de l'expiration.

Cette méthode – concentrer votre attention sur la sensation de la respiration – a pour but de vous amener à l'état de bien-être naturel et détaché, dénué de pensées et d'émotions. Si vous constatez que vous êtes déjà dans cet état de pure présence et d'ouverture inspirée, vous pouvez vous passer de la méthode et demeurer tout simplement dans cet état. Dès que les pensées et les émotions reviennent, ce qu'elles feront certainement, reprenez la méthode.

Lorsque vous débutez dans la pratique de la méditation, il est important de faire souvent de courtes pauses, d'une ou deux minutes, tout en restant assis, à moins que vous ne ressentiez le besoin de vous étirer de temps à autre. Cessez de suivre la méthode pendant la pause, sans tomber dans la distraction, tout en demeurant présent et clair. Puis, en reprenant la posture et la méthode, retrouvez votre attention et recommencez à méditer.

Au lieu de vous concentrer sur la sensation de la respiration, vous pouvez porter votre attention sur un objet : une image ou une photographie sacrée, une fleur, ou même un objet aussi ordinaire qu'une pierre ou un stylo. Vous n'avez pas besoin de vous concentrer intensément, pratiquez simplement la présence à ce que vous êtes en train de regarder, en vous entraînant à maintenir votre concentration sur l'objet de votre méditation. Lorsque votre esprit commence à errer, votre regard en fait autant, de sorte qu'il est facile de vous reprendre quand vous êtes distrait.

Continuez à ramener calmement votre attention lorsqu'elle s'égare et concentrez-vous de nouveau sur l'objet que vous avez choisi pour votre méditation. C'est comme poser le verre d'eau boueuse. Et continuez à respirer.

Une telle pratique permettra à la boue de votre « esprit ordinaire » – votre énergie et vos pensées dissipées – de se déposer. A mesure que vous devenez plus calme et plus paisible, conscient et présent, vous prendrez peut-être aussi conscience de tout ce qui se passe dans votre vie en ce moment, des multiples niveaux, grossiers et subtils, de votre souffrance. Peut-être serez-vous tenté de juger durement votre situation ou de la rejeter, mais sachez que cela aura pour seul effet de fermer votre cœur et d'engendrer davantage de souffrance. Au lieu de cela, apportez cette sensation d'ouverture et d'aise à toutes les expériences de souffrance ou de chagrin dont vous pourriez prendre conscience. Soyez compatissant avec vous-même, exactement comme si c'était votre ami le plus cher qui souffrait du même problème. *Soyez bon avec vous-même ; offrez-vous de l'espace.* Et continuez à respirer naturellement.

Pendant la pratique de la méditation, les pensées et les émotions continueront à captiver votre attention. Ces pensées et ces émotions ne sont pas, en elles-mêmes, un problème ; elles ne le deviennent que lorsque vous croyez qu'elles sont réelles et que vous les prenez au sérieux, soit en vous lançant à leur poursuite, soit en essayant de les supprimer, ce qui ne fait qu'augmenter leur capacité de créer de l'agitation ou de la souffrance dans votre esprit. Reconnaissez tout simplement vos émotions, même les plus douloureuses, en les acceptant comme s'il s'agissait de membres de votre famille quelque peu excentriques. Au lieu de lutter contre elles ou de vouloir y répondre, voyez-les avec détachement, « comme un vieil homme sage regardant jouer des enfants ». Vos pensées et vos émotions ne sont que la boue qui se dépose, elles ne sont pas *vous*.

Ne vous réfugiez pas dans les émotions. Ne vous complaisez pas dans la pensée « je souffre ». Devenez tout simplement conscient de votre souffrance et acceptez-vous, avec bonté, exactement tel que vous êtes. Prenez plutôt refuge dans la Luminosité et l'Espace omnipénétrant de votre nature véritable.

Lorsque vous souffrez, changez complètement d'attitude en vous-même. Au lieu de vous identifier à vos difficultés, asseyez-vous en posture de méditation comme si vous étiez le ciel regardant passer les nuages de la souffrance. Plus vous vous entraînerez à vous relier à cet aspect semblable au ciel de votre être, plus vous serez en mesure d'embrasser les expériences de souffrance ou de bonheur avec une équanimité et une paix exemptes de tout attachement. Cela demande de l'entraînement et un engagement constant, mais vous finirez par y arriver de plus en plus aisément. Si, à travers la pratique de la méditation, vous vous rappelez votre nature véritable et vous habituez à y demeurer encore et encore, vous parviendrez à devenir libre.

• *Trouver l'inspiration*

Il arrive souvent que la méditation se transforme en un moment où nous regardons passer nos souvenirs ou nos fantasmes, faisons la liste des courses ou nous endormons. C'est pourquoi il est important, chaque fois que vous pratiquez, de reconnaître que vous êtes distrait et de faire preuve de créativité pour ramener votre esprit en lui-même. Si vous choisissez une image pour vous inspirer avant de méditer, cela vous permettra de garder votre esprit et votre cœur ouverts, clairs et éveillés, et de vous sentir relié. Si vous sentez que vous vous endormez ou que vous perdez le fil de votre méditation, redressez-vous et imaginez que vous êtes une fusée prête à décoller. Vous pouvez diriger votre regard légèrement vers le haut pour aider votre corps et votre esprit à se réveiller. Si vous êtes très tendu, imaginez que vous êtes une motte de beurre ou un bloc de glace fondant au soleil. Si vous vous sentez agité ou manquez de confiance, asseyez-vous comme une montagne : solide, stable et majestueuse. Une montagne n'est ni émue, ni blessée, ni excitée par les nuages, les tempêtes ou les arcs-en-ciel au-dessus d'elle. Une montagne ne se laisse pas emporter par l'émotion et ne prend pas les choses de façon personnelle. Elle *est* tout simplement.

Si vous sentez que vous êtes trop centré sur vous-même ou que votre cœur est fermé, invoquez de nouveau la motivation de votre pratique, qui est l'aspiration à la compassion : le souhait de réaliser votre nature de sagesse afin de pouvoir mieux aider tous les êtres. Pendant votre pratique quotidienne, imaginez que vous êtes entouré de personnes qui souffrent et que vous partagez votre pratique avec elles : que ce soit vos amis, des personnes de votre famille ou quelqu'un dont vous avez juste entendu parler aux informations.

Chaque fois que vous méditez, faites en sorte de trouver un équilibre entre votre posture physique et votre attitude intérieure, de les harmoniser afin de soutenir votre pratique. Avant de commencer à méditer, vous pouvez écouter une musique qui vous inspire ou lire le passage d'un livre qui vous rappelle votre nature de sagesse. Dans la mesure du possible, méditez dans la beauté d'un environnement naturel où vous pourrez écouter le murmure de la rivière ou plonger votre regard dans le ciel, cela afin de faciliter l'ouverture de votre cœur et d'élargir votre conscience.

A un niveau plus profond, « trouver l'inspiration » signifie que vous êtes capable de vous relier à votre nature véritable en méditant. Il existe deux approches très habiles pour vous aider à établir ce lien : les pratiques de méditation qui suscitent en vous la dévotion la plus profonde et celles qui éveillent votre compassion et votre amour illimités et inconditionnels.

La méditation sur l'amour-compassion

Un des aspects les plus difficiles de la souffrance est de nous sentir pris au piège d'une situation douloureuse : perdus, sans espoir et seuls. Nous craignons que notre souffrance ne se perpétue indéfiniment et qu'il n'existe aucun moyen de nous en sortir. Et lorsque nous ne savons pas comment transformer ou guérir notre propre souffrance, nous aurons bien souvent du mal à apporter notre soutien à ceux qui souffrent. Avant de pouvoir étendre notre compassion aux autres, nous devons commencer par ressentir de l'amour en nous-mêmes. Si nous sentons que notre cœur est blessé ou fermé, la méditation sur l'amour-compassion peut nous aider à rétablir le lien avec la source d'amour qui est en nous. Dès lors que cet amour aura ouvert notre cœur et guéri notre peine, nous pourrons offrir aux autres un amour authentique et une compassion courageuse.

Asseyez-vous tranquillement et laissez tous les aspects dispersés de votre esprit et de vos énergies s'apaiser. Reconnaissez et accueillez avec bonté toute souffrance ou toute lutte dont vous pourriez prendre conscience.

A présent, souvenez-vous d'une personne qui vous a beaucoup aimé autrefois. Imaginez qu'elle est assise en face de vous à cet instant même et qu'elle vous exprime son amour. Il suffit de se rappeler un seul souvenir heureux avec cette personne. Emplissez-vous de ce souvenir d'amour et demeurez dans sa chaleur apaisante.

Sentez l'amour de l'autre vous réchauffer tels les rayons du soleil pénétrant votre être tout entier et plus particulièrement votre cœur. Si votre cœur est entouré d'une barrière ancienne, n'y voyez pas un mur impénétrable, mais considérez qu'elle est aussi fragile qu'une fine couche de glace. Laissez l'amour qui vous irradie faire fondre la glace de votre blessure ou de votre peine passée, laissez-le réchauffer et nourrir votre cœur.

Tandis que cet amour apaisant vous pénètre, vous sentez votre cœur déborder d'amour et de gratitude. Vous êtes en paix, complet et plein d'amour. Tout naturellement, votre amour et votre gratitude s'écoulent de façon inconditionnelle vers la personne qui les a suscités.

Dès lors que vous êtes bien établi dans cette pratique de « donner et recevoir de l'amour », étendez votre amour. Considérez qu'aux côtés de la personne située en face de vous se trouvent d'autres personnes que vous aimez et à qui vous étendez votre amour avec joie. Puis imaginez que des personnes que vous connaissez moins bien sont aussi présentes : des collègues de travail, des commerçants, des voisins et même des étrangers croisés dans la rue. Prodiguez-leur cet amour, pleinement et de tout votre cœur. Tout en continuant à étendre votre amour, considérez qu'à côté du personnage central qui vous aime se trouvent des personnes qui vous irritent, avec qui vous êtes fâché ou qui semblent être vos ennemis. Offrez-leur ce même amour, pleinement et inconditionnellement, en les aimant et les acceptant exactement telles qu'elles sont.

Pour finir, étendez votre amour à tous les êtres. Considérez maintenant que la totalité de l'espace devant vous est remplie d'êtres venant de tout l'univers, de toutes les formes de vie consciente, y compris les plus petits insectes et même tous les êtres décédés. Votre amour est à présent sans limites et impartial, il brille intensément sur tous et chacun, offrant le bonheur à tout ce qui vit.

Une fois la pratique terminée, ne vous défaites pas de l'inspiration, de la prise de conscience ou du sentiment d'amour illimité qu'elle a fait naître en vous. Au lieu de cela, continuez autant que vous le pouvez à pratiquer l'essence de cette méditation tout au long de la journée, en étendant cet amour inconditionnel à vous-même et à tous ceux que vous rencontrez.

L'entraînement aux pratiques de la compassion de tonglen

La méditation sur l'amour-compassion nous aide à réveiller notre capacité inhérente à donner et à recevoir de l'amour, et les pratiques sur la compassion nous font progresser plus avant. Elles ont pour but d'éliminer complètement la source de la souffrance : notre croyance et notre identification à un ego, ou fixation égocentrique.

En réfléchissant à l'immense souffrance éprouvée par tous les êtres et en tous lieux, notre compassion s'approfondit et devient sans limites. Nous souhaitons libérer tous les êtres de leur souffrance et même de la cause de cette souffrance. Nous désirons, plus que toute autre chose, leur apporter le bonheur et la paix. Plus nous méditons sur la souffrance, plus notre compassion s'approfondit, jusqu'au jour où nous comprenons que pour vraiment pouvoir aider les autres, nous devons nous-mêmes atteindre l'éveil pour le bienfait de tous les êtres sensibles. Selon les mots de Sogyal Rinpoché :

> Ce désir empli de compassion est appelé *bodhicitta* en sanscrit : *bodhi* signifie notre essence éveillée et *citta* signifie le cœur. Nous pourrions ainsi le traduire par « le cœur de notre esprit éveillé ». Réveiller et développer le cœur de notre esprit d'éveil, c'est faire mûrir continuellement la graine de notre nature de bouddha ; cette graine qui, ultimement, lorsque notre pratique de la compassion sera devenue parfaite et inclura toute chose, s'épanouira majestueusement en la fleur de la bouddhéité. Ainsi la bodhicitta est-elle l'origine, la source et la racine du chemin spirituel tout entier[4].

Les pratiques sur la compassion décrites dans ce paragraphe – tonglen pratiqué sur l'environnement, tonglen pratiqué sur soi-même et tonglen pratiqué pour les autres – ont pour but de dévoiler et d'éveiller notre bodhicitta, le courage de notre esprit d'éveil, et de nous rapprocher ainsi de la réalisation de notre nature de sagesse.

Tonglen signifie « donner et recevoir ». Dans la visualisation utilisée dans la pratique de tonglen, nous recevons la souffrance des autres avec une forte aspiration à la compassion et nous leur donnons, d'un cœur bon et confiant, tout notre amour, toute notre joie, tout notre bien-être et toute notre paix. Normalement, nous ne voulons pas donner notre bonheur ni prendre sur nous la souffrance de l'autre, mais ce refus est la voix de notre ego. Nous chérissons notre « soi » plus que les « autres », si bien que tout ce que nous pensons ou faisons est empreint d'une motivation égocentrique. Parce que nous obéissons constamment aux diktats de notre ego, nous restons prisonniers dans les cycles d'espoir et de frustration, de peur et de déception.

Si la voix de votre ego vous met en garde contre la pratique de tonglen en vous faisant croire qu'elle pourrait vous « nuire », sachez que cela n'est pas vrai. Les pratiques sur la compassion ont pour but de démanteler la structure égocentrique de l'ego et de renforcer progressivement votre confiance dans la sagesse et la compassion rayonnantes de votre nature véritable qui est indestructible. Tonglen est un entraînement habile qui vous permet d'acquérir une attitude totalement nouvelle, grâce à laquelle vous commencerez à développer le courage d'une compassion sans limites et impartiale envers tout ce qui est. Pour atteindre l'éveil, l'essentiel est d'approfondir votre compassion jusqu'à pouvoir aimer tous les êtres plus que vous-même.

Si la pratique de tonglen semble à première vue une attitude courageuse face à la souffrance d'autrui, vous découvrirez que l'entraînement à la compassion vous est bénéfique et qu'il vous fait progresser sur le chemin de la libération.

La pratique de tonglen peut aussi vous permettre :
- d'apporter vos difficultés et votre maladie sur votre chemin spirituel ;
- de guérir votre souffrance passée et présente ;
- de prévenir les états d'épuisement total ou de les soulager ;
- de transformer vos relations avec autrui.

Les pratiques de tonglen

Avant d'effectuer les pratiques de tonglen, méditez pendant quelques instants en laissant votre esprit et vos énergies s'apaiser et en éveillant votre compassion, tout en gardant à l'esprit votre motivation première. Afin de nourrir la confiance et l'amour qui vous permettront de prendre sur vous la souffrance des autres, il est important de commencer par modifier votre manière d'être et de vous relier à votre nature véritable. Ce n'est donc jamais votre « moi ordinaire » qui devrait pratiquer tonglen ! Cette étape préliminaire de méditation a pour but de vous aider à vous défaire de votre identification limitée au soi, avec tous ses conditionnements et ses interdits, et de transformer totalement votre perception.

Tandis que vous êtes assis en méditation, dites-vous avec humour que vous êtes un bouddha, un être éveillé. Imaginez à présent que vous percevez tout du point de vue de votre nature véritable : l'aspect de votre esprit et de votre cœur qui est clair, infiniment spacieux et rayonne d'une compassion et d'un amour impartiaux. Enfin, à partir de cette perspective, commencez la pratique de tonglen.

- *Tonglen pratiqué sur l'environnement*

Si l'atmosphère autour de vous ou en vous est inconfortable ou tendue, transformez-la en pratiquant tonglen sous une forme simple. Commencez par vous centrer, en méditant tranquillement et en invoquant votre aspiration à la compassion. Puis, changez votre perspective et considérez qu'une compassion et un amour clairs et impartiaux irradient de votre essence de sagesse.

A chaque inspiration, absorbez mentalement les négativités de votre atmosphère extérieure ou intérieure sous forme d'un nuage noir, et considérez qu'il se transforme au centre de votre cœur de la même façon que l'air chaud est refroidi dans un climatiseur. A chaque expiration, répandez le calme, la clarté et la joie sous forme de lumière et emplissez-en l'atmosphère.

• *Tonglen pratiqué sur soi-même*

Asseyez-vous en posture de méditation et considérez que c'est votre être sous son aspect pur – vous-même en tant qu'incarnation de la compassion éveillée – qui est assis sur le coussin ou sur la chaise. Juste en face de vous se tient votre aspect « ordinaire » qui souffre de se sentir seul, craintif, incompris, en colère ou tourmenté par une douleur physique ou morale.

Tandis que vous regardez votre moi ordinaire et prenez conscience de votre souffrance, vous ressentez une sympathie et une tendresse profondes, un sentiment d'amitié et d'amour inconditionnel. Vous acceptez la souffrance de cette autre part de vous-même, vous la comprenez. La conscience que vous avez de cette douleur et de cette difficulté ouvre votre cœur et fait naître le souhait courageux de libérer votre moi « ordinaire » de la souffrance et de la transformer.

Imaginez qu'elle prend la forme d'un nuage noir et qu'à chaque inspiration, vous l'absorbez mentalement. Tandis que ce nuage de souffrance pénètre en vous, il désintègre toutes les traces de fixation égocentrique ou de peur qui pourraient encore demeurer dans votre cœur et révèle votre bodhicitta – la source lumineuse de sagesse et de compassion en vous – qui se met alors à briller encore plus fort, tel un soleil éclatant.

En expirant, offrez à l'aspect de vous-même qui souffre la compréhension, la joie, l'amour inconditionnel et la paix sous forme de lumière. Poursuivez cette pratique de « donner et recevoir » au rythme de votre respiration, aussi longtemps que vous le souhaitez.

Tandis que vous continuez à pratiquer de la sorte,

considérez que votre aspect « ordinaire » est progressivement libéré de la souffrance et qu'il se remplit de bien-être et de joie. Chaque fois que vous terminez cette pratique, voyez comme elle a été efficace : l'aspect « ordinaire » de votre être est libéré de toute douleur et de toute détresse et se sent à présent heureux et en paix. Et, puisqu'il n'y a plus de différence entre les deux aspects de vous-même, cessez la visualisation et demeurez dans l'état de méditation.

• *Tonglen pratiqué pour les autres*

Commencez par vous asseoir tranquillement et par ramener votre esprit en lui-même en pratiquant la méditation. Afin de faire naître l'inspiration dans votre pratique, méditez profondément sur la souffrance vécue par tous les êtres et laissez-la ouvrir votre cœur et éveiller votre compassion.

Pour vous mettre en confiance, vous pouvez accomplir les méditations suivantes comme préliminaires à la pratique de tonglen. Invoquez dans le ciel la présence d'un être divin pour lequel vous éprouvez de la dévotion, ou celle de saints et d'êtres éveillés. Priez pour que, grâce à l'inspiration qu'ils suscitent en vous et à leurs bénédictions, la graine de votre essence compatissante, votre bodhicitta, puisse s'éveiller dans votre cœur. Considérez que ces êtres éveillés répondent à votre prière en envoyant des rayons de compassion et de sagesse d'un éclat extraordinaire qui vous pénètrent et dissipent les nuages de la fixation égocentrique et de la peur, révélant votre bodhicitta. Enfin, imaginez que tous ces êtres éveillés se fondent en vous et s'unissent à votre esprit de sagesse qui rayonne encore plus intensément de compassion. Puis commencez la pratique de tonglen à proprement parler.

Imaginez qu'une personne que vous connaissez et qui souffre est assise en face de vous. Ouvrez-vous à sa douleur, sentez que vous êtes proche de cette personne et conscient de ses difficultés. Sentez monter en vous une forte détermination compatissante à la soulager de sa souffrance et des causes de sa souffrance.

En inspirant, absorbez sa souffrance sous forme d'un nuage noir et imaginez que ce nuage pénètre dans le centre de votre cœur où il détruit les dernières traces de fixation égocentrique, révélant ainsi pleinement le cœur de votre esprit d'éveil, votre bodhicitta. En expirant, considérez que vous envoyez tout votre amour apaisant, votre sympathie, votre énergie, votre confiance et votre joie à la personne sous forme d'une lumière brillante.

Continuez cette pratique de « donner et recevoir » au rythme de votre respiration, aussi longtemps que vous le souhaitez. Vous pouvez même imaginer que votre bodhicitta a transformé votre cœur ou votre corps tout entier en une pierre précieuse étincelante, un joyau capable d'exaucer tous les besoins et tous les souhaits de la personne pour laquelle vous pratiquez. Pour finir, considérez que votre compassion a complètement dissipé toute sa souffrance ainsi que ses causes, et que la personne connaît maintenant le bien-être, la paix, le bonheur et l'amour.

A mesure que votre pratique de tonglen devient plus forte et plus confiante, vous pouvez imaginer en face de vous d'autres personnes en souffrance – des collègues de travail, des patients, des parents ou même des étrangers – et pratiquer en prenant sur vous leur souffrance, en la transformant, en leur offrant votre bonheur, votre clarté et votre compréhension, votre pardon et votre amour. Au moment où la lumière de votre bodhicitta touche et emplit ceux pour qui vous pratiquez, ressentez avec conviction que toute leur souffrance et toutes les traces de négativité sont purifiées. Sachant que cette pratique peut apporter de réels bienfaits, vous êtes heureux d'avoir pu libérer les autres de leur souffrance.

A la fin de chaque séance de tonglen, dédiez les bienfaits positifs et apaisants de votre pratique aux personnes pour lesquelles vous œuvrez, et priez pour que les mérites de votre pratique de compassion servent au bien de tous les êtres, dont le nombre est aussi illimité que l'espace.

• *La pratique de tonglen pour la vie quotidienne*

Lorsque vous commencerez à appliquer la pratique de tonglen à la souffrance que vous rencontrez quotidiennement, vous découvrirez peut-être qu'il subsiste en vous des attentes ou des peurs : l'espoir que la personne vous sera reconnaissante ou que les résultats de la pratique la feront changer, ou la peur de subir sa souffrance. Si cela devait se produire, utilisez une des méthodes suivantes pour rectifier votre attitude intérieure ou adapter votre pratique :

- Effectuez la pratique de tonglen mentalement, comme une aspiration : « Puissé-je être capable de soulager la souffrance de tous les êtres et de leur donner mon bonheur. »
- Pratiquez tonglen sur votre propre aversion à la souffrance de l'autre.
- Concentrez-vous sur la méditation de l'amour-compassion ou sur tonglen pratiqué sur soi-même.

Les pratiques de tonglen doivent être abordées comme un entraînement, ce qui vous permettra, à mesure que vous vous familiariserez avec chaque partie de la pratique, de passer à l'étape suivante avec plus d'aisance et de confiance. J'ai remarqué qu'avant d'appliquer la pratique de tonglen aux situations quotidiennes, il est important de consacrer du temps à effectuer les pratiques préliminaires pendant votre séance de méditation de tous les jours – tonglen pratiqué sur l'environnement et tonglen pratiqué sur soi-même – afin d'apprendre à développer une acceptation et une compassion authentiques à l'égard de votre propre souffrance et de vos peurs, après quoi vous pourrez vous entraîner à pratiquer tonglen pour les autres. Grâce à la confiance et à la familiarité que vous aurez ainsi développées, vous pourrez effectuer naturellement la pratique de tonglen de « donner et recevoir » dans votre vie quotidienne, avec un amour et un courage authentiques.

Si vous éprouvez des difficultés à ressentir de la compassion pour vous-même, dites-vous, à chaque inspiration, que vous prenez sur vous la douleur de tous ceux qui souffrent actuellement de la même maladie, du même genre de perte ou de détresse affective que vous, et que vous la transformez. Cela vous aidera à commencer à accepter ce que vous vivez avec une conscience plus claire et davantage de compassion.

> C'est la pratique de tonglen plus que toute autre, qui approfondit tant la compassion de Treya pour tous ceux qui souffrent. Elle disait à quel point elle se sentait liée à tous les êtres, tout simplement parce qu'ils connaissent tous la souffrance. D'une certaine façon, la pratique de tonglen lui permit de purifier sa souffrance et de traverser l'épreuve de son cancer. Lorsque vous maîtrisez cette pratique, vous vous apercevez, chaque fois que vous souffrez ou que vous êtes anxieux ou déprimé, que vous pensez presque spontanément en inspirant : « Puissé-je prendre sur moi toutes les souffrances semblables à la mienne », et en expirant vous les relâchez. Le résultat, c'est que vous devenez l'ami de votre souffrance, que vous entrez en elle. Au lieu de reculer devant elle, vous l'utilisez comme un moyen de vous relier à tous les êtres qui souffrent. Vous la prenez dans vos bras, puis vous la transformez en lui donnant un cadre universel. Il ne s'agit plus seulement de vous et de votre douleur, mais de l'occasion de comprendre que « ce que tu fais pour le plus petit de mes frères, c'est à moi que tu le fais ». Treya s'aperçut que la simple pratique de tonglen, de l'échange compatissant,

avait purifié une grande partie de sa souffrance, elle lui avait donné un sens, un contexte, un lien. Cette pratique l'a fait sortir de la solitude de « sa » détresse et devenir partie intégrante de l'humanité tout entière, où elle n'était plus seule[5].

Enfin, effectuer la pratique de tonglen lorsque nous sommes malades ou immobilisés est une façon extraordinaire de donner un sens à notre souffrance et de nous entraîner à utiliser chaque expérience de notre vie pour commencer à nous préparer à notre mort. La pratique de tonglen nous permet de transcender notre souffrance en la dédiant aux autres, de sorte que nous nous « oublions nous-mêmes », au sens propre du terme.

Dédier nos souffrances

Lorsque nous vivons des situations pénibles ou préoccupantes, nous ne sommes pas impuissants si nous pouvons y réagir d'une façon créative, avec courage et dignité. Dédier notre souffrance pour le bienfait des autres est un moyen de lui donner une signification sacrée. Cette pratique est enseignée dans de nombreuses traditions religieuses, et je me suis aperçue que même les personnes qui n'ont pas l'habitude des concepts spirituels traditionnels en comprennent très bien le principe. Nous pouvons dédier notre souffrance, notre chagrin, notre maladie ou même notre mort, avec des mots tels que les suivants : *Grâce à la souffrance que j'endure maintenant, puissé-je apporter bienfait et aide à tous les êtres qui sont semblables à mes amis les plus chers. Puissé-je prendre sur moi la souffrance de tous ceux qui sont malades ou dans la douleur, qui traversent le deuil ou vivent leurs derniers instants, et puissent-ils tous connaître le bonheur et des circonstances favorables. Puissent-ils posséder la paix de l'esprit et être délivrés de la peur ; puissent-ils acquérir tout ce dont ils ont besoin : l'amour, les soins médicaux, un abri et de la nourriture. Que toutes les souffrances que je subis en ce moment ou que je subirai plus tard puissent aider tous les autres à connaître le bonheur dans cette vie et dans les prochaines et à atteindre la libération.*

En dédiant nos souffrances pour le bien d'autrui, nous voyons les choses au-delà de nos préoccupations égoïstes habituelles et nous apprenons à aimer les autres plus que nous-mêmes. Nous pourrons ainsi transformer notre expérience actuelle de la souffrance et même en supprimer la cause : notre attachement immodéré au soi.

Le père David, un prêtre à la retraite qui travaillait comme bénévole dans une unité de soins palliatifs, rendait visite chaque semaine à une veuve âgée et riche qui était très amère et souffrait beaucoup. Norma passait son temps à se plaindre des problèmes que lui créaient les autres : les soignants qui la négligeaient, le médecin qui ne l'écoutait pas, la douleur qui n'était pas soulagée, sa solitude et l'état d'abandon dans lequel la laissaient ses enfants qu'elle avait d'ailleurs décidé de renier. Semaine après semaine, le père David l'écoutait patiemment en se demandant si sa présence avait la moindre utilité.

Un jour il fut appelé d'urgence pour rencontrer une jeune femme dont le mari était mort subitement sur son lieu de travail. Laura s'occupait de ses quatre enfants dont l'aîné n'avait même pas six ans. Elle était en état de choc, profondément bouleversée, pleurant sans pouvoir s'arrêter et incapable de faire face aux demandes incessantes de ses enfants. Laura se demandait à haute voix comment elle allait pouvoir s'occuper de ses enfants, aussi bien émotionnellement que financièrement. Voyant sa détresse, le père David s'est senti de tout cœur avec elle et il l'a assurée qu'il allait continuer à lui offrir sa présence et son soutien.

Lorsqu'il est allé rendre visite à Norma, la veuve âgée, et qu'il l'a entendue se plaindre et s'apitoyer sur son sort comme à l'accoutumée, il a perdu patience et lui a dit : « Je sais que ce que vous vivez est difficile, que vous souffrez et que vous vous sentez seule. J'aimerais pouvoir faire quelque chose pour vous, mais je ne le peux pas. Si vous continuez à ne penser qu'à vous, vous finirez par devenir prisonnière de votre souffrance. Il y a quelques jours, j'ai rencontré une jeune maman dont le mari vient de décéder subitement et qui ne sait comment faire face. Pourquoi ne dédiez-vous pas votre souffrance à Laura, afin qu'elle puisse surmonter cette terrible épreuve ? »

Le père David s'est ensuite demandé s'il serait bien accueilli la prochaine fois qu'il reviendrait la voir, mais en entrant dans sa chambre, il constata qu'une complète transformation avait eu lieu. « Je ne prononce pas ce mot à la légère ; en fait, je ne l'avais encore jamais utilisé pour parler d'une personne vivante. Mais lorsque je suis venu voir Norma, elle avait totalement changé : c'était une sainte. Son être tout entier, et même la chambre, était imprégné d'un amour rayonnant. Tout de suite elle m'a demandé : "Que devient cette jeune femme ? J'ai pensé à elle et prié pour elle toute la semaine en lui dédiant ma mort. A-t-elle besoin de quoi que ce soit ? De quelle autre façon puis-je l'aider ?" »

La pratique qui consiste à dédier notre souffrance étant un des Trois Principes sacrés, nous pouvons nous y entraîner tout au long de notre vie, que nous soyons dans la joie ou dans la peine, en partageant les mérites et la force spirituelle que nous développons chaque jour avec tous les êtres et en priant pour que toutes nos actions contribuent à leur bienfait.

A la fin de vos pratiques de méditation, pensez toujours aux deux choses qui les rendront efficaces dans votre vie. Tout d'abord, si durant la pratique vous faites l'expérience d'une plus grande clarté, d'une conscience plus éveillée, d'une paix ou d'une compassion plus fortes, reconnaissez ces moments d'inspiration et gardez-les en vous. Soyez déterminé à maintenir le flot de cette conscience claire et compassionnée tout au long de la journée, dans votre manière de percevoir le monde et dans vos rapports avec les autres et avec vous-même. Ce n'est qu'en intégrant dans votre vie quotidienne les bienfaits de votre pratique de la méditation que vous ressentirez un changement positif dans la qualité de votre vie.

Et enfin, terminez chaque pratique et chaque journée en dédiant les mérites que vous aurez obtenus. Pour paraphraser Sogyal Rinpoché :

> Puisse tout mérite obtenu par ces pratiques être partagé avec tous les êtres, pareils à mes amis les plus chers ; puisse-t-il devenir une goutte d'eau dans l'océan d'action de tous les êtres éveillés qui œuvrent infatigablement à la libération de tous les êtres. Puisse la paix régner entre les gens, dans tous les foyers et dans toutes les nations du monde. Puissent tous les êtres avoir tout ce dont ils ont besoin, être totalement libres de toutes les formes de souffrance et connaître un bien-être parfait et un bonheur durable. Et enfin, puisse le pouvoir positif et sacré de ces pratiques amener tous les êtres à l'éveil, la paix qui est au-delà de toute souffrance[6].

Deuxième tâche

Créer un lien, guérir les relations et lâcher prise

7

Créer un lien authentique

Un jeune homme m'a raconté les derniers jours de son père :

> Ma mère ne voulait pas qu'on dise à mon père qu'il était en train de mourir, de peur qu'il ne puisse le supporter. Elle avait décidé de s'occuper de lui à la maison aussi longtemps qu'elle le pourrait. Lorsque nous lui avons rendu visite, ma sœur, mon frère, sa femme et moi, nous nous sommes sentis très mal à l'aise de regarder son corps décharné tandis que nous parlions de sport, de la pluie et du beau temps, comme si rien n'avait changé.
>
> De toute évidence, son état avait empiré et il lui était chaque jour plus difficile de se lever et de marcher. On sentait toutes les tensions et la peur qui régnaient à la maison. Un matin, mon père a eu de plus en plus de mal à respirer et nous avons dû le faire transporter d'urgence à l'hôpital où il a été admis au service de soins intensifs. Il semblait très loin de nous sur son lit d'hôpital entouré de barreaux, avec des tubes enfoncés dans les bras et toutes sortes d'appareils branchés autour de lui. Je ne savais comment faire pour m'approcher de lui.
>
> Le médecin nous a avertis qu'il ne se rétablirait probablement pas, mais comme nous insistions, il a fini par nous dire qu'il pourrait peut-être se remettre de cette crise. Nous avons donc mis notre tristesse de côté, reprenant espoir et priant pour que tout se passe au mieux. Chacun de nous espérait pouvoir lui parler au cas où il

serait vraiment au bord de la mort. Nous avons commencé à veiller à son chevet, nous arrangeant pour qu'il ne reste jamais seul.

Cinq jours plus tard, nous étions tous très fatigués. L'infirmière a réussi à persuader ma mère de rentrer chez elle l'après-midi, de prendre un bain et de se reposer. Quant à nous, nous sommes allés prendre un verre au café-restaurant au bout de la rue de l'hôpital pour parler un peu. Comme mon frère aîné était très nerveux, il est allé s'acheter des cigarettes et il a dû en fumer plusieurs avant de nous rejoindre. Puis nous sommes retournés à l'hôpital. J'avais l'impression d'avoir du plomb dans les jambes tellement j'étais fatigué.

Une infirmière nous a arrêtés devant la porte. Elle a appelé le médecin et ce dernier nous a annoncé que mon père avait rendu son dernier souffle peu de temps avant notre retour. Ils avaient tout essayé pour le ramener à la vie, mais il était parti. Parti !

Mon frère aîné est alors entré dans une rage folle, accusant le médecin et l'équipe de soignants d'avoir laissé mourir notre père, devant sa femme pétrifiée de peur. Ma sœur s'est mise à sangloter d'une façon hystérique, et malgré mon désir de m'asseoir un moment au chevet de mon père, j'ai compris que je devais garder mon sang-froid et être fort pour tout le monde, et je suis sorti avec ma sœur dans le couloir pour la calmer. Plus tard, ils m'ont tous dit que je n'avais pas eu l'air touché par la mort de notre père.

Mon frère a insisté pour appeler lui-même notre mère et il lui a annoncé la nouvelle assez brutalement. Elle savait qu'il allait mourir, mais l'annonce de sa mort fut un choc terrible : elle était vraiment bouleversée. Elle n'arrêtait pas de dire que c'était sa faute, qu'elle l'avait abandonné au moment même où il avait le plus besoin d'aide. Je n'avais jamais vu ma mère dans un tel état, elle était totalement incapable de se maîtriser.

L'enterrement fut une parodie. Tout le monde accusait tout le monde. Personne ne voulait voir les larmes de ma mère et de ma sœur et nous jugions les réactions de chacun comme si elles étaient à la mesure de leur amour à l'égard de notre père. Nous pensions tous que nous l'avions abandonné mais à part maman, personne ne le disait. Très vite nous avons cessé de parler de sa mort, pour essayer de l'oublier au plus vite.

Une des souffrances les plus déchirantes et les plus inutiles que vivent les personnes en fin de vie, ou leurs proches, tient à ce qu'ils n'ont pas réussi à créer un lien entre eux avant l'heure de la mort. De nombreuses personnes qui affrontent la mort sans y être préparées n'expriment pas non plus tout ce qu'elles auraient souhaité partager avant la mort d'un être cher, surtout quand ce dernier meurt subitement. Si la lecture du récit précédent réveille en vous des souvenirs pénibles, ne vous jugez pas sévèrement. Sachez que vous avez fait de votre mieux en fonction de ce que vous saviez à l'époque.

Prendre conscience de vos regrets peut faire naître en vous la décision courageuse de vivre et de communiquer autrement à partir de maintenant. Il est même possible de clore une relation avec une personne déjà disparue. Le but de cette tâche – créer un lien, guérir les relations et lâcher prise – est de tracer l'itinéraire du voyage vers la mort, de vous offrir les outils pour apprendre à communiquer et à guérir vos relations. Ces outils vous permettront de vous frayer un chemin à travers les situations actuelles ou futures de votre vie, avec plus de conscience, de compassion et d'habileté.

Les personnes confrontées à la mort ont besoin, à cet instant de leur vie où elles sont le plus vulnérables et dans la plus grande détresse, d'être réconfortées et rassurées, de recevoir affection et amour. Or, c'est bien souvent tout le contraire qui se passe.

Il y a de nombreuses raisons à cela. Par exemple, les schémas familiaux dans lesquels nous avons grandi, où la communication était avant tout superficielle et polie. Dans certaines familles, les émotions telles que la colère, le chagrin ou la peur sont critiquées, jugées honteuses ou totalement refoulées. Pourtant, face au vieillissement ou à la maladie, la personne mourante et ses proches connaissent parfois les souffrances émotionnelles les plus profondes de leur vie, et il faut beaucoup d'énergie pour se les cacher les uns aux autres.

Autre problème de communication typique, quand les frères et les sœurs, ou le mourant et un de ses parents ont chacun des « positions » bien arrêtées. Après des années passées à se juger mutuellement ou à vivre constamment sur la défensive, il leur est très difficile de changer cette habitude, même à l'approche de la mort. En dépit de leur désir réciproque de communiquer d'une façon plus authentique, leur conversation demeure distante et polie, à moins qu'elle ne se termine à nouveau par une dispute.

En fait, nous sommes nombreux à porter de lourds bagages, tous les problèmes émotionnels non réglés que nous avons accumulés au cours de notre vie, et nous n'avons bien souvent pas la moindre idée de ce qu'il faut faire pour les résoudre et nous en libérer. Lorsque nous apportons ces fardeaux inconscients dans la chambre d'un proche qui vit ses derniers instants, il est impossible de communiquer de façon authentique et sincère.

Même dans une famille qui s'entend bien, les risques de communication insatisfaisante ou bloquée sont accrus lorsque la personne est confrontée à la maladie ou à la mort. Les parents – ou le compagnon du mourant – ne comprennent généralement pas la nature du processus émotionnel qu'ils sont en train de vivre, ni leurs propres besoins. Ils ne savent souvent pas très bien s'ils doivent laisser partir cet être qu'ils aiment tant, ni *à quel moment*.

Il se peut aussi que la famille ne pense pas au soutien qu'elle pourrait trouver à l'extérieur ni à la possibilité de faire appel à la famille élargie ou à des amis. C'est ainsi que, lors d'une longue maladie, presque tout le stress et les responsabilités reposent le plus souvent sur une ou deux personnes. Et lorsque les proches ne bénéficient d'aucun soutien extérieur, il leur arrive parfois d'accabler malgré eux la personne mourante de leurs problèmes.

Le compagnon, qui est généralement le premier à être informé de la mort imminente de la personne qu'il aime, s'arrange souvent avec le médecin pour que cette dernière n'en sache rien. A cause de cela, le compagnon, les amis, les membres de la famille et même l'équipe médicale doivent cacher leurs véritables sentiments, communiquer d'une manière superficielle, mentir au sujet de l'état du mourant et, d'une façon générale, faire preuve de la plus extrême prudence pour éviter que la vérité ne soit révélée.

Même lorsqu'on a dit au malade qu'il était en train de mourir, la famille continue parfois à nier ou à refuser de reconnaître l'imminence de la mort, craignant que le fait d'en parler n'en précipite le terme ou ne plonge la personne mourante dans le désespoir ou la dépression. Et lorsque nous avons peur de partager notre chagrin, qui est pourtant naturel, nous sommes contraints de nous dissimuler. L'incapacité de créer un lien authentique nous pousse à adopter une attitude superficielle, à jouer la comédie, ce qui a pour effet d'intensifier le sentiment de solitude et de désespoir de la personne en fin de vie.

Trouver le courage de communiquer

C'était une fin d'après-midi, à la veille de Noël, et j'avais accompagné Lyttle au service de leucémie où il devait faire un bilan de santé. Le médecin examinait sa jambe, tout enflée depuis peu, et il fronça les sourcils. « On dirait qu'un nouveau caillot de sang se forme dans votre jambe gauche, dit-il. C'est très dangereux.

Il pourrait se détacher lorsque vous marcherez, comme cela s'est déjà produit avec le précédent, et monter jusqu'au poumon ou au cœur. Je veux que vous soyez hospitalisé aujourd'hui même. »

Ce fut un choc terrible. Lyttle détestait les séjours à l'hôpital. Depuis le diagnostic du mois d'août dernier, il avait été hospitalisé trois semaines sur quatre, chaque fois pour une crise qui risquait de lui être fatale.

Nous nous sommes regardés, comprenant déjà que ce serait le dernier Noël que nous pourrions passer ensemble avec notre petit garçon. Lyttle dit au médecin : « Non, je veux être à la maison pour Noël. C'est très important pour moi, j'en prends le risque. Je reviendrai à l'hôpital le lendemain de Noël. »

Nous sommes rentrés à la maison et nous avons fêté Noël en famille, sans évoquer la nouvelle menace qui pesait sur la vie de Lyttle. Nous n'en avons pas parlé, pas plus que de notre déception ou de notre peur. Parce que nous voulions que ce dernier Noël ensemble soit heureux, nous avons gardé notre tristesse en nous. Comme promis, Lyttle est revenu à l'hôpital le lendemain pour se faire enlever le caillot de sang.

Au bout d'une semaine, il était toujours à l'hôpital, impatient et mécontent. C'était maintenant la veille du jour de l'an et, une fois de plus, nous ne voulions pas nous montrer notre tristesse. A minuit, la plupart des gens célèbrent la nouvelle année, mais Lyttle et moi savions qu'il allait mourir dans l'année. Incapable d'affronter ma douleur, j'ai trouvé une excuse pour quitter sa chambre d'hôpital peu avant minuit.

Une semaine plus tard, l'anniversaire de notre mariage approchait. Les médecins qui s'occupaient de Lyttle nous ont prévenus qu'il était trop dangereux pour lui de rentrer à la maison, mais nous étions prêts à prendre un nouveau risque. Nous avons joué sur la corde sensible d'un médecin qui venait tout juste de se marier, en lui expliquant à quel point cet anniversaire était important pour nous. Il a bien voulu que Lyttle rentre à la maison, à la seule condition qu'il prenne sa prochaine dose de chimiothérapie avant de partir. Ce que nous ne savions pas, c'est qu'il s'agissait de nouveaux médicaments dont les effets étaient encore plus toxiques.

En arrivant à la maison, Lyttle s'est senti extrêmement faible et nauséeux, si bien qu'il est allé se coucher immédiatement. Il est resté dans cet état pendant deux semaines. Il pouvait à peine se tenir debout et marcher dans la maison sans s'effondrer. Nous n'avons pas pu fêter notre anniversaire et Lyttle était incapable de quitter la maison. Nous sentions monter le chagrin, la peur et la frustration en nous, mais nous avons continué de tout garder en nous.

Finalement, Lyttle m'a confié le désespoir qu'il n'avait cessé de contenir jusqu'alors : « Je ne veux plus continuer ainsi. Tu ferais mieux de cacher mes comprimés contre la douleur sinon je risque de tous les avaler pour en finir. Je ne suis tout simplement plus capable de vivre de la sorte. »

J'ai jeté un coup d'œil dans l'armoire à pharmacie, remplie de toutes sortes de calmants très puissants, et je me suis demandé à quel endroit je pourrais bien les cacher. Comme Lyttle restait seul à la maison pendant mes heures de travail, il aurait tout le temps de les trouver. Alors j'ai décidé d'emporter tous les médicaments avec moi. J'ai regardé une nouvelle fois toutes les boîtes de calmants, puis mon petit sac, et je me suis rendu compte qu'ils ne pourraient pas tous entrer. C'est alors que j'ai compris que je devais parler ouvertement de ce que je ressentais.

Je suis allée voir Lyttle et je lui ai dit : « Le fait que tu sois malade n'est pas facile pour moi. Je dois prendre soin de toi à la maison ou te rendre visite tous les soirs à l'hôpital. J'élève notre fils, je vais travailler tous les jours et je m'occupe de la maison toute seule. Et je sais qu'un jour je serai seule après ton départ. Rien de tout cela n'est facile, mais j'accepte de le vivre parce que je t'aime. Mais si tu devais mettre fin à tes jours, je ne le supporterais pas. Ce serait trop. »

Toute la tristesse, les larmes et les déceptions que nous avions gardées en nous pendant ces derniers mois se sont alors déversées. Nous étions enfin capables de communiquer, d'être honnêtes l'un envers l'autre. Et au lieu de sentir un lourd nuage de tristesse s'abattre sur nous, nous avons eu l'impression qu'il venait de se dissiper ! Après avoir partagé nos larmes et notre chagrin, nous avons pu exprimer notre amour, et même nos rires et notre joie. Comme si, tous les deux, nous revivions.

Comme par hasard, l'état de Lyttle s'est stabilisé. Il continuait les séances de chimiothérapie, mais au cours des neuf mois suivants il n'a été hospitalisé qu'une seule fois pour une courte durée avant d'entrer dans le processus final de la mort.

Une personne qui souffre ou vit ses derniers instants a besoin de sentir qu'un lien profond l'unit aux êtres qui lui sont les plus chers. Pour qu'une communication authentique soit possible, quelle que soit la difficulté du sujet abordé, il faut pouvoir puiser dans le pouvoir de guérison de l'amour.

Lorsque les membres d'une famille ne parviennent pas à communiquer ouvertement, on peut leur demander : « Puisque vous ne pouvez pas changer le fait que la personne que vous aimez mourra un jour, à quoi aspirez-vous le plus pour le temps qu'il vous reste à passer ensemble ? » Leur réponse sera probablement celle-ci : « Profiter de notre relation et partager notre amour pendant les derniers instants qu'il nous reste à vivre ensemble. » Le problème, c'est qu'ils ne savent sans doute pas comment s'y prendre.

C'est parfois tout simplement la peur qui nous empêche de nous relier aux autres. Comment mettre fin à notre habitude de communiquer superficiellement ? Nous devons commencer par reconnaître notre peur, puis cesser de la prendre trop au sérieux. Ressentir de la peur signifie que *je me préoccupe trop de « moi-même », que mon cœur est fermé.* Il est alors essentiel de reporter cette inquiétude et cet amour de nous-mêmes sur l'*autre*.

Nous avons tous, dans le passé, fait l'expérience d'une relation authentique avec autrui. J'encourage tous les proches à se souvenir d'un échange qui leur a donné satisfaction, puis à songer aux qualités qui l'ont rendu possible et auxquelles ils peuvent faire de nouveau appel. Il y avait probablement :

- une attitude ouverte dénuée d'attentes ;
- une écoute véritable et une réelle envie de connaître l'autre ;
- de l'enjouement et de l'humour ;
- une volonté sincère de se montrer tel qu'on est.

La clé du succès consiste à être naturel et à parler du fond du cœur. Lorsque nous communiquons pour la première fois avec un ami proche de sa fin, il se peut que nous ressentions de la peur, de l'inquiétude ou de la tristesse. Notre ami sera certainement soulagé de nous entendre lui avouer ces sentiments dès le début. Enfin une personne sincère ! Lorsque nous prenons le risque de révéler notre vulnérabilité, la personne mourante peut alors confier sans crainte ses inquiétudes ou sa peine.

Cette difficulté que nous éprouvons à communiquer provient peut-être d'un problème plus ancien profondément ancré en nous : de vieilles blessures ou des rancunes non apaisées. L'imminence de la mort nous pousse à découvrir un moyen de guérir notre relation tant qu'il en est encore temps.

Lorsqu'il existe entre les membres d'une famille un long passé de mésentente, les tentatives de communication ne porteront pas toujours leurs fruits immédiatement. Nous devons néanmoins commencer à renoncer à nos positions et à nos craintes passées afin de pouvoir amorcer un changement dans la relation. Il est essentiel de se souvenir que la source de tout changement se trouve en nous-mêmes. Nous devons devenir plus libres, plus aimants, plus disposés à prendre des risques et à parler avec franchise et bonté. Que l'autre soit capable ou non de changer, nous serons au moins en mesure de le comprendre et de nous relier à lui plus aisément.

Guérir les relations : abandonner sa position

Lorsque vous communiquez avec quelqu'un dans le but d'avoir « raison » ou de le changer, vous êtes condamné à l'échec. Si vous voulez vraiment mettre fin aux conflits d'une relation, vous devez tout d'abord vous asseoir tranquillement et prendre conscience de vos pensées et de vos sentiments, des espoirs et des peurs qui sous-tendent vos perceptions et vos paroles. Lors de vos échanges précédents, qu'attendiez-vous de cette personne ? Qu'elle avoue avoir tort ou promette de changer ? Qu'elle s'engage à ne plus jamais commettre d'erreurs ou jure de ne plus vous blesser ? Qu'elle vous manifeste désormais son amour exactement comme vous pensez qu'elle devrait le faire ?

De même, vous devez prendre conscience de vos peurs face à l'autre. Redoutez-vous d'être rejeté ou incompris, d'avoir honte ou de vous sentir ridicule ? Craignez-vous d'être à nouveau blessé dans vos sentiments ? Espérer qu'on ne vous blessera plus jamais ou que l'on vous aimera toujours parfaitement est tout aussi irréaliste que s'attendre à ce que les autres changent pour vous rendre heureux. La seule liberté que vous possédez est celle de vous changer vous-même.

Il est donc essentiel de prendre conscience de votre tendance à vous identifier à votre ego et de comprendre qu'au lieu de cela, vous pouvez vous identifier à votre nature véritable : une bonté claire et fondamentale, votre « bon cœur ». C'est en méditant sur cet aspect plus élevé de votre être et en vous y reliant que vous pourrez puiser à votre propre source d'amour et rencontrer l'autre en étant libéré de la peur.

Pour commencer à communiquer vraiment, il faut d'abord établir votre motivation. Lorsque vous rencontrez une personne avec qui vous avez un problème, dites-vous que votre intention est désormais d'être à l'écoute de ce qu'elle ressent et de ce qu'elle vit, et d'exprimer votre nature véritable. C'est tout. Voyez si vous parvenez à désirer « rencontrer » l'autre tel qu'il est. Si vous êtes encore dans le jugement, commencez par faire les exercices suivants. Ils pourront vous aider à comprendre ce que vit l'autre avec un regard neuf et à éprouver ainsi davantage de compassion à son égard. Cet exercice comporte deux parties : se considérer comme identique à autrui et se mettre à la place d'autrui.

- *Pratique pour éveiller la compassion : se considérer comme identique à autrui et se mettre à la place d'autrui*

Au lieu de voir la personne dans son rôle habituel – de parent, de frère, de sœur ou de patron –, considérez-la simplement comme « un autre vous-même ». Imaginez qu'elle est en tout point identique à vous, qu'elle ressent la même aspiration au bonheur et la même peur de la souffrance.

Après avoir fermement établi ce sentiment en vous, visualisez-vous à la place de l'autre. A présent, vous êtes dans sa vie, dans sa peau. Imaginez que son passé est devenu le vôtre, avec ses expériences de rejet, ses chagrins, ses traumatismes ou ses peurs. Considérez que vous éprouvez tout ce qui constitue sa souffrance actuelle : le sentiment d'être incompris et injustement jugé, des expériences profondes de douleur ou de peur, des incertitudes et des désirs frustrés qui font naître en vous une tristesse sans fin. Songez à toute la souffrance qu'elle doit affronter : la dégradation physique, la douleur de la vieillesse ou de la maladie, le chagrin des pertes à venir, la solitude du moment de la mort ou le sentiment d'être abandonné.

A présent que vous voyez le monde avec les yeux de l'autre, imaginez-vous en train d'entrer dans la pièce pour lui parler. Demandez-vous : « Quels sont mes désirs les plus chers face à cette personne qui vient me voir ? Qu'ai-je le plus besoin qu'elle m'apporte ? »

Après avoir terminé cette méditation destinée à éveiller la compassion, si vous trouvez que votre cœur est plus ouvert et plus apte à comprendre la souffrance de l'autre, vous pouvez décider de penser à elle dans votre pratique quotidienne de tonglen.

Si la personne avec laquelle vous avez un problème de communication n'est pas confrontée à une mort imminente, vous vous sentirez peut-être plus disposé à abandonner votre peine ou votre colère ancienne en *imaginant qu'elle est sur point de mourir.* En rassemblant le courage nécessaire pour guérir votre relation maintenant (puisque l'heure de la mort est incertaine), vous aurez moins de regrets si jamais l'autre, ou vous-même, devait mourir subitement. Peut-être pensez-vous que, si vous ne guérissez pas vos sentiments d'hostilité, ils disparaîtront tout simplement dès que l'autre sera mort. Mais la mort ne referme pas les vieilles blessures, pas plus qu'elle ne fait disparaître le mur de peur que vous avez érigé pour vous protéger. Ce qui libère, c'est la volonté de communiquer et d'abandonner le passé. Guérir la relation, c'est guérir son cœur, c'est donc à vous qu'incombe cette tâche, que l'autre personne vive toujours ou qu'elle ne soit déjà plus de ce monde.

Les enfants et les petits-enfants de Joe étaient si chaleureux et si aimants, si ouverts, que Mark, un soignant bénévole de l'unité de soins palliatifs, se demandait s'il ne devait pas s'occuper d'une autre famille. Mais avant de faire sa demande de transfert, il est venu parler seul à seul avec le mourant et lui a posé cette question : « Y a-t-il quoi que ce soit que je puisse faire pour vous aider avant l'heure de votre mort ?

– Je suis si heureux que vous me demandiez cela, répondit Joe. Il y a une chose qui me tourmente et que j'aimerais vraiment régler avant de mourir, mais j'ai besoin d'aide et je ne savais pas à qui m'adresser.

« Il y a quarante ans, mon frère et moi avons eu une terrible dispute et depuis, nous ne nous sommes plus vus et nous n'avons plus échangé un seul mot. Aujourd'hui, je comprends que j'étais tout simplement trop têtu pour céder et je regrette que nous n'ayons plus eu aucun contact durant toutes ces années. J'aimerais pouvoir le revoir avant de mourir, pour qu'il sache que je suis désolé et lui demander pardon. Pourriez-vous m'aider à le retrouver ? »

Mark était heureux de pouvoir faire quelque chose qui aiderait Joe à affronter la mort le cœur en paix. Après quelques recherches, il finit par retrouver la trace du frère de Joe et lui expliqua la raison de son appel.

« Je travaille comme bénévole dans une unité de soins palliatifs et je m'occupe de votre frère Joe et de sa famille. Joe m'a demandé de prendre contact avec vous parce qu'il est à l'article de la mort et qu'il aimerait vraiment vous revoir et vous présenter ses excuses avant de mourir. »

La réponse du frère fut des plus sèches : « Je ne veux plus revoir Joe ou avoir quoi que ce soit à faire avec lui. »

Après cet appel, Mark se demandait ce qu'il devait faire. Mais il comprit bientôt que le plus important avait déjà eu lieu. Joe regrettait vraiment son comportement lors de la dispute et il l'avait fait savoir à son frère par l'intermédiaire de Mark. Lorsqu'il est venu rendre visite à Joe la fois suivante, il lui a dit : « J'ai pris contact avec votre frère. Il ne pourra pas venir mais il a bien eu votre message. »

Pour Joe, cette affaire était désormais en ordre. Son frère n'était sans doute pas encore prêt à abandonner ses sentiments d'hostilité, mais peut-être voudrait-il aussi se débarrasser de ce vieux fardeau à la fin de sa vie. Dans ce cas, il se souviendrait du message de réconciliation de son frère.

Guérir les relations : mettre de l'ordre dans les affaires non réglées

Voici les raisons les plus courantes pour lesquelles nous avons des « affaires non réglées » avec autrui :

- nous avons peur d'être à nouveau blessés ou rejetés ; l'autre a déjà refusé de nous pardonner ;
- nous pensons que ce que nous avons fait est impardonnable ;
- nous voulons punir l'autre par notre colère ;
- nous ne voulons pas abandonner notre attachement à l'autre ou au passé ;
- nous avons peur que notre part de responsabilité ne soit révélée ;
- l'autre personne a disparu de notre vie ou elle est déjà morte.

Ce sont là des peurs et des obstacles tout à fait normaux qui nous empêchent de parler directement à l'autre pour résoudre un problème émotionnel ancien. Nous sommes cependant les seuls à pouvoir mettre un terme à une affaire non réglée et cela, *que l'autre personne soit présente ou non, qu'elle accepte ou non de communiquer avec nous et de nous pardonner.* Le but de la méthode suivante est de nous soulager du lourd fardeau de colère, d'attachement ou de culpabilité, et de nous libérer de nos souvenirs douloureux. Aussi n'est-il pas nécessaire de rencontrer l'autre pour nous défaire du poids de notre émotion et lâcher prise.

La méthode pour clore les affaires non réglées

Tout d'abord, asseyez-vous tranquillement et puisez dans votre cœur le courage de parler de votre problème une dernière fois, *puis de l'abandonner.* Il faut pour cela avoir le désir d'être vraiment entendu et d'écouter réellement le point de vue de l'autre à ce sujet.

Visualisez alors la personne avec qui vous avez eu un conflit non résolu. Imaginez qu'elle est assise en face de vous, exactement telle que vous vous la rappelez, mais avec une différence de taille : *elle est plus ouverte et plus réceptive que jamais auparavant, et capable d'entendre vraiment tout ce que vous avez à lui dire.*

Sans pour autant raviver les émotions qui s'y attachent, pensez à ce qui a constitué, pour vous, la principale difficulté. Imaginez que, maintenant, vous lui faites part de ce problème en sachant qu'elle est devenue très réceptive et vraiment capable de vous entendre. Voyez s'il subsiste en vous d'autres problèmes non exprimés, puis imaginez que vous les lui communiquez.

Ensuite, prenez un crayon et une feuille de papier et écrivez tout ce que vous aimeriez lui dire. Décrivez le problème du mieux que vous le pouvez en faisant preuve de maturité, sans l'attaquer ni vous défendre. Rappelez-vous que vous parlez directement au bon cœur de l'autre personne, qu'elle est réceptive et peut véritablement vous entendre.

Maintenant, laissez-la exprimer son point de vue. Contentez-vous d'écrire ce qu'elle dit et voyez ce qui se passe. Puisque vous vous êtes adressé au « meilleur aspect » de sa personne et que vos sentiments ont été entendus, sa réponse ne sera probablement pas celle que vous attendiez. Puis, écrivez tous les autres problèmes qui pourraient exister entre vous et cette personne : d'anciennes colères, des regrets, des attachements ou des peurs. Laissez-la à nouveau vous exposer son point de vue.

Continuez à rédiger les deux parties de ce dialogue en exprimant toutes vos difficultés, jusqu'à sentir que vous ne nourrissez plus aucun sentiment négatif dans votre cœur. Si, dans le passé, l'autre vous a blessé, voyez si vous pouvez maintenant lui pardonner. Si vous pensez lui avoir fait de la peine, demandez-lui pardon. Dites-vous que le *meilleur aspect* de sa personne comprendra vos regrets et qu'elle n'hésitera pas à vous pardonner. Recevez l'amour apaisant qui émane de ce pardon et abandonnez tout sentiment de culpabilité ou désir d'autocondamnation.

Pour finir, regardez une nouvelle fois dans votre cœur pour y déceler tout sentiment d'estime et d'amour ressenti à l'égard de l'autre, tout sentiment positif que vous auriez pu retenir en vous. Exprimez votre amour par écrit, remerciez l'autre et dites-lui adieu. Vous pouvez même visualiser que la personne se détourne de vous et s'en va. Tandis qu'elle s'éloigne, demandez-vous en toute sincérité : « Ai-je vraiment lâché prise maintenant en lui souhaitant bonne chance ? »

Si la personne est déjà morte, vous pouvez terminer cette pratique de guérison des émotions par une pratique spirituelle, comme celle du p'owa essentiel, une visualisation spéciale pour la guérison et pour le moment de la mort qui est présentée au chapitre 9. Bien entendu, vous pouvez aussi effectuer toute autre pratique issue de votre propre tradition en vue d'apporter un soutien spirituel au défunt, par exemple la lecture d'un texte sacré, des prières ou des rituels.

Après avoir terminé cette pratique, vous pouvez la dédier en souhaitant de tout votre cœur que l'autre personne et vous-même soyez guéris de toutes les souffrances émotionnelles et de tous les traumatismes passés, que votre relation, maintenant et à l'avenir, puisse vous enrichir mutuellement, et que tous ceux qui sont en contact avec vous dans la vie puissent partager le pouvoir de guérison engendré par cette pratique.

Plus tard, essayez de lire ce dialogue à haute voix en face de la photographie de la personne ou à un ami. Votre sentiment de complétude n'en sera que plus grand, comme si vous aviez réellement exprimé tout ce que vous aviez à dire à cette personne. Si vous le désirez, vous pouvez aussi lui écrire : « J'aimerais avoir de tes nouvelles. » Nombre de gens m'ont rapporté avoir vraiment reçu des nouvelles de la personne avec laquelle ils ont fait cet exercice quelques jours ou quelques semaines après avoir mis un terme au conflit qui les préoccupait. Si cette personne est toujours vivante, il n'est pas rare qu'elle fasse savoir qu'elle a aussi réglé quelque chose de son côté.

S'il est possible de résoudre une affaire non réglée en utilisant la méthode décrite précédemment, nous verrons aussi qu'après avoir guéri notre chagrin, nous possédons maintenant la confiance et la clarté nécessaires pour communiquer directement avec l'autre.

Le fardeau le plus lourd dans la vie d'Helen, qu'elle n'avait jusqu'alors jamais regardé en face, était l'absence totale de relation avec son père. Ils avaient été séparés lorsqu'elle avait treize ans et elle avait maintenant trente-quatre ans. Le divorce de ses parents avait été très difficile et les seuls souvenirs qu'Helen ait gardés de son père se limitaient aux critiques que tout le reste de sa famille n'avait cessé d'exprimer. En utilisant la méthode pour mettre fin aux affaires non réglées, Helen a traversé toutes les vieilles douleurs et la colère qu'elle éprouvait à l'égard de son père, ce qui l'a libérée de ses déceptions et de ses peurs profondes. Soulagée d'une grande partie de sa tension émotionnelle, Helen a pu reprendre contact avec son père et renouer avec lui. Il lui a été très reconnaissant de l'avoir appelé, car il venait d'apprendre qu'il avait le cancer.

Le père d'Helen a vécu encore pendant un an et demi et, durant cette période, ils ont pu créer un lien et établir une communication profonde, se raconter leurs vies et résoudre les derniers problèmes liés au passé.

Le frère et la sœur d'Helen n'ont jamais essayé de renouer avec leur père, persuadés que le fardeau de leurs émotions disparaîtrait quand il serait mort. Mais ils se sont aperçus après son départ qu'ils continuaient à porter le poids de ce passé.

Si l'affaire non réglée se rapporte à des expériences traumatisantes ou à des mauvais traitements, il est conseillé d'aller voir un psychothérapeute professionnel pour qu'il vous aide à guérir du passé plutôt que d'essayer de le faire par vous-même. Afin de trouver la force suffisante de guérir des souvenirs extrêmement douloureux, vous pouvez, comme le suggère Sogyal Rinpoché :

> Visualisez tous les bouddhas et les êtres éveillés dans le ciel au-dessus et tout autour de vous. La lumière de leur compassion vous illumine de ses rayons ; ils vous apportent leur soutien et leur bénédiction. En leur présence, exprimez votre affliction et confiez à l'être aimé disparu ce que vous ressentez profondément au fond de vous [1].

Après avoir créé cette atmosphère emplie de bénédictions et d'amour, peut-être vous sentirez-vous assez fort pour affronter vos souvenirs et dispenser le pouvoir de guérison de la compassion à toutes les personnes concernées.

Le secret du pardon

Nous nous accrochons parfois pendant des années à notre colère justifiée, croyant ainsi punir l'autre. Quand bien même notre problème est entièrement dû à des causes extérieures à nous-mêmes, un examen de conscience honnête révélera probablement de l'obstination, de l'égoïsme ou un désir de vengeance de notre part, précisément les aspects négatifs que nous reprochons à l'autre. Le fait de ne pas pardonner nous fait du mal et nous enferme dans des souvenirs de souffrance ou d'impuissance. Nous pouvons même devenir dépendants de nos schémas de souffrance et de notre identité de victime. Notre peur inavouée pourrait alors se formuler ainsi : « Si j'abandonne ma souffrance, ne vais-je pas cesser d'exister ? »

Pardonner est un acte très puissant. C'est probablement la décision la plus positive et la plus transformatrice que nous soyons constamment appelés à prendre dans cette vie. Pardonner ne signifie pas que nous fermons les yeux sur les comportements blessants de l'autre ou que nous les acceptons. C'est plutôt un acte qui nous libère de nos réactions de colère ou de peur, ou du sentiment d'avoir été offensés, et permet ainsi à une vieille blessure de pouvoir se refermer. Les schémas de comportement néfastes se perpétuent tant que tout le monde continue de jouer le même rôle. C'est pourquoi, à partir du moment où nous abandonnons nos réactions d'habitude et où nous répondons par le pardon et l'amour, nous sommes en mesure de briser ces schémas et de nous affranchir d'un souvenir douloureux. C'est le secret : *le pardon libère.*

Si vous vous surprenez à juger les autres, tournez-vous vers l'intérieur de vous-même et examinez vos actes, vos motivations et votre état d'esprit. Lorsque vous voyez clairement vos faiblesses et vos erreurs, vos schémas de comportement égoïstes, que vous prenez conscience des fautes commises envers autrui tout au long de votre vie, en secret ou au grand jour, que ce soit par vos actes, vos paroles ou même vos pensées, comment pouvez-vous encore éprouver de la rancune à l'égard de l'autre ? Vous comprendrez que nous sommes tous logés à la même enseigne, que nos actions et nos réactions sont généralement motivées par la confusion et la peur et non par la clarté et la compassion de notre nature véritable.

C'est parfois contre nous-mêmes que nous nous montrons le plus critique. Peut-être vous demandez-vous si vos actes sont pardonnables. Sachez que vous pouvez réparer le mal que vous avez commis en le confessant, en apprenant à faire le bien, en apportant de la joie autour de vous et en pardonnant à tous ceux qui vous ont blessé.

Les enseignements bouddhistes nous rappellent qu'en réalité, tout et tout le monde est relié et interdépendant, de sorte que tout ce que nous faisons aux autres, nous le faisons à nous-mêmes. Que nous en soyons conscients ou non, il existe un principe de cause et d'effet, le karma, qui est à l'œuvre dans l'univers. Par exemple, les personnes qui revivent tous les événements de leur vie lors d'une expérience de proximité de la mort découvrent à leur plus grand étonnement qu'elles ressentent tout ce qu'elles ont fait, pensé et dit, pour le meilleur et pour le pire.

Lorsque nous ne sommes pas conscients de cette interdépendance et des conséquences à long terme de nos actions néfastes, nous nous faisons inconsidérément du tort les uns aux autres. La personne que vous considérez comme responsable de vos tourments ignore peut-être qu'en vous faisant du mal elle attire davantage de souffrance sur elle-même. En fait, elle est probablement tellement perdue dans sa propre douleur et son conditionnement passé qu'elle ne vous voit même pas. En tibétain, « ignorance » se dit *marigpa,* ce qui signifie « ne pas voir ». Elle ne voit que ses projections à travers des nuages de peur et réagit aveuglément. Dites-vous que, si elle vous voyait vraiment, elle ne vous blesserait pas.

Quand vous voyez quelqu'un faire du mal autour de vous, au lieu de le juger dites-vous que l'ennemi véritable est l'« ignorance », ce qui éveillera en vous de la compassion à l'égard de cette personne qui crée inconsciemment sa propre souffrance future.

Une autre méditation pour faire naître l'amour et la compassion, lorsque vous vous sentez mal à l'aise, consiste à visualiser une personne que vous aimez dans une situation de grande souffrance. Tandis que vous sentez grandir en vous la compassion envers votre ami, visualisez un étranger à sa place, développez une compassion identique à son égard et souhaitez avec force : « Puisse cette personne être libérée de la souffrance et de ses causes. » Puis, imaginez qu'une personne qui vous a profondément blessé se trouve elle aussi dans une situation difficile et dispensez-lui le même amour et la même compassion.

Ne craignez pas que cette visualisation nuise à votre ami, car vous générez ainsi une compassion si forte que votre ami recevra également les nombreux bienfaits de cette méditation.

Grâce à la pratique de tonglen, toutes les blessures et tous les traumatismes que nous avons subis peuvent être purifiés et intégrés à notre chemin spirituel. En affrontant notre souffrance passée, en apprenant à pardonner et à guérir, nous nous apercevrons peut-être que la personne qui semblait être notre ennemie est devenue un trésor dans notre vie, nous aidant à adoucir notre cœur et à approfondir notre lien avec les vérités de notre chemin spirituel. Selon les mots de Géshé Langri Thangpa :

> Lorsque même mon ami le plus cher, à qui j'ai porté secours,
> Soudain se retourne contre moi,
> Puissé-je le considérer comme un immense trésor difficile à trouver.

8

Donner de l'amour et lâcher prise

Angie avait quarante-quatre ans et sa mère était tout pour elle, bien plus, disait-elle, que son mari et ses enfants. Helen, sa mère, avait développé de nombreuses métastases à la suite d'un cancer du sein, et son foie, sa colonne vertébrale ainsi que ses hanches étaient envahis par de nouvelles tumeurs. Lorsque j'ai rencontré Helen à l'hôpital, j'ai remarqué à quel point elle était frêle et affaiblie. Elle m'a avoué d'emblée qu'elle savait qu'elle n'en avait plus pour longtemps à vivre.

Lorsque je suis venue la voir pour la deuxième fois, Angie était agitée et tendue. « Chaque fois que nous voyons le médecin d'Helen, il nous annonce que son état va s'améliorer, me dit-elle. Mais les infirmières de l'hôpital affirment qu'elle est dans la phase terminale de sa maladie. Alors, dites-moi : ma mère est-elle en train de mourir oui ou non ? »

J'ai commencé à me sentir mal à l'aise. Lui dire la vérité aurait visiblement eu l'effet d'une bombe. J'ai donc cherché un moyen terme.

« N'étant pas spécialiste en la matière, lui ai-je répondu, je ne suis pas la plus qualifiée pour vous répondre. Peut-être pourriez-vous en parler à un autre médecin ?

– Je pense que je pourrais m'adresser à son autre

médecin, le radiologue qui la soigne toutes les semaines, mais j'aimerais quand même avoir votre avis, vous qui travaillez depuis si longtemps dans les unités de soins palliatifs. Ma mère est-elle en train de mourir ?

– Voulez-vous que je sois franche avec vous ?

– Oui.

– Très bien, me suis-je risquée à dire, mais vous devez me promettre que vous en reparlerez au médecin. Je sais que les personnes atteintes d'un cancer peuvent connaître des périodes de rémission ou même guérir. Mais étant donné le nombre de métastases et les complications qui se sont développées, et vu son état actuel, il me semble que votre mère est en train de mourir.

– COMMENT pouvez-vous dire que ma mère est en train de mourir ! Vous n'en avez pas le *droit* ! s'est-elle écriée. Que savez-*vous* de ma mère ? »

Oh non, je n'aurais pas dû, me suis-je dit, tandis qu'elle continuait à hurler son indignation. Je savais pourtant que sa colère ne m'était pas vraiment destinée. En pensant à l'amour qui se cachait derrière sa réaction explosive, j'ai pu la laisser déverser sa souffrance sur moi. Finalement, Angie a éclaté en sanglots. Je suis restée à ses côtés, la réconfortant en lui disant qu'il était naturel de pleurer et qu'elle avait de bonnes raisons d'être triste. Au bout de dix minutes environ, ayant brisé la résistance et le déni qui avaient fait rempart contre son chagrin, Angie a fini par se calmer. Puis elle m'a demandé ce qu'elle devait faire maintenant.

« Qu'avez-vous envie de faire ?

– Je crois qu'il est temps de parler ouvertement avec ma mère, de lui dire que je sais qu'elle est en train de mourir et que je l'aime. Je vais rester auprès d'elle et l'aider à traverser cette épreuve. »

En se parlant librement et en partageant leur chagrin et leur amour sans retenue, Angie et Helen ont finalement pu établir entre elles le lien profond et précieux auquel elles aspiraient tant toutes les deux. Par la suite, l'état d'Helen s'est amélioré de façon surprenante et elle a vécu encore pendant dix-huit mois. Durant cette période, quand je me suis excusée auprès d'Angie de lui avoir annoncé que sa mère était sur le point de mourir, elle m'a remerciée, car le fait d'avoir regardé la vérité en face leur avait permis d'instaurer une véritable communication et de se rapprocher.

« Et je sais aussi que ma mère mourra un jour de toute façon. En fait, affronter cette vérité maintenant m'a aidée à mieux me préparer à rencontrer l'inévitable. »

Il est extrêmement difficile de créer un lien authentique si nous nous dissimulons l'un à l'autre, en essayant de nous dérober au caractère inéluctable de la mort. Etablir un lien véritable consiste à faire face à la réalité de la situation et à partager notre réaction naturelle face à cette dernière. Mais de par la force de notre attachement à la personne qui vit ses derniers instants, nous avons parfois du mal à communiquer ouvertement. C'est pourquoi il est important que les proches du mourant bénéficient d'un soutien pour affronter la réalité de leur perte, afin qu'ils ne l'accablent pas de la douleur causée par leur attachement. A partir du moment où ils commencent à regarder la vérité en face et à se soulager quelque peu de leur chagrin, ils peuvent parler plus paisiblement avec le mourant de l'approche de sa mort. Trouver le courage de parler à l'avance du caractère inévitable de la mort instaure une confiance et un lien précieux qui faciliteront une communication authentique par la suite.

Les peurs qui nous empêchent de parler de la mort

Lorsque les membres d'une famille refusent d'annoncer à leur être cher qu'il est en train de mourir, nous pouvons leur demander ce qui arriverait, selon eux, s'il était au courant :

« Si je dis à mon ami qu'il est en train de mourir, alors... »

- « ... il sombrera dans le désespoir et la dépression. »
- « ... je pourrais m'effondrer devant lui. »
- « ... il pensera que je désire sa mort. »
- « ... il capitulera et se laissera mourir. »

Lorsque nous évitons de reconnaître l'imminence de la mort, cela tient généralement à l'une de ces deux raisons : soit les membres de la famille considèrent la mort comme un événement négatif, désespéré et tragique, soit ils redoutent la tristesse et le chagrin qui surgiront au moment où ils seront confrontés ensemble à cette vérité.

De nombreuses personnes sont terrifiées à l'idée de souffrir moralement. C'est particulièrement vrai lorsque les proches ou le mourant lui-même, n'ayant probablement jamais su comment guérir d'anciennes blessures, portent toujours en eux le fardeau de chagrins non terminés. Eviter de parler de l'imminence de la mort peut provenir de l'idée qu'elles se retrouveraient face à un profond réservoir de souffrances.

Ce que nous ne comprenons pas, c'est qu'à considérer la mort comme tragique et sans espoir, nous finissons par la rendre ainsi, parce que nous laissons la peur nous empêcher de nous relier authentiquement et de partager notre vie et notre amour. Je dis souvent aux membres de la famille du mourant : « Lorsqu'on vous annonce que vous allez mourir ce *n'est pas* ce qui peut vous arriver de pire. *La pire des choses, c'est de se sentir abandonné à un moment où nous traversons une crise.* » En évitant de parler de l'approche de la mort, nous isolons sans le savoir la personne mourante au moment même où elle éprouve la plus grande souffrance physique et morale de sa vie. Même si elle est entourée d'amis, elle se sentira seule et abandonnée s'ils ne peuvent partager cette vérité ensemble.

Je ne le dirai jamais assez : dire la vérité à la personne qui vit ses derniers instants ne la fera pas mourir. Même s'il est vrai que certains patients meurent peu de temps après avoir appris que leur maladie était incurable, il n'y a rien de mal à cela. Peut-être se sont-ils vaillamment accrochés à la vie pour faire plaisir aux personnes qu'ils aimaient jusqu'à s'apercevoir qu'elles sont finalement prêtes à accepter l'inévitable. Lorsqu'ils apprennent l'imminence de leur mort, c'est un peu comme si on leur donnait enfin la permission de partir.

Il peut être utile que les membres de la famille considèrent les événements du point de vue de la personne mourante :

Vous êtes là, cloué dans votre lit d'hôpital toute la journée, percevant avec une extrême lucidité les sensations et les changements qui sont à l'œuvre dans votre corps. On vous fait subir toutes sortes d'examens mais tout le monde reste évasif quant aux résultats. Lors de ses visites de plus en plus brèves, le médecin se tient à l'entrée de la chambre, il parle rapidement et évite de croiser votre regard. Votre famille et vos amis s'adressent à vous en prenant un ton de voix artificiellement joyeux et vous vous apercevez parfois que leurs yeux sont rouges, sans doute d'avoir pleuré. Il n'est pas difficile d'en déduire que vous êtes en train de mourir. Mais comme vos proches n'en parlent pas, vous en concluez qu'ils ne sont pas prêts à affronter la vérité et vous évitez aussi d'évoquer le sujet. C'est ainsi que chacun continue à faire semblant.

Lorsque la personne mourante n'est pas clairement

informée de l'issue probable de sa maladie, elle risque de ne pas faire les bons choix concernant les soins médicaux qu'elle souhaite recevoir, ou de faire des projets d'avenir irréalistes pouvant porter atteinte à son entourage. Elle ne sera pas en mesure de régler tous les détails pratiques ou financiers de sa vie, de guérir et de terminer ses relations importantes ou de se consacrer davantage à ses croyances et à ses pratiques spirituelles afin de se préparer à sa mort prochaine.

Comment annoncer la nouvelle de la mort ?

Comme le souligne Elisabeth Kübler-Ross, la question n'est pas tant de savoir *si* nous devons dire à une personne qu'elle est en train de mourir, mais *comment* le lui annoncer. Tout d'abord, créez une atmosphère de confiance en rendant souvent visite à votre ami et en lui prodiguant votre amitié et votre amour. Si de par votre attitude d'acceptation, votre ami s'en sent la force, il pourra même vous révéler qu'il est conscient de la vérité de son état. Et si vous êtes la première personne avec qui il partage cette nouvelle, il est très important de l'accueillir avec espoir : réconfortez votre ami en l'assurant de votre amour et de votre soutien pendant toute la durée du processus de la mort.

Votre capacité à créer une atmosphère réconfortante dépend en grande partie de votre rapport personnel à la mort, que le mourant perçoit fort bien. Si nous considérons la mort comme une tragédie et que nous voulons à tout prix l'éviter, les derniers instants de la vie d'une personne ne feront qu'attiser notre peur. Si nous avons accepté la vérité de notre propre mort et trouvé un sens à notre vie, nous apporterons une présence paisible à notre échange en comprenant que la signification et le potentiel de la vie ont une portée plus vaste.

• *Lorsque les soignants annoncent la nouvelle*

La meilleure façon d'annoncer à une personne qu'elle est en train de mourir est que le médecin réunisse le patient et sa famille dans une pièce tranquille. Révéler la nouvelle brusquement, en disant : « Je ne peux plus rien faire pour vous », peut provoquer un choc terrible et un sentiment de désespoir. Au lieu de cela, le médecin peut dire : « Comme nous ne connaissons pas d'autres traitements susceptibles de guérir votre maladie, les soins médicaux qui vous seront prodigués à partir de maintenant auront essentiellement pour but de garantir la qualité de votre vie et de soulager votre douleur et votre inconfort autant que faire se peut. » Puis, il peut laisser les membres de la famille quelques instants ensemble pour assimiler la nouvelle et partager leurs réactions. Au bout de dix minutes environ, le médecin pourra revenir dans la pièce afin de répondre à leurs questions, d'apaiser leurs inquiétudes et de les aider à définir un plan d'action pratique pour les jours à venir.

Et si la famille et le médecin refusent de dire la vérité et que le patient demande à brûle-pourpoint à une infirmière ou à un autre soignant : « Suis-je en train de mourir ? », je suis pour une réponse qui soit à la fois appropriée et honnête. Vous pouvez lui dire : « En tant qu'infirmière, je ne suis pas habilitée à vous dire si vous êtes en train de mourir ou non. Mais rien ne vous empêche de nous dire, à moi, à votre médecin ou à votre famille, ce qui se passe en vous en ce moment. Vous pouvez également leur faire savoir que vous acceptez d'entendre la vérité. » Après avoir écouté le patient s'exprimer, vous pourrez parler à la famille et leur dire que la personne mourante est maintenant prête à connaître le pronostic de sa maladie.

Affronter le déni de la personne mourante

Judy était âgée de trente-cinq ans lorsqu'elle apprit que son père, Harry, était en train de mourir d'un cancer. Bien que toute la famille d'Harry en ait été informée, celui-ci refusait d'en entendre parler. Constamment tendu et en colère, il était très agressif envers tous ceux qui tentaient de s'approcher de lui. Après avoir essayé vainement à maintes reprises de communiquer avec lui, Judy et sa famille étaient devenues de plus en plus frustrées et distantes avec lui.

Tandis qu'Harry s'affaiblissait, Judy comprit que, si un changement ne se produisait pas rapidement, ils ne ressentiraient, durant les dernières semaines ou les derniers jours de la vie de leur père, que froideur, colère et reproches. Voyant qu'elle n'avait plus rien à perdre, elle rassembla son courage pour parler fermement à son père : « Nous savons tous que tu es en train de mourir et cela nous fait beaucoup de peine car nous t'aimons. Mais nous ne pouvons rien y changer. Tu ne t'en rends peut-être pas compte, mais lorsque tu es tendu et en colère contre nous, il n'y a plus moyen de t'approcher. Le temps qui reste est précieux et nous voulons le passer à tes côtés. S'il te plaît, laisse-nous nous rapprocher de toi avant qu'il ne soit trop tard. »

L'amour qui inspirait ces paroles à Judy et sa manière courageuse de parler ont finalement eu raison de la coquille dans laquelle Harry s'était délibérément enfermé. Ils ont pu ainsi se rapprocher de lui, partager leur amour et exprimer tout ce qu'ils avaient sur le cœur avant qu'Harry ne les quitte.

Le déni et la colère proviennent de notre résistance à entrer dans le processus du deuil et du lâcher prise. *Notre peur du chagrin est en fait bien plus grande que notre peur de la mort.* Dans certaines circonstances, le refus de la personne mourante d'accepter sa mort peut se comprendre. Mais lorsque ce déni se prolonge jusqu'aux dernières semaines ou aux derniers jours de sa vie, les proches ne peuvent exprimer leur amour et terminer leur relation avec elle. Dans ce cas, notre rôle n'est pas tant d'*affronter* son refus que de considérer comment nous pouvons l'aider à se sentir suffisamment en sécurité pour exprimer ses peurs ou sa tristesse. Briser la résistance à accepter la mort ne peut se faire que lorsque toutes les conditions suivantes sont réunies :

1. Notre motivation est claire. Au lieu de juger l'autre, nous réfléchissons à sa souffrance et aux causes probables de son déni et de sa détresse. Dès lors que sa souffrance touche notre compassion, nous sommes en mesure de communiquer avec elle en toute franchise, dans l'amour et non dans la peur.
2. Nous acceptons d'être vulnérables et de vivre avec la personne mourante tous les sentiments douloureux engendrés par la reconnaissance de la vérité. Au lieu de nier notre mort prochaine, nous parlons à notre ami d'égal à égal, en reconnaissant et en partageant la douleur de notre condition humaine.
3. Nous n'avons nullement l'intention de l'abandonner. En offrant notre amour et notre soutien, nous nous engageons à rester présents jusqu'au bout.
4. Nous n'avons aucune attente et ne posons aucune condition, car nous sommes disposés à offrir notre amour et notre acceptation *quoi qu'il arrive*. Si la personne mourante réagit par de la colère ou persiste à refuser l'évidence de sa mort, nous lui faisons savoir clairement que nous l'aimons et que nous continuerons à lui rendre visite et à lui apporter notre soutien tout au long de sa maladie.

• *L'essentiel est de créer un lien*

En de rares circonstances, annoncer à un patient qu'il est atteint d'une maladie incurable peut avoir des conséquences psychologiques malheureuses. C'est pourquoi je ne pense pas qu'il soit toujours souhaitable de dire la vérité. Nous nous laissons toutefois souvent égarer par notre malaise et notre peur au lieu de prendre la décision appropriée. Nous pouvons demander au mourant s'il souhaite connaître toute la vérité, sans oublier que son refus peut aussi provenir de la personne qui annonce la nouvelle ou de son incapacité du moment à affronter la vérité.

Si le mourant ou les circonstances ne nous permettent pas de parler directement de la mort, il existe d'autres moyens pour amorcer un dialogue authentique. Nous pouvons demander à notre ami de nous parler de sa vie et de ce qu'il a accompli, de nous raconter comment il a surmonté les épreuves et les changements de sa vie, ou de nous dire ce que sa maladie lui a appris. Nous pouvons lui dire avec douceur que nous sommes prêts à entendre ses pensées et ses sentiments chaque fois qu'il aura envie d'en parler. Il arrive parfois que notre relation avec la personne mourante guérisse et se termine sans que cela passe forcément par les mots, quand nous offrons simplement de prendre soin d'elle ou de passer tranquillement ses derniers jours et ses dernières nuits avec elle.

Le voyage de la famille vers la mort

L'appel a eu lieu juste avant minuit. Tandis qu'elle écoutait la jeune femme décrire l'état de sa mère, Lee, une infirmière travaillant dans une unité de soins palliatifs, estima que celle-ci allait probablement mourir au cours de la nuit. Elle informa la fille avec douceur que les bouleversements physiques auxquels elle assistait étaient normaux et qu'il n'y avait aucune raison de s'alarmer.

« Savez-vous que votre mère est sur le point de mourir ?

– Oui. Cela me fait du mal de l'entendre, mais je savais au fond de moi-même que sa fin était proche. Elle désirait avoir une mort paisible, alors j'ai fait tout ce que j'ai pu pour la ramener à la maison afin qu'elle puisse y mourir. Depuis, nous n'avons eu qu'une seule fois la visite de l'infirmière de l'unité de soins palliatifs. Mais je ne pensais pas que sa fin viendrait aussi vite. Je me sens tellement prise au dépourvu. Que puis-je encore faire pour elle maintenant ? »

Après lui avoir posé d'autres questions, Lee apprit qu'on s'était arrangé pour que la personne mourante reçoive tous les soins médicaux qu'il était possible de lui prodiguer. Elle était consciente et souffrait relativement peu. Concernant leur relation personnelle, Lee demanda : « Avez-vous parlé à votre mère de sa mort prochaine ? Avez-vous pu lui dire tout ce que vous souhaitiez et lui avez-vous fait vos adieux ?

– Oh non, répondit la jeune femme, horrifiée, je n'ai pas pu lui en parler. Je n'aurais surtout pas voulu qu'elle pense que je l'abandonne !

– Il ne s'agit pas d'abandonner votre mère. Elle est en train de mourir et d'après ce que je crois comprendre, vous l'aimez beaucoup. N'est-il pas temps de le lui dire ? Regardez quelle chance vous avez ! Certaines personnes perdent un être cher sans avoir été prévenues de sa mort imminente ou sans pouvoir être à ses côtés. Vous avez repoussé le moment de parler ouvertement à votre mère, mais puisqu'elle est toujours consciente, il n'est pas trop tard pour le faire. Je vous en prie, utilisez le temps précieux qu'il vous reste à passer ensemble – peut-être même ses dernières heures – pour lui dire tout ce que vous avez sur le cœur avant sa mort. »

Le jour suivant, la jeune femme rappela Lee. « Vous

aviez raison, ma mère est morte ce matin aux premières heures. » Elle se tut un instant. « Et merci de m'avoir si vivement encouragée à lui parler ouvertement. Nous avons eu un échange merveilleux avant son départ et je garderai toujours dans mon cœur tout ce qu'elle m'a dit. Au fond de moi, j'aspirais vraiment à le faire, mais j'avais si peur d'en prendre l'initiative. Si vous ne m'y aviez pas poussée, nous aurions probablement laissé passer cette occasion la nuit dernière. »

Le soutien et l'encouragement que nous prodiguons aux membres d'une famille est une partie essentielle de l'aide apportée à la personne en fin de vie pour qu'elle puisse partir et mourir en paix. Au cours de mes années passées à travailler dans les unités de soins palliatifs, j'ai vu la même scène se répéter un nombre incalculable de fois : alors que je m'adressais en privé à la personne mourante dans sa chambre, lui expliquant que les bénévoles du service de soins palliatifs pourraient lui apporter un soutien pour se préparer à sa mort, j'ai souvent entendu la réponse suivante : « Je sais que je suis en train de mourir et j'ai fini par l'accepter, je ne sais pas si j'ai encore besoin d'aide. *Mais pourriez-vous, s'il vous plaît, aider mon épouse ?* C'est si difficile pour elle. »

Au cours du long processus d'accompagnement d'une personne atteinte d'une maladie incurable ou en proie aux effets débilitants du vieillissement, son compagnon ou ses proches subissent un stress considérable. Ils doivent souvent gérer les aspects financiers de sa vie, aider aux soins physiques quotidiens ou lui rendre visite régulièrement à l'hôpital. Ces personnes, qui apportent au mourant un soutien primordial, doivent aussi continuer à s'occuper des multiples détails de leur vie de tous les jours : faire les courses, la cuisine, payer les factures, aller travailler, s'occuper des enfants, etc. Ils ont constamment à l'esprit le fait qu'un jour, la personne aimée ne sera plus et qu'ils devront continuer à vivre seuls. Pris par leurs nouvelles responsabilités, ils renoncent alors à prendre du repos ou des vacances, ne pratiquent plus leurs loisirs habituels et perdent tout contact avec leurs activités sociales.

Comme la prise en charge de la personne mourante peut devenir épuisante, il n'est pas rare que les proches souhaitent secrètement sa mort, tout en se jugeant très sévèrement de le penser, bien évidemment.

De même que le mourant, les membres de la famille sont entrés dans un bardo : ils ont perdu leur sécurité et leurs références et ignorent ce qui va se passer. *Les proches ont parfois l'impression d'être en train de mourir*, puisque le monde qu'ils connaissent, de même que celui du mourant, disparaît. Or personne ne reconnaît l'intensité de leur situation.

D'un point de vue émotionnel, chaque membre de la famille peut se situer à des stades différents du processus d'acceptation de la mort. Certains manifesteront leur résistance sous forme de déni, de colère ou de repli sur soi, d'autres pleureront sans retenue et commenceront à lâcher prise tandis que d'autres encore se seront déjà libérés de leur attachement pour accéder à une acceptation paisible de la nouvelle réalité. De même que la mort ne se produit pas d'une façon directe et simple, nous pouvons, dans la même heure, osciller entre le déni et l'acceptation de la mort imminente. Chacun peut avoir des difficultés à accepter sa propre vulnérabilité émotionnelle et, partant, juger sévèrement les réactions des autres.

Lorsque les dragons des afflictions, des peurs et des sentiments de culpabilité passés sont réveillés, les gens peuvent se quereller ou se faire des reproches au lieu d'essayer de résoudre leurs affaires non réglées. C'est pourquoi il y a si souvent une atmosphère de tension et de conflit entre les membres d'une famille durant le processus de la mort. Dans ce cas, la personne en fin de vie s'inquiétera davantage du stress que sa maladie crée autour d'elle, craignant qu'ils ne parviennent à surmonter l'épreuve de sa mort. En l'absence d'autres formes de soutien, les proches ont tendance, soit à accabler la personne mourante de leurs problèmes, soit à tenter de réprimer leurs sentiments douloureux chaque fois qu'ils lui rendent visite, ce qui rend tout rapport authentique quasiment impossible.

• *Apporter un soutien à la famille*

Lorsque des soignants professionnels interviennent auprès des membres de la famille, leur soutien sera généralement apprécié car ils sont alors considérés comme des « experts » en la matière. Ils peuvent proposer des rencontres avec toute la famille ou des rencontres individuelles, afin de reconnaître leur souffrance, de leur permettre de mieux se comprendre les uns les autres et de les aider à se consacrer à un seul but : accorder toute leur attention aux besoins de la personne qui vit ses derniers instants, afin de l'aider à se préparer à sa mort prochaine. Il n'est cependant pas nécessaire d'être un soignant professionnel pour établir un dialogue constructif avec la famille. Avant de vouloir intervenir auprès d'eux, pensez :

- à être conscient de vos problèmes, de vos émotions, de vos espoirs et de vos peurs, et à trouver un moyen de les minimiser afin d'avoir l'esprit clair et d'être présent ;
- à être disposé à rencontrer l'autre tel qu'il est ;
- que votre rôle est d'ouvrir des portes, en mettant habilement au jour la sagesse et les ressources intérieures de l'autre ;
- à réfléchir à votre motivation, qui est de soulager les souffrances d'autrui, et à abandonner tout attachement à un quelconque résultat.

Dans le dialogue avec les familles en souffrance, il est important de commencer par établir une certaine confiance. Invitez-les à exprimer leurs sentiments concernant la situation, leurs besoins et leurs difficultés, tant à un niveau personnel que familial. Posez des questions pour les aider à se livrer davantage, en les écoutant sans les juger vous raconter ce qu'ils vivent et comment ils perçoivent la situation. N'oubliez pas qu'ils ont tout un vécu commun et une façon unique de communiquer entre eux dont ils ne sont pas forcément conscients et qu'ils ne désirent peut-être pas changer.

Les proches du mourant seront sans doute soulagés de vous entendre décrire les différentes formes de stress et de souffrances émotionnelles vécues par les familles confrontées à la mort. Les gens se sentant rassurés lorsqu'ils comprennent pourquoi ils souffrent tant, ils pourront alors cesser de se reprocher leur manque de maîtrise de soi.

Lorsqu'ils se sentent perdus et seuls avec leur chagrin, les proches ne sont parfois pas conscients des besoins de l'être aimé proche de sa fin et de ce qu'il est en train de vivre. Mais dès lors qu'ils se sentent soutenus, nous pouvons les aider à recentrer leur attention sur les besoins de la personne mourante en les invitant à s'imaginer à sa place :

« Imaginez que vous êtes celui qui est en train de mourir, comme si vous vous teniez sur le pont d'un paquebot. Le navire commence déjà à s'éloigner du quai et vous ne pouvez plus rien y changer. Comme vous regardez en direction de la côte, vous apercevez votre famille et vos amis en train de vous faire des signes d'adieu. Quel genre d'adieu souhaiteriez-vous recevoir de leur part ? Qu'est-ce qui pourrait vous aider durant votre voyage ? »

- *Rassurer les membres de la famille*

Tout en reconnaissant leur stress et leurs émotions intenses, communiquez-leur ce message important :

Tout ce que vous ressentez est naturel. Peut-être avez-vous parfois l'impression de ne plus pouvoir vous maîtriser, de devenir extrêmement vulnérables, confus, et assaillis par des émotions contradictoires et inconnues. Souvenez-vous que ces sentiments pénibles ne sont pas définitifs et qu'ils finiront par disparaître. Vous n'avez rien d'anormal ; vous vous trouvez tout simplement dans une situation nouvelle.

Soyez bons avec vous-mêmes. Cessez de vous juger constamment et de vouloir à tout prix rester fidèles à un idéal ancien ou impossible. Ce que vous vivez actuellement est très difficile et vous ne pouvez pas toujours tout faire parfaitement. Lorsque vous prenez conscience de vos erreurs et de vos limites, soyez compréhensifs à votre égard et dites-vous que vous faites de votre mieux.

Nous ne sommes pas faits pour traverser seuls les périodes de crise. Lorsque vous vivez une crise, il est important de rechercher un soutien en dehors de votre entourage habituel. Personne ne peut être à tout moment totalement indépendant. C'est maintenant à votre tour de demander et d'accepter de recevoir l'amour et le soutien des autres.

• *Lâcher prise avec amour*

Les membres de la famille et le compagnon de la personne qui vit ses derniers instants ont généralement beaucoup de mal à lâcher prise, ce qui est tout à fait naturel. La perte d'un être cher peut représenter à leurs yeux la pire des trahisons, surtout si la personne en fin de vie a traversé une succession de crises et qu'ils ont eu l'impression d'avoir pu l'aider à reprendre des forces et à se remettre sur pied.

La plupart des gens ont tendance à croire que le lâcher prise peut avoir lieu d'un seul coup, le temps d'une conversation, d'une crise de larmes ou d'un moment de tristesse. Or l'être aimé peut se retrouver quelques jours plus tard sous l'emprise d'un attachement plus fort que jamais. *Le lâcher prise est un processus qui prend du temps.*

De nombreuses personnes confondent le fait d'accepter la mort et celui de *souhaiter la mort.* « Si je lâche prise, il pensera que je ne l'aime pas ; il croira que je souhaite sa mort. » Afin d'apaiser ce sentiment de culpabilité inutile, les proches en arrivent parfois à supplier plus ou moins ouvertement le mourant de continuer à s'accrocher à la vie alors même qu'il vit ses derniers instants, sans voir qu'un tel comportement génère davantage de souffrance.

Si notre attachement à la personne mourante est trop fort, mêlé à la peur intense de ne pouvoir survivre sans elle, notre sentiment d'insécurité ne fera que s'intensifier à mesure que la mort approchera, si bien qu'il lui sera encore plus difficile de partir l'esprit en paix.

Lorsque nous aimons une personne, il est normal de ressentir de l'attachement pour elle. Mais nous devons en même temps lui souhaiter du fond du cœur le « plus grand bien ». Quand l'impermanence ou la mort entraîne la perte de la forme qu'avait prise notre relation, nous devons savoir nous défaire de notre attachement douloureux. *Nous n'avons pas à renoncer à notre amour ni à nos merveilleux souvenirs.* Ainsi, même en lâchant prise, notre cœur peut continuer à être plein d'amour.

Pat était très attaché à son compagnon qui était en train de mourir du sida. Il s'était engagé à s'occuper de lui à la maison jusqu'au moment de sa mort. Katie, l'infirmière à domicile, lui demanda ce qui était à ses yeux le plus important.

« J'aimerais vraiment être aux côtés de John lorsqu'il mourra. C'est pourquoi chaque soir j'ai énormément de mal à aller me coucher dans ma chambre, de peur qu'il ne meure durant mon sommeil. »

Katie lui dit gentiment que cela risquait de se produire. Tout ce qu'il pouvait faire était de se préparer à cette éventualité. Ce n'était pas ce qu'il aurait aimé entendre, mais il lui fut finalement très reconnaissant de lui avoir donné ce conseil.

« L'infirmière m'a suggéré de lui faire mes adieux tous les soirs *comme si c'était la dernière fois que nous nous voyions*. J'ai eu beaucoup de mal au début mais après quelques nuits cela m'est devenu plus facile. Si John devait mourir à un moment où je ne serais pas à ses côtés, je savais que ce serait O.K. »

• *Les étapes du voyage*

Lorsque nous sommes confrontés à la mort ou qu'une personne que nous aimons vit ses derniers instants, la plupart d'entre nous pénètrent dans un territoire qui nous semble effrayant et inconnu, appelé « le processus de la mort et la mort elle-même ». Les souffrances inutiles du processus de la mort proviennent en grande partie du fait que nous ne savons pas à quelle étape du voyage nous nous situons, et que nous ignorons ce qui adviendra par la suite ou comment nous y préparer. Puisque les professionnels et les bénévoles qui s'occupent des personnes en fin de vie connaissent bien ce processus, c'est à eux de renseigner la famille et le mourant sur le voyage qui les attend et de leur suggérer des façons de s'y préparer de leur mieux.

Les proches savent généralement qu'ils répriment leur désir de parler, attendant que le « bon moment » se présente pour le faire. Mais cette attitude ne fait qu'accroître leur anxiété chaque fois qu'ils rendent visite au mourant, et les occasions se font de plus en plus rares à mesure que se précise la réalité de la mort. Les bons moments tant attendus ne se produisent jamais et ils se sentent frustrés. Nous ne savons pas comment ni à quelle heure la fin viendra. C'est pour cette raison que les proches ont besoin qu'on leur fasse une description complète du processus de la mort, afin qu'ils puissent déterminer l'atmosphère qu'ils souhaitent créer pour le moment de la mort et commencer à se rapprocher les uns des autres, à partager leur amour et à se dire adieu avant qu'il ne soit trop tard.

Il faut préparer les membres de la famille à affronter les moments décisifs où ils seront, une nouvelle fois, poussés à lâcher prise, tandis que le moment de la mort se rapprochera. Tout comme la mort, le lâcher prise est un processus, une succession d'étapes au cours desquelles les membres de la famille commencent à prendre plus profondément conscience de la perte qui s'annonce. Répéter ce lâcher prise à chaque « petite mort » les aidera à se sentir plus paisibles lorsque l'heure de la mort arrivera.

Lorsque, par nécessité, les soins médicaux qui visaient jusqu'alors à guérir la maladie sont désormais consacrés à soulager les symptômes douloureux, les membres de la famille doivent opérer un changement similaire. Peut-être pensaient-ils que leur rôle consistait à faire tout leur possible pour aider la personne aimée à se rétablir, mais maintenant que la maladie n'est plus guérissable, ils doivent abandonner ce rôle et exprimer leur amour en écoutant la personne qui vit ses derniers instants et en l'acceptant de façon inconditionnelle.

Une autre étape du processus de lâcher prise se situe au moment où la personne mourante perd l'usage d'un organe vital, ou lorsqu'elle n'est plus en mesure de s'alimenter. C'est généralement à ce stade qu'on décide ou non de prolonger sa vie artificiellement. Avant que cette crise ne se produise, les proches doivent à nouveau se réunir avec la personne mourante en compagnie d'un travailleur social ou d'un thérapeute afin de connaître ses desiderata et ses choix. Ils sauront ainsi dans quelles conditions elle souhaite que sa vie soit prolongée ou si elle préfère renoncer à toute intervention médicale. Ce peut être aussi une occasion de parler des souhaits de la personne mourante pour le moment de sa mort.

« Quel genre d'atmosphère aimerais-tu avoir dans ta chambre lorsque tu seras proche de la mort ? Comment pourrions-nous la rendre paisible ? Y a-t-il des prières, des lectures ou des méditations que tu aimerais que l'on fasse à l'heure de ton départ ? »

Cette discussion peut faire naître des sentiments de tristesse tandis que la famille et la personne mourante partagent ce moment poignant du face-à-face avec la mort et du lâcher prise. Mais n'ayons pas peur de cette tristesse toute naturelle et ne la laissons pas nous empêcher d'avoir cette discussion aussi importante. Se rencontrer et bien se préparer à la mort produira des résultats bénéfiques, car le fait de connaître et de respecter les desiderata de la personne en fin de vie soulagera nombre de souffrances inutiles dans l'intérêt de tous.

Lorsque la personne meurt à la maison, il est particulièrement important d'informer les membres de la famille des bouleversements physiques et mentaux pouvant survenir à l'approche de la mort, de les préparer à y faire face et de leur rappeler qu'ils bénéficient nuit et jour du soutien d'une infirmière à domicile et du médecin. Alors, au lieu de paniquer et de ramener en urgence la personne mourante à l'hôpital dès qu'apparaissent les signes ultimes de la mort, ils sauront comment répondre avec amour et en effectuant leur pratique spirituelle.

Il est indispensable que les membres de la famille sachent que la personne en fin de vie peut *à tout moment* perdre la faculté de communiquer ou sombrer dans le coma. Elle peut devenir extrêmement faible ou ne plus avoir la force ou la capacité de tenir des propos cohérents. Même lorsque les proches désirent être aux côtés de l'être aimé dans ses derniers instants, les mourants se sentent souvent plus libres de lâcher prise et de mourir lorsqu'ils sont seuls. Il est donc important d'encourager la famille et les amis à *ne pas remettre à plus tard le moment d'exprimer leurs sentiments, car cet instant pourrait ne jamais venir.*

• *Se préparer à la mort*

Demandez au médecin ou à l'infirmière à domicile de vous dire à quel moment, d'après leur « meilleure estimation », la personne mourra ; si c'est dans quelques semaines, quelques jours ou quelques heures. Ce n'est pas grave s'ils se trompent, car il s'agit là d'un processus individuel impossible à déterminer de manière précise. Cela vous aidera simplement à prendre conscience qu'il n'y a plus de temps à perdre en tergiversations.

Ce qui peut arriver de plus apaisant et de plus rassurant juste avant la mort, c'est que le mourant et ses proches puissent se dire « je t'aime », d'autant plus qu'il aura toujours eu du mal à le dire dans sa vie. Son courage de pouvoir exprimer son amour par des mots, une dernière fois avant de mourir, peut faire toute la différence pour ceux qui restent.

Lorsque la personne mourante est très proche de sa fin, elle a besoin d'être rassurée de deux manières. « Tu peux partir tranquillement. Tu n'as plus besoin de t'accrocher à la vie et de souffrir. Sache que nous t'aimons et te souhaitons bonne chance. *Et, je t'en prie, ne t'inquiète pas pour nous*. Tout ira bien. » Si les membres de la famille se sont vraiment préparés à la mort, s'ils se sont engagés dans le processus du lâcher prise et qu'ils ont donné libre cours à leur chagrin en pensant à la mort prochaine, ils seront alors capables de dire ces paroles rassurantes de tout leur cœur.

Lorsque le temps presse

Tous les après-midi, quand le père arrivait à l'hôpital pour rendre visite à son fils de vingt-quatre ans, Anne, l'infirmière, observait la même scène pénible. Il entrait dans la chambre, le dos légèrement voûté, le visage empreint de tristesse mêlée de gaieté feinte. Il tirait une chaise près du lit, espérant voir le visage de son fils, et tous les jours, tandis qu'il commençait à lui parler, son fils tournait la tête en direction du mur.

Cela dura ainsi une semaine, une semaine qui les rapprochait de la mort imminente du fils. Tout d'abord hésitante, Anne décida malgré tout d'intervenir. Elle se disait : « Il ne leur reste plus beaucoup de temps et ils ne s'en rendent probablement pas compte. Si rien ne change, ils ne pourront jamais se rapprocher l'un de l'autre ou se parler vraiment avant la mort du jeune homme, et tous les deux en pâtiront. De toute façon, même si mon intervention échoue, je ne pense pas que les choses puissent être pires. »

Le jour suivant, avant que le père n'entre dans la chambre de son fils, Anne le fit venir dans une pièce vide et lui parla fermement pour le sortir de sa torpeur.

« POURQUOI laissez-vous votre fils vous traiter de la sorte ? lui demanda-t-elle d'un ton suppliant. Vous savez que vous avez besoin de lui parler pour vous libérer tous les deux de vos blessures et de vos regrets. Et vous devez lui dire que vous l'aimez *avant qu'il ne soit trop tard* ! J'ignore ce qui s'est passé entre vous, mais à présent il est temps de dépasser cela. Votre fils n'en a plus pour longtemps et il risque de sombrer dans le coma avant de mourir. Parlez-lui franchement, dites-lui ce que vous avez sur le cœur sans attendre. Il est impossible de dire si une autre occasion se présentera ni à quel moment ! »

Les paroles énergiques d'Anne avaient brisé la coquille dans laquelle le père s'était enfermé et il l'en remercia. Maintenant, il savait ce qu'il avait à faire. Il entra d'un pas déterminé dans la chambre de son fils et, tandis qu'il commençait à se confier et à lui exprimer ses regrets et son amour, son fils tourna tout doucement son visage vers lui et le regarda en face, les larmes aux yeux. Parce que le père avait accepté de prendre un risque, de parler ouvertement et d'établir un lien profond avec son fils, ils ont pu guérir leur relation et manifester l'amour qu'ils aspiraient tous deux à ressentir et à exprimer.

Les membres de la famille ont parfois besoin d'être fortement encouragés à faire ce qu'ils avaient déjà très envie de faire. Si votre motivation est pure et pleine d'amour, libre de toute attente, il faut intervenir et même parler avec fermeté, particulièrement lorsqu'il ne reste plus beaucoup de temps. Si les proches n'utilisent pas le temps du moment de la mort pour guérir leur relation et créer un lien, ils se sentiront d'autant plus désespérés après. *La souffrance qui subsiste en nous suite au décès d'un être cher est due à l'amour que nous avons réprimé.*

Troisième tâche

SE PRÉPARER SPIRITUELLEMENT À LA MORT

9

Se préparer spirituellement à la mort

La mort n'est pas la fin, elle est tout simplement le début. La mort est la continuation de la vie. C'est la signification de la vie éternelle ; le moment où notre âme s'élève vers Dieu, pour se tenir dans la présence de Dieu, pour voir Dieu, pour parler à Dieu, pour continuer à aimer Dieu d'un amour plus grand. A la mort, nous ne faisons qu'abandonner notre corps ; notre cœur et notre âme vivent pour toujours.

Hier n'est plus et demain n'existe pas encore ; nous devons vivre chaque jour comme s'il était le dernier afin qu'à l'heure où Dieu nous appellera nous soyons prêts à mourir avec un cœur pur.

MÈRE TERESA [1].

Si nous utilisons notre vie tout entière et nos derniers instants pour nous préparer sérieusement à la mort elle-même, nous jouirons d'une plus grande liberté, tandis que nous souffrirons encore plus si notre esprit et notre cœur sont sous l'emprise d'habitudes négatives. Le caractère chinois représentant le mot « crise » possède une double signification : danger et occasion. Si nous ne comprenons pas l'occasion que nous offre la mort, nous risquons de réagir par la panique.

Le secret qui nous permet de traverser le bardo du moment de la mort consiste à reconnaître que nous passons par une transition cruciale et que nous décidons des résultats que nous souhaitons obtenir. Une telle attitude nous aide à traverser les bouleversements apparemment dangereux du moment de la mort. Cette direction qui correspond à notre espoir ultime et à notre potentiel spirituel le plus élevé est identique à l'aspiration que nous devons nourrir dans notre cœur et dans notre esprit tout au long de notre vie. Toutes les traditions religieuses insistent sur le fait que, pour se préparer spirituellement à la mort, il est essentiel d'établir dès maintenant une pratique spirituelle quotidienne, si profondément enracinée en nous-mêmes qu'elle deviendra partie intégrante de notre être, notre manière de répondre à toute situation de la vie, y compris à nos expériences de souffrance.

Les principes d'une préparation spirituelle

Les gens meurent souvent comme ils ont vécu. Nous pouvons cependant aider les personnes qui vivent leurs derniers instants à comprendre qu'il leur est toujours possible de changer leur attitude et la direction de leur vie, même dans le face-à-face avec la mort. S'ils le décident, ceux qui vont mourir peuvent utiliser leurs dernières semaines ou leurs derniers jours pour transformer leurs habitudes, se délivrer de leurs regrets, guérir leurs relations et approfondir leur compassion.

Nous devons être prêts à comprendre les croyances spirituelles de la personne en fin de vie et à lui offrir un réconfort en utilisant des mots et des concepts qui correspondent à sa façon de penser, sans imposer nos propres croyances. Il est pour cela essentiel d'*écouter* la personne mourante et de respecter ses souhaits et ses besoins. Si elle nous demande de lui faire part de nos croyances, nous devrons trouver une manière appropriée de les exprimer, afin qu'elle se sente libre d'accepter ou de rejeter ce que nous lui offrons.

Les personnes qui ont foi en leur religion peuvent percevoir la mort de façon positive et l'envisager comme une occasion de s'unir à Dieu. Elles peuvent cependant éprouver des difficultés en vivant leurs derniers instants si elles sentent que Dieu est distant et inaccessible. Peut-être ne savent-elles pas comment se préparer à entrer dans le royaume de Dieu. Consciente de sa faiblesse d'être humain, la personne mourante risque de se demander : « Dieu va-t-il me pardonner alors que je ne me sens pas digne de pardon ? » A moins qu'elle n'ignore tout simplement comment *lâcher prise* et *mourir* afin d'atteindre le but auquel elle aspire tant : l'amour infini de Dieu.

Il se peut aussi qu'elle dise croire en Dieu, mais qu'elle ait abandonné sa religion d'origine en raison de ses difficultés à en accepter les dogmes. Nous devons l'encourager à se concentrer non pas sur ces problèmes, mais sur ce qui constitue pour elle l'aspect le plus profond de sa foi : sa dévotion, sa confiance ou sa compassion. Comme me le disait un prêtre : « Au moment de la mort, je crois que chacun de nous a une nouvelle chance de faire la paix avec Dieu. »

Si la personne mourante ne connaît pas de prière ou de rituel traditionnel, nous pouvons lui suggérer de prier en utilisant ses propres mots, avec une dévotion sincère venant du fond du cœur, en disant une prière toute simple comme celle-ci : « Mon Dieu, je vous prie, soyez près de moi à l'heure de ma mort, guidez-moi. Donnez-moi la force de traverser le processus de la mort et le courage de lâcher prise. Pardonnez, je vous en prie, tous mes péchés, et faites que je sois prêt à demeurer avec Vous. »

Tout le monde possède une « étincelle », une source d'espoir intérieure. Même les personnes qui affirment ne pas avoir de sentiment religieux peuvent en vérité être profondément spirituelles. Notre rôle est de mettre au jour cette étincelle, ou une image positive de la mort qui permette à la personne mourante de s'y préparer sérieusement. Demandez-lui de vous parler de sa vie. Aidez-la à reconnaître les meilleures qualités humaines qu'elle a décelées en elle-même ou chez les autres. Si elle parle de compassion, d'un souvenir d'amour, d'un moment de pardon ou de réconciliation, encouragez-la à se rappeler et à ressentir ces qualités qui élèvent l'esprit pendant qu'elle vit ses derniers instants.

Il est important d'établir tout au long de notre vie un lien personnel avec Dieu, de croire en Lui, de Lui parler comme nous le ferions avec un ami en qui nous avons entièrement confiance, et de recevoir les bienfaits illimités de Sa bonté, de Son pardon et de Son amour. Après avoir établi une telle relation fondée sur la confiance et la gratitude, nous sentirons alors, dans les moments de souffrance et lors de nos derniers instants, que notre meilleur ami est toujours présent pour nous guider et nous protéger.

Au moment de notre mort, notre lien intime avec Dieu nous donnera de la force. En ouvrant notre cœur dans la prière, nous pouvons demander à Dieu (au Christ ou à tout être qui nous inspire de la dévotion) d'être auprès de nous à l'heure de notre mort. Comme le Christ l'a lui-même promis : « Si vous demandez quelque chose en mon nom, moi je le ferai[2]. » Nous pouvons par conséquent être certains que Dieu répondra à notre prière et qu'Il sera avec nous dès que nous L'invoquerons.

L'une de nos tâches au moment de la mort consiste à trouver un moyen de « faire la paix avec Dieu », en avouant nos erreurs, en purifiant notre âme, en demandant et en acceptant de recevoir le pardon inconditionnel de Dieu. Si la personne mourante pense qu'elle n'est pas digne de pardon, nous pouvons l'inciter à méditer sur la miséricorde et l'amour de Dieu, à réfléchir sur des récits de la Bible, par exemple celui du père qui accorde le pardon à son fils prodigue et l'accueille joyeusement à la maison. *Dès l'instant où nous ressentons des regrets, quand nous nous confessons et demandons à être pardonnés, le pardon et l'amour de Dieu sont déjà présents.* Selon les mots de Ruth Hatch : « Dieu ne condamne pas. Rien de ce que vous avez fait ne Le choque. Il n'existe aucune action accomplie par des êtres humains qu'il n'ait vue. Ce que vous avez fait ne L'intéresse pas. Il ne veut que votre amour[3]. »

Nous pouvons surtout inciter la personne proche de sa fin à découvrir une pratique spirituelle – une prière spéciale, une méditation, un cantique ou un texte sacré – qui lui inspire confiance et force. Si elle effectue régulièrement une pratique inspirante, particulièrement si elle souffre, cela concentrera les forces de son cœur et de son esprit de façon positive et l'aidera à raviver sa dévotion et sa confiance. L'inspiration sacrée suscitée par une prière ou une méditation continuelle commencera peut-être à imprégner tous ses moments de veille et de sommeil, ce qui est une excellente manière de se préparer à la mort. En outre, si sa famille, ses amis ou les soignants pratiquent avec elle chaque fois qu'ils lui rendent visite, ils se sentiront plus préparés à affronter le moment de sa mort et enclins à lâcher prise, avec paix et amour.

Exemples tirés de la tradition chrétienne

Sylvia, une patiente d'une unité de soins palliatifs à qui j'ai rendu visite pendant plus d'un an, m'a confié que sa plus grande difficulté était de se sentir « abandonnée » par le Christ. « Toute ma vie j'ai eu de la dévotion pour Jésus-Christ. J'allais régulièrement à l'église et je priais. Et pourtant, alors que je traverse aujourd'hui tant de souffrances, j'ai l'impression que personne n'est là lorsque je prie. Je me sens complètement seule face à ma douleur. Que puis-je faire ? »

Je n'avais alors aucune réponse à lui apporter. Après l'avoir quittée, j'ai réfléchi à son problème. Je connaissais des gens qui, à l'approche de la mort, avaient fait des prières sous la forme d'une demande ou dans l'espoir d'obtenir quelque chose : « Je croirai en vous si vous me débarrassez de ma douleur et me guérissez. » Mais le rôle de Dieu dans notre vie n'est pas de nous délivrer de nos problèmes. C'est en nous « tournant vers Dieu », en emplissant notre cœur de dévotion et de confiance que nous trouverons une issue à nos difficultés et la force de supporter une souffrance qui nous paraît insoutenable. Face aux vicissitudes de la maladie, de la douleur et de la mort, nous pouvons nous tourner vers Dieu en le considérant comme notre refuge et notre consolateur.

Je me suis aussi souvenue de l'histoire de la Passion et de la mort du Christ. A la veille de son arrestation, Jésus pria Dieu de le libérer de la souffrance qui l'attendait. A la fin de cette prière, le Christ exprima sa confiance par ces mots : « Que Ta volonté, et non la mienne, soit faite. » Sur la croix, tandis qu'il subissait le pire des martyres, torturé par la soif, il s'écria : « Mon Dieu, mon Dieu, pourquoi m'as-Tu abandonné ? »

J'ai parlé avec Sylvia de la signification que pouvait avoir la souffrance de la mort vécue par le Christ. Lui aussi avait prié pour que la coupe de la souffrance, qu'il savait devoir boire bientôt, lui fût retirée. Sylvia s'est alors dit que, peut-être, *tout le monde* se sent abandonné durant le douloureux processus de la mort. En récitant les premiers versets du Psaume 22 alors qu'il était sur la croix, le Christ a révélé qu'il prenait part à l'expérience humaine de la mort. Et juste avant de rendre son dernier souffle, il s'est tourné vers Dieu et n'a finalement pas été abandonné.

Avec une compassion extraordinaire, il a offert sa mort et prié pour que, grâce à elle, il puisse avoir la force de prendre sur lui la souffrance de tous les êtres et de purifier leurs péchés, ce qui lui a permis de complètement transcender la mort. La motivation compatissante que Jésus-Christ a fait naître en lui en acceptant sa souffrance et sa mort *montre la voie* à tous ceux qui le suivent, leur permettant de traverser les souffrances de leur vie et de transcender leur mort.

Les différentes traditions chrétiennes offrent tout un ensemble d'enseignements et de prières pour le moment de la mort et pour la mort elle-même. Par exemple, la prière récitée par un prêtre catholique au chevet d'une personne décédée contient tout à la fois des éléments de dévotion, de confiance, de miséricorde et d'amour. Bien que la prière suivante soit plus particulièrement indiquée pour le « moment de la mort », si les membres de la famille la lisent plusieurs fois à la personne aimée qui vit ses derniers instants, cela pourra les aider à se préparer à lâcher prise de la manière la plus élevée qui soit, c'est-à-dire en rendant l'être cher à Dieu.

> Saints de Dieu, portez-lui secours !
> Venez à sa rencontre, anges du Seigneur !
> Accueillez son âme et présentez-la à Dieu le Très-Haut.
>
> Puisse le Christ, qui t'appela, t'emmener avec lui ;
> Puissent les anges te conduire auprès d'Abraham.
> Accueillez son âme et présentez-la à Dieu le Très-Haut.
>
> Accordez-lui le repos éternel, ô Seigneur,
> Et puisse Votre lumière resplendir sur lui pour toujours.
> Accueillez son âme et présentez-la à Dieu le Très-Haut.
>
> Prions.
> Dieu Tout-Puissant et Miséricordieux,
> Nous Te recommandons..........................., ton serviteur.
> Par la grâce de Ta miséricorde et de Ton amour,
> Efface les péchés que, par faiblesse humaine, il (elle) a commis.
> Dans ce monde il (elle) mourut :
> Permets-lui de vivre auprès de Toi pour toujours.
> Nous T'en implorons au nom de Notre-Seigneur Jésus-Christ.
> Amen [4].

Exemples tirés de la tradition hébraïque

Dans la tradition hébraïque, l'espoir offert à une personne qui vit ses derniers instants n'est pas celui d'une existence paradisiaque après la mort, mais il se fonde sur la vie juste qu'elle a vécue sur terre. L'espoir naît parce que la personne est reliée à une tradition spirituelle vivante et à ses rituels, qu'elle a vécu en accord avec la loi de Dieu et bien utilisé sa vie, en apportant sa contribution à la communauté et en prenant soin de sa famille et de ses amis. Les prières et les psaumes récités au moment de la mort sont souvent des louanges à la bonté et à la miséricorde de Dieu, exprimant à la fois la supplication et l'abandon à la volonté divine. Le mourant se réfugie sous la protection de Dieu afin de pouvoir surmonter les souffrances ou les tentations du moment de la mort.

La personne proche de sa fin est invitée à accepter courageusement la réalité de sa mort et à bien terminer sa vie, en mettant de l'ordre dans toutes ses affaires afin que son compagnon ou ses enfants n'aient pas de soucis après sa mort. Pendant qu'elle vit ses derniers instants, elle examine sa vie, reconnaît et répare tout le mal qu'elle a fait et pardonne à tous ceux qui lui ont fait du tort.

Elle est ensuite encouragée à se confesser une dernière fois à Dieu. Cette confession est appelée *Viduy* : « Je reconnais devant Vous, Hashem, mon Dieu et Dieu de mes pères, que ma guérison ou ma mort sont entre Vos mains. Que Votre volonté soit de me guérir complètement ; mais si je meurs, puisse ma mort racheter toutes les erreurs, tous les péchés et tous les mouvements de révolte dont je me suis rendu coupable devant Vous. Puisse mon sort être le Gan Eden, et permettez-moi de vivre dans le Monde à venir réservé aux justes[5]. »

Au moment de la mort, on allume une bougie et on

récite une prière traditionnelle, le *Chema Israël,* qui sera reprise lors des rituels effectués après la mort. Il s'agit souvent des dernières paroles prononcées et entendues par le mourant : « Ecoute, Israël, le Seigneur notre Dieu. Le Seigneur est Un. Béni le Nom de la gloire de Son règne à jamais. »

On récite ensuite des prières pour le défunt, plus particulièrement durant le chivéa, une période de sept jours pendant laquelle la famille se rassemble pour prier dans la maison du défunt. Et, durant toute l'année, on continue régulièrement à faire des prières, plus spécialement le *Kaddich,* tandis que ceux qui restent sont encouragés à pleurer et à lâcher prise.

La préparation à la mort dans la tradition du bouddhisme tibétain

> Soyez libre de tout attachement
> Et de toute aversion,
> Gardez votre esprit pur,
> Et unissez-le à l'esprit de sagesse du Bouddha.

Tel est le principal enseignement que nous offrent les maîtres tibétains face à l'imminence de la mort.

• *Soyez libre de tout attachement et de toute aversion*

L'heure de votre mort est une importante transition contre laquelle vous ne pouvez rien : vous êtes à bord d'un bateau qui s'éloigne déjà du quai. La seule chose que vous puissiez faire, c'est de créer les conditions favorables au bon déroulement du processus de la mort et d'abandonner toutes les responsabilités et tous les attachements susceptibles de vous retenir. C'est le moment de vous préparer spirituellement au voyage qui vous attend.

Au lieu d'« abandonner », vous pouvez considérer

que vous offrez à tous les bouddhas et à tous les êtres éveillés toutes les choses auxquelles vous êtes le plus attaché : votre corps, votre santé, votre apparence physique et votre perception d'un soi séparé ; vos possessions et votre fortune ; votre travail et vos talents ; vos amis et votre famille ainsi que votre sentiment de responsabilité à leur égard. Vous pouvez même offrir votre aversion et vos peurs : votre dégoût face à la dégradation et à la souffrance engendrées par le processus de la mort, l'horreur que vous éprouvez à devoir rester hospitalisé ou à être soumis à des examens médicaux, la peur d'être rejeté ou de perdre la maîtrise de votre corps ou de votre esprit.

Pensez à mettre de l'ordre dans vos affaires et dans vos finances, de sorte que ceux qui restent soient aussi informés et préparés que possible. Avant de mourir, établissez une liste détaillée de toutes vos possessions matérielles et donnez-les toutes. Dans nombre de traditions religieuses, on considère que faire une offrande aux pauvres avant de mourir est un acte vertueux et de bon augure.

Comme nous l'avons vu précédemment, vous devez vous préparer émotionnellement en guérissant vos relations, en exprimant votre amour, en partageant votre chagrin et vos larmes avec vos proches et en leur faisant vos adieux sincères. Il est souhaitable de le faire à l'avance, afin que le moment de votre mort soit paisible, exempt d'attachement et de sentiment d'aversion.

Si vous laissez des enfants derrière vous, vous aurez naturellement tendance à ressentir de l'angoisse à cause de l'attachement que vous éprouvez à leur égard et parce que vous vous sentez responsable de leur bien-être. Mais se raccrocher à cet attachement ne fera qu'accroître votre souffrance et la leur. La seule chose raisonnable que vous puissiez faire est de préparer le bien-être physique, émotionnel et spirituel de vos enfants autant que faire se peut. Assurez-vous par exemple qu'un ami proche, ou un thérapeute, sera là pour les soutenir durant la période de deuil. Vous pouvez offrir votre sentiment de responsabilité et prier pour que la vie de vos enfants soit heureuse, en leur dédiant votre pratique spirituelle. Prier avec une réelle compassion pour vos enfants les aidera beaucoup plus que s'accrocher à votre désir et à votre attachement à leur égard.

Arrangez-vous pour créer un environnement paisible pour l'heure de votre mort, avec le moins de distractions possible. Il est préférable de quitter l'hôpital et de rentrer chez vous pour mourir, même pour les tout derniers jours de votre vie, mais si vous *devez* mourir à l'hôpital, demandez à être installé dans une chambre individuelle. Rédigez vos dernières volontés et indiquez clairement si vous souhaitez qu'on ait recours ou non aux techniques de survie artificielle ou aux méthodes de réanimation. Faites établir par un notaire une procuration dans laquelle vous nommerez un représentant légal chargé de vous défendre et de communiquer vos volontés aux médecins et au personnel médical [6].

A mesure qu'elles se rapprochent de la mort, certaines personnes font en sorte de créer une atmosphère tranquille et paisible dans leur chambre. Afin de diminuer les complications émotionnelles, elles voient moins de visiteurs à l'approche de leur fin, ne souhaitant que la présence des amis ou des membres de la famille qui peuvent créer un cadre chaleureux, paisible et propice au lâcher prise, grâce à une pratique spirituelle sincère et continue.

• « *Garder l'esprit pur* »

Les enseignements du bouddhisme tibétain décrivent la mort comme une occasion très spéciale d'atteindre la libération. La manière suprême de nous préparer spirituellement à la mort est de nous occuper de nous-mêmes en stabilisant notre reconnaissance de la nature véritable de l'esprit, grâce à un entraînement et à une pratique spirituels assidus tout au long de notre vie. Puis, au moment de notre mort, nous demeurons simplement dans la Luminosité et l'Espace omnipénétrant de notre nature véritable.

Au cours de ces dernières décennies, on a beaucoup lu en Occident *Le Livre des Morts tibétain,* un ouvrage de spiritualité de l'école Nyingma du bouddhisme tibétain. Le titre tibétain est *Bardo Thödol Chenmo* : « La grande libération par l'écoute dans le bardo » (le mot bardo faisant ici référence à l'état d'existence après la mort). L'auteur à l'origine de ce texte, Padmasambhava (Guru Rinpoché), est considéré par les habitants des régions himalayennes comme un second Bouddha, une manifestation ésotérique du premier. Padmasambhava a rassemblé les enseignements du Bouddha, y compris les pratiques de sagesse les plus avancées, et les a présentés suivant les six bardos : la vie, le sommeil et le rêve, la méditation, le moment de la mort, la dharmata (le rayonnement intrinsèque) et le devenir.

Le *Bardo Thödol* n'est qu'une partie d'un cycle plus vaste d'enseignements et de pratiques transmis par Padmasambhava afin d'aider les pratiquants à utiliser chaque bardo pour atteindre la libération. Le *Bardo Thödol* lui-même est un guide pour les états d'existence après la mort qui doit être lu par un maître ou un ami spirituel au pratiquant au moment de ses derniers instants et dans les jours suivant sa mort. Si nous lisons *Le Livre des Morts tibétain* sans avoir reçu tous les enseignements et l'entraînement se rapportant à ces pratiques, nous risquons de ne rien y comprendre.

Certains croient par exemple que le fait de lire *Le Livre des Morts tibétain* à un ami mourant constitue l'« aide spirituelle » offerte par cette tradition, alors que le texte lui-même nous explique que la meilleure façon de se préparer à la mort est *d'avoir développé la capacité de demeurer avec stabilité dans la nature de l'esprit dans cette vie même.* La personne qui a atteint cette stabilité inébranlable dans sa méditation n'a pas besoin de faire quelque chose de spécial au moment de sa mort, si ce n'est de méditer et de demeurer dans la nature de l'esprit et de mourir dans la conscience claire et continue de cet état. Le conseil donné dans le *Bardo Thödol* à un pratiquant d'une telle envergure tient en une phrase : « O fils, fille d'une lignée d'êtres éveillés, voici l'aube de la Luminosité fondamentale qui se lève devant vous ; reconnaissez-la et demeurez dans la pratique[7]. »

Si le pratiquant n'est pas suffisamment stable, si son esprit est distrait par la douleur physique ou morale causée par le processus de la mort, son maître ou ses amis spirituels peuvent lui apporter un soutien capital en méditant et en pratiquant à ses côtés.

Lorsqu'un maître ou un pratiquant accompli demeurent dans la nature de l'esprit au chevet d'une personne qui vit ses derniers instants, ils lui « montrent » littéralement cette nature. Comme les couches de pensées et d'émotions de l'ego se dissipent au moment de la mort, il est beaucoup plus aisé pour une personne proche de sa fin de faire l'*expérience directe* d'une pratique spirituelle effectuée à son intention. Etre capable de demeurer dans la reconnaissance stable de la nature véritable de l'esprit ne nous prépare pas seulement à la mort de la meilleure façon possible, mais constitue également le soutien spirituel le plus efficace que nous puissions offrir à une personne à l'agonie.

Si nous ne sommes pas certains que la personne a atteint ce niveau de stabilité dans la méditation, le *Bardo Thödol* nous conseille d'effectuer la pratique du p'owa – une pratique spirituelle qui a pour but de purifier et de libérer la conscience – au moment où le mourant rend son dernier souffle et durant un certain temps après la mort. Et si les amis spirituels qui pratiquent pour la personne mourante se demandent si la pratique du p'owa a été accomplie avec succès, on leur conseille de lire au défunt le texte du *Bardo Thödol*.

Tracy, une étudiante de Sogyal Rinpoché, avait reçu

les enseignements et les bénédictions de nombreux grands maîtres bouddhistes. Après avoir consacré des années à la pratique spirituelle, elle apprit qu'elle était en train de mourir d'une tumeur au cerveau. Sa pire crainte était de ne plus pouvoir effectuer sa pratique spirituelle à la fin de sa vie à cause d'une diminution de ses fonctions cérébrales. Comme cela pouvait effectivement se produire, je lui ai proposé de s'imaginer dans cette situation, puis de faire part à son mari et à ses amis de ses désirs pour cet instant. D'imaginer par exemple comment ils pourraient créer une atmosphère inspirante dans sa chambre, que ce soit en créant un petit autel avec des bougies et des offrandes, ou bien en plaçant des photographies ou des images sacrées à hauteur de ses yeux.

Elle pourrait se préparer à la mort en méditant et en effectuant sa pratique spirituelle aussi longtemps que possible, de façon à transformer chaque instant en moment d'inspiration sacrée. Au cas où elle perdrait l'usage de ses facultés mentales, elle pourrait indiquer par écrit quelles cassettes d'enseignements, quels chants sacrés ou quelles prières elle aimerait entendre.

Sogyal Rinpoché lui a donné ce conseil : « Si à un moment donné vous ne pouvez plus continuer à pratiquer d'une manière active, la seule chose vraiment importante sera de vous établir aussi profondément que possible dans la confiance de la Vue et de demeurer dans la nature de l'esprit. Peu importe que votre corps ou votre cerveau fonctionnent encore : la nature de votre esprit est toujours présente, semblable au ciel, radieuse, bienheureuse, illimitée et immuable[8]. »

Sogyal Rinpoché encouragea Tracy à se remémorer avec gratitude les bénédictions et les merveilleux enseignements qu'elle avait reçus de ses maîtres spirituels, à se souvenir de sa dévotion envers eux et de leur compassion à son égard, à invoquer leur présence sous la forme de Guru Rinpoché, et à avoir confiance dans sa capacité à reconnaître sa nature véritable au moment de la mort.

Lorsque sa mort est devenue imminente, elle s'est rendue avec son mari dans une région de France comptant de nombreux centres de retraite bouddhistes. Juste après sa mort, son mari a fait venir à son chevet un lama tibétain qui vivait dans les environs afin qu'il effectue la pratique du p'owa. Le lama est d'abord resté silencieux, puis il lui a dit : « Ce n'est pas la peine de faire le p'owa. Elle a trouvé son propre chemin. »

- « *Unissez votre esprit à l'esprit de sagesse des bouddhas* »

De toutes les pratiques pour la mort, celle du p'owa est considérée comme la plus puissante. Le mot *p'owa* signifie « transfert ou expulsion de la conscience dans l'espace de la vérité ». Son succès repose sur l'invocation de la présence d'un Bouddha (un être pleinement éveillé), associée à notre réceptivité et à notre dévotion ainsi qu'à l'habitude que nous avons acquise en effectuant régulièrement la pratique tout au long de notre vie. Il existe plusieurs sortes de p'owa. La forme la plus traditionnelle est une pratique yogique intérieure élaborée, transmise uniquement de maître à disciple après des années de pratique assidue. Elle ne peut donc être décrite dans ce livre.

Sogyal Rinpoché a enseigné une pratique essentielle du p'owa qui, contrairement à la forme traditionnelle, n'est pas seulement destinée au moment de la mort. Cette pratique nous aide aussi à purifier nos regrets et notre karma négatif et elle peut être utilisée pour contribuer à une guérison émotionnelle ou physique. Nous pouvons effectuer cette pratique tout au long de notre vie ou quand nous faisons face à la mort. Cette pratique est principalement utilisée pour offrir un soutien spirituel aux mourants au moment de leur mort et dans les jours qui suivent.

Si nous pratiquons le p'owa essentiel régulièrement, notre motivation compatissante et notre dévotion continueront à s'approfondir pour devenir progressivement partie intégrante de notre être. A mesure que nous commençons à incarner la pratique, notre cœur et notre esprit s'ouvrent, deviennent plus libres et illimités. Si nous nous préparons à la mort avec une telle profondeur de connaissance, de dévotion et de confiance, nous récolterons d'autres bénéfices. Par exemple, notre peur de la mort s'atténuera. Et même si nous devions connaître une mort accidentelle ou brutale, nous saurons comment partir de la meilleure façon possible, parce que cette pratique profonde sera devenue un réflexe.

En pratiquant régulièrement et aussi intensément que possible, nous découvrirons aussi que, lorsqu'un être cher traverse une période de grande souffrance ou vit ses derniers instants, nous pouvons répondre avec tout notre amour et toute notre compassion et lui offrir la richesse de cette pratique spirituelle. Lorsque nous apprendrons qu'une tragédie, ou une catastrophe naturelle, s'est produite, nous verrons que nous pouvons surmonter notre sentiment d'impuissance en offrant notre pratique pour le bienfait des victimes.

• *La pratique essentielle du p'owa*

Tout d'abord, asseyez-vous tranquillement et calmez-vous en ramenant toutes les énergies de votre esprit et de votre corps en elles-mêmes. Détendez-vous le plus complètement possible dans la présence profonde et la conscience claire de votre être. Avant de commencer, faites naître en vous une forte aspiration à la compassion comme celle décrite dans *Le Livre des Morts tibétain* : « Grâce à cette mort, j'adopterai l'attitude de l'état d'esprit éveillé, de la bonté aimante et de la compassion et j'atteindrai l'éveil parfait pour le bien de tous les êtres sensibles dont le nombre est aussi illimité que l'espace[9]. »

Invoquez de tout votre cœur, dans le ciel devant vous, la présence d'un bouddha ou d'un être divin pour lequel vous avez de la dévotion. Voyez cette présence non sous la forme d'un corps fait de chair et de sang, mais comme une lumière rayonnante. Reconnaissez que les qualités de sagesse parfaite, de compassion infinie et de pouvoir d'action illimité pour le bien des êtres, que possède cet être ne sont pas différentes des qualités de votre propre nature de sagesse. Considérez que la présence divine que vous avez invoquée est *vraiment présente*, vivante, qu'elle respire et vous regarde avec bonté et amour. Si vous ne parvenez pas à visualiser clairement un bouddha ou un être divin, imaginez tout simplement qu'une présence éclatante et aimante – *l'incarnation de la vérité* – se trouve dans le ciel devant vous sous forme de lumière. Détendez-vous profondément et établissez un lien personnel avec cette présence que vous venez d'invoquer.

Ouvrez-vous maintenant et voyez quels sont les aspects de votre être qui ont besoin de purification, de pardon et de bénédiction. Reconnaissez tous les regrets, tout le karma négatif ou toutes les émotions destructrices que vous voulez abandonner et purifier. Prenez conscience de toutes les parties de votre corps qui sont malades ou affaiblies, et même de votre peur de la maladie. Reconnaissez aussi tous les doutes, toutes les peurs et toutes les vieilles blessures dans votre cœur qui ont besoin de purification et d'amour. Puis appelez sincèrement la présence divine en face de vous et demandez-lui de vous aider.

Ce bouddha, ou cette présence divine, vous répondra immédiatement, en faisant jaillir de son cœur l'amour et la compassion en un faisceau de rayons extraordinairement lumineux qui pénétreront directement en vous. Laissez ces rayons puissants vous pénétrer et vous purifier, vous emplir de pardon, d'énergie apaisante, de confiance et d'amour inconditionnel. Considérez que ces rayons de lumière dissipent toutes vos peurs et toutes vos défenses, jusqu'à ce que vous baigniez complètement dans la lumière. Afin de développer votre réceptivité, vous pouvez réciter une prière ou un mantra à ce moment de la pratique [10].

Visualisez que cette profonde bénédiction, qui s'écoule vers vous, purifie et transforme tous les aspects de votre corps et de votre esprit, y compris vos souvenirs douloureux, vos regrets et votre karma négatif. Puis considérez que la purification a été totalement effectuée, à tel point que votre être tout entier, corps et esprit, est entièrement transformé en lumière. A cet instant, tout votre être s'élève sous forme de lumière et se fond dans le cœur de la présence divine jusqu'à s'y confondre complètement, telle la lumière se mêlant à la lumière.

Demeurez dans cet état paisible aussi longtemps que possible. Cette simplicité naturelle non dualiste et cet état d'ouverture inspiré *est* votre être véritable. Si des pensées apparaissent ou qu'une notion de soi commence à se former, laissez-les tout simplement retourner à la vacuité. Tout en lâchant prise, demeurez naturellement.

Pour finir, considérez que votre conscience est à nouveau centrée à l'intérieur de votre corps. Reprenez vos activités journalières en demeurant dans la présence de cette *conscience claire et pure,* et si vous constatez que vous l'avez perdue, ramenez tranquillement et sans relâche votre esprit en lui-même, sa nature véritable.

Lorsque vous aurez terminé, dédiez la pratique en partageant les mérites des bénédictions et de la sagesse accumulées avec tous les êtres, et en priant pour les soulager d'une façon ou d'une autre de leur souffrance, leur apporter le bonheur et les aider à réaliser la paix de la nature véritable et immortelle de leur esprit.

- *La pratique essentielle du p'owa pour ceux qui affrontent la mort*

Vous pouvez effectuer la pratique essentielle du p'owa à l'intention d'une personne malade ou mourante en procédant exactement de la même façon, la seule différence étant que vous visualisez alors un bouddha ou une présence divine au-dessus de sa tête. Appelez cette présence en son nom et imaginez qu'elle l'inonde de rayons de lumière purifiant et transformant son être tout entier. Puis, visualisez-la complètement purifiée, se dissolvant en lumière et se fondant totalement dans la présence éveillée.

Si la personne malade ou mourante le souhaite, vous pouvez partager cette pratique avec elle en l'adaptant à ses croyances spirituelles. Si la pratique essentielle du p'owa peut être effectuée tout au long de la vie, elle est particulièrement puissante au moment de la mort. Vous pouvez y recourir chaque fois que vous rendez visite à la personne mourante. Le moment le plus opportun pour la pratiquer est celui de la mort elle-même ou dès que vous apprenez un décès. Si vous ne pouvez pas être présent à ce moment-là, visualisez-vous en train de pratiquer à son chevet sur le lieu de sa mort.

A mesure que les gens se rapprochent de la mort, j'ai remarqué que leur esprit et leur cœur se situaient moins à l'intérieur de leur corps que dans l'espace environnant, un peu comme si leur esprit emplissait toute la pièce. C'est pourquoi toutes les pensées ou les émotions fortes que nous apportons au chevet d'une personne mourante affectent profondément son esprit, pour le meilleur ou pour le pire. Dès lors, si avant de pénétrer dans la chambre d'une personne mourante nous avons suscité en nous l'inspiration par la pratique de la méditation, ou si nous avons invoqué avec force la présence d'un bouddha ou d'un être divin que nous ne cessons de prier, cela aura une influence positive extraordinaire sur son état d'esprit.

Lorsqu'une personne vient tout juste de mourir et que vous ne pouvez pas rester longtemps à son chevet, vous pouvez effectuer une forme abrégée du p'owa essentiel. Tandis que vous vous tenez à ses côtés, invoquez avec force la présence rayonnante d'un bouddha ou d'un être divin. Visualisez que la compassion émanant de cette présence emplit l'espace qui vous entoure de protection et de bénédictions.

Considérez que la conscience du défunt prend la forme d'une petite sphère de lumière qui jaillit hors de son corps, telle une étoile filante, et se dissout dans le cœur de la présence divine. Lorsque vous dédierez la pratique, priez pour que la personne soit délivrée des souffrances et des affres de la mort et pour qu'elle demeure dans la Luminosité et l'Espace omnipénétrant de sa véritable nature pour le bienfait de tous les êtres, particulièrement de ceux qu'elle laisse derrière elle. Vous pourrez à nouveau effectuer la pratique complète du p'owa essentiel à l'intention du défunt dans les jours et même les semaines qui suivront.

Lorsque j'ai découvert cette pratique pour la première fois, je me suis demandé si un débutant pouvait l'accomplir avec succès à l'intention d'une personne mourante. Comment pouvais-je donc offrir un soutien spirituel ? Et si je ne m'y prenais pas bien ? Sogyal Rinpoché a répondu à mes doutes en m'offrant ces précieux éléments de compréhension :

Premièrement, au moment précis de la mort, une fois que la conscience de la personne mourante s'est « dissoute dans les ténèbres », elle se réveille dans l'étendue lumineuse de la vérité. Ainsi, lorsque nous pratiquons le p'owa essentiel à son intention, nous la guidons tout simplement de manière habile, afin de l'aider à s'unir à la nature véritable de l'esprit qui apparaît alors à sa conscience.

Deuxièmement, en effectuant le p'owa, nous invoquons les qualités d'éveil illimitées d'un bouddha, un être pleinement éveillé. Il s'agit notamment d'une compassion et d'un amour infinis et impartiaux, ainsi que du pouvoir illimité d'agir pour le bienfait de tous les êtres en répondant à leurs besoins, tout particulièrement dans les circonstances les plus extrêmes. Dès lors que nous invoquons la présence de Dieu, du Christ, du Bouddha, de Padmasambhava ou de tout autre saint ou être divin, leurs bénédictions et leur présence se manifestent spontanément. Ils seront auprès de la personne mourante lorsqu'elle aura besoin d'aide et *ils sauront ce qu'il faut faire*[11] !

Si elle est effectuée de façon répétée, avec une compassion et une dévotion intenses, la pratique du p'owa essentiel peut aider la personne mourante dans son voyage vers la libération. Toutes les pratiques ou les prières que nous ferons à son intention l'aideront pour le moins à purifier son karma négatif et à se libérer de la souffrance et des affres de la mort, ce qui lui permettra de mourir paisiblement.

Même si vous n'êtes pas un pratiquant avancé, votre pratique essentielle du p'owa ne peut en aucune manière nuire à une personne malade ou mourante. A un niveau spirituel, cela l'aidera, même si vous ne pouvez en percevoir ou mesurer les bienfaits de façon tangible. J'encourage les professionnels de la santé à effectuer cette pratique lorsque leurs patients sont en train de mourir et à constater les résultats par eux-mêmes. Après avoir accompli cette pratique, j'ai parfois eu le sentiment très net que le p'owa avait été vraiment bénéfique pour la personne mourante, ce qui m'a donné confiance dans le soutien spirituel réel qu'il apporte, même si je ne perçois aucun résultat immédiat. *Souvenez-vous que rien de ce que nous faisons n'est jamais vain.*

L'accompagnement des personnes athées

Comment pouvons-nous aider une personne à se préparer sérieusement à la mort si elle affirme n'avoir aucune croyance spirituelle et si elle ne souhaite même pas en parler ? A la base, l'accompagnement spirituel consiste à aider la personne en fin de vie à affronter la mort en ayant le cœur et l'esprit purs et en paix, sans émotions perturbatrices telles que le désir, l'attachement, la frustration ou la colère. Nous pouvons ainsi apporter notre soutien aux personnes athées en leur donnant notre amour, en effectuant silencieusement notre pratique spirituelle chaque fois que nous leur rendons visite et en les aidant à ne pas se sentir désemparées face à la mort.

Même si la personne mourante n'a aucune pratique spirituelle pour la soutenir, elle peut se préparer à la mort en renonçant à sa tendance à l'attachement, car c'est en définitive l'attachement et la saisie qui nous plongent dans la souffrance, durant notre vie et après notre mort. Cet attachement devient plus intense encore lorsque nous souffrons d'une carence affective, situation que la personne mourante a peut-être vécue tout au long de sa vie. Lorsqu'un proche est en train de mourir, il est très important de ne plus réprimer vos sentiments, mais de donner pleinement votre amour. Si la personne mourante se sent emplie d'amour à la fin de sa vie, elle partira en paix. Son avenir – la mort elle-même – lui paraîtra moins effrayant si elle se sent comblée et en sécurité dans le présent.

Offrez votre amour inconditionnellement. Abandonnez l'espoir de voir la personne que vous aimez changer d'une façon spectaculaire, vous remercier, puis sourire et mourir dans la joie. Même si vous ne constatez aucun résultat visible, entourez-la de votre amour et sachez qu'il la touche. Parce que, même si elle ne le montre pas, *votre amour la touche.*

Avant de rendre visite à une personne malade ou mourante, effectuez avec une grande concentration la pratique essentielle du p'owa. Lorsque vous apporterez ensuite cette atmosphère empreinte de dévotion sincère, de présence claire et d'amour dénué de peur dans sa chambre, elle pourra puiser de la force dans votre manière d'être tout entière. Elle sentira la paix profonde et la compassion que vous avez fait naître de votre pratique. Vous n'avez même pas besoin de parler ou de tenir de grands discours, votre confiance en vous et votre force intérieure dissiperont toute crainte ou négativité, inspirant la confiance et la paix dans son cœur et son esprit.

Isabelle, la mère de Paul, n'avait aucune croyance religieuse et elle avait dit clairement à sa famille qu'elle ne voulait pas parler de sujets d'ordre spirituel. Vers la fin de sa vie, elle était devenue très nerveuse et anxieuse et réclamait souvent des calmants. Chaque fois que Paul lui rendait visite, il passait une grande partie de son temps à effectuer silencieusement la pratique essentielle du p'owa pendant que sa mère se reposait. Après quelques visites, Isabelle avoua à sa fille que lorsque Paul était auprès d'elle, elle se sentait beaucoup plus paisible et pouvait se passer de la dose de calmants suivante. Poussée par la curiosité, la sœur de Paul lui demanda ce qu'il faisait lorsqu'il était au chevet de leur mère, et elle se mit aussi à effectuer la pratique essentielle du p'owa à l'intention de sa mère lors de ses visites.

Maintenant, chaque fois que sa fille venait la voir, Isabelle ressentait une paix profonde et elle était très détendue. Elle leur demanda alors ce qu'ils faisaient pour que cela l'aide autant. En apprenant que ses enfants lui offraient cette pratique spirituelle afin de l'aider à traverser la souffrance du processus de la mort, et voyant qu'elle en avait tiré un bienfait, Isabelle leur demanda de continuer à pratiquer à son intention. Elle devint ainsi de plus en plus paisible à mesure que sa mort approchait.

Avant tout, aidez la personne mourante à ne pas se sentir désemparée face à la mort, en lui montrant que sa vie a eu un sens. Incitez-la à se remémorer ce qu'elle a accompli de bien dans sa vie et à se concentrer sur ses qualités positives au lieu de ressasser ses échecs. Cela aura pour effet d'apaiser son esprit à mesure qu'elle se rapprochera de la fin. Même si elle pense que sa vie a été dépourvue de sens ou de raison d'être, vous pouvez l'encourager à utiliser ses derniers instants pour donner une signification à sa vie et à sa mort.

Compassion et dévouement

> Selon un proverbe tibétain, « tout repose sur notre motivation ». D'où l'importance de cultiver à tout moment une intention altruiste et désintéressée, ce qu'on appelle la bodhicitta. Venant d'un cœur si lumineux, même les paroles les plus simples, les actions les plus infimes que nous accomplissons auront une portée vaste et bénéfique. C'est cela la magie transformatrice de la bodhicitta, véritable joyau qui exauce tous les souhaits...
>
> NYOSHUL KHENPO RINPOCHÉ [12].

Une autre manière efficace de nous préparer à la mort, qui renforce également les résultats de la pratique que nous effectuons pour les autres, consiste à générer une profonde compassion par nos pensées et nos prières. Nous pouvons suggérer à la personne mourante de passer chaque jour un moment à penser à la souffrance d'autrui, plus particulièrement celle de toutes les personnes confrontées à la même maladie ou à la même douleur que la sienne. Lorsqu'elle sentira leur souffrance toucher son cœur, elle souhaitera peut-être effectuer la pratique de tonglen (décrite au chapitre 6), en imaginant à chaque inspiration qu'elle prend la souffrance des personnes malades ou mourantes, et qu'elle leur donne à chaque expiration tout son amour et son bien-être sous forme de lumière. A moins qu'elle ne fasse la prière suivante : « Puissé-je offrir mon bonheur à tous les êtres ; puissé-je prendre sur moi la souffrance des autres. »

Si la personne mourante éprouve de grandes douleurs, une intense souffrance émotionnelle ou de la peur, elle peut réciter le mantra d'Avalokiteshvara, le Seigneur de la Compassion, et emplir ainsi l'atmosphère de son cœur et de son esprit avec les bénédictions de compassion et de protection de ce bouddha : *Om Mani Padmé Hum Hrih*[13].

Une autre façon puissante de transcender notre souffrance et de lui conférer une signification sacrée consiste à dédier nos derniers instants et notre mort elle-même pour le bien des êtres. Nous pouvons aussi offrir les souffrances de notre mort pour racheter tout le mal que nous avons fait dans notre vie.

Jean, une amie proche, m'a appelée un jour, complètement angoissée. Elle devait bientôt rendre visite, probablement pour la dernière fois, à son beau-père mourant. Comme Ed était dans le coma, elle ne pourrait pas avoir une conversation normale avec lui. Elle ressentait à son égard des sentiments mêlés. D'un côté, elle savait que ce serait bien de pouvoir l'aider à lâcher prise et à mourir paisiblement, mais de l'autre, elle savait qu'il avait été alcoolique et qu'à cause de cela, il avait fait souffrir toute la famille, y compris son fils, le mari de Jean. Depuis plus de vingt-cinq ans qu'elle faisait partie de la famille, elle n'ignorait pas la distance qui les séparait les uns des autres, le manque de communication et de soutien mutuel.

Toutes les deux, nous sommes tombées d'accord pour dire que sa colère était normale. Nous avons essayé de voir comment elle pourrait lui faire part de sa frustration, tout en s'en libérant. Je lui ai suggéré, avant de commencer à lui parler, de s'asseoir et de méditer tranquillement à son chevet et de songer combien elle aurait aimé connaître l'homme véritable et non l'alcoolique.

Nous avons finalement trouvé un moyen qui lui permettrait d'envisager la situation d'un point de vue différent. Nous avons pensé à quel point Ed avait dû souffrir dans son enfance pour avoir recréé cette angoisse dans sa propre famille. J'ai proposé à Jean de réfléchir à ce qu'il allait ressentir lorsqu'il allait passer sa vie en revue au moment de mourir. Il allait être parfaitement conscient de tout ce qu'il avait fait subir à ceux qu'il aimait. Il allait ressentir toute leur souffrance et éprouver en même temps de douloureux remords.

Comme Jean réfléchissait à la souffrance qu'Ed avait endurée dans son passé, à celle qu'il vivait maintenant et à celle qu'il allait encore vivre, sa colère a fondu pour se transformer en compréhension et en compassion. « Y a-t-il quoi que ce soit que je puisse faire pour l'aider ? » demanda-t-elle.

« Lorsque tu seras près de lui, souviens-toi que même s'il est dans le coma et sans réaction, la conscience claire et pure de sa véritable nature est toujours là, et que cet aspect de son être est toujours capable de t'entendre. Explique-lui que, s'il éprouve des regrets pour la façon dont il a vécu, il peut dédier sa souffrance et sa mort au bénéfice de sa famille, en dirigeant son amour et ses bénédictions vers toutes les personnes qu'il aime, et en priant intensément pour qu'elles soient guéries de toute souffrance qu'il aurait pu leur infliger. »

Lorsque Jean a commencé à parler à Ed, elle n'a pu s'empêcher de penser : « C'est de la folie. Il ne peut pas m'entendre. Et s'il était conscient et savait ce que je suis en train de faire, il m'enverrait balader ! » Et pourtant, lorsqu'elle s'est assise près de lui et s'est mise à méditer, en dirigeant vers lui sa compréhension et sa compassion, elle a senti que cet homme inanimé les recevait avec gratitude. Elle lui a ensuite suggéré d'utiliser le moment de sa mort pour guérir ses relations et faire naître un amour fort et apaisant envers sa famille. Puis elle lui a fait ses derniers adieux.

Dans la soirée, Jean est rentrée chez elle en voiture tandis que son mari dormait sur le siège du passager. Soudain, il s'est réveillé en sursaut et a dit : « Tout va beaucoup mieux. Le sentiment d'amertume que je ressentais auparavant s'est tout simplement évanoui. » Ils ont appris par la suite qu'Ed était mort à cet instant-là. Jean s'est demandé si Ed avait vraiment dédié sa mort pour réparer les erreurs de sa vie. Une confirmation d'un autre ordre est arrivée le jour suivant. Jean a assisté à une scène qu'elle n'avait jamais vécue depuis qu'elle connaissait sa belle-famille : après les funérailles, tous les membres de la famille se sont réunis dans la maison du père, et la conversation autant que le sentiment de lien qui les unissait les uns aux autres étaient pleins d'amour et d'affection, très attentionnés et authentiques.

S'en remettre à la prière et à la dévotion

La sincérité et la profondeur de notre dévotion peuvent accroître la puissance de notre pratique spirituelle et de nos prières. Si nous approfondissons notre dévotion en y mettant davantage de ferveur, si nous prions avec un profond renoncement tout en reconnaissant que nous ne sommes pas en mesure de résoudre seuls tous les problèmes de la vie, *nous nous ouvrons à la possibilité de recevoir de l'aide.* En transformant notre amour ordinaire en un amour illimité et sacré, nous purifions notre cœur de son entêtement et de ses négativités, ce qui nous aide à reconnaître la perfection et la pureté inhérentes de notre nature divine originelle.

On pourrait confondre la dévotion avec la foi aveugle, qui est la soumission de notre volonté et de notre intelligence à une personne ou à une divinité extérieure. Or, pour la plupart d'entre nous, nous sommes déjà sous l'emprise d'une foi aveugle en notre ego, dans le sens où nous nous soumettons inconsidérément à ses exigences narcissiques et que nous restons ainsi prisonniers des cycles de souffrance. Quelles que soient la profondeur de notre inspiration ou nos perceptions fugitives de notre nature véritable, notre ego, telle la force de gravité, nous entraîne toujours vers le bas. Le sens véritable de la dévotion est de découvrir notre volonté afin de nous délivrer de notre ego et de nous éveiller à un pouvoir plus grand, la conscience claire de notre nature de sagesse.

L'être divin ou le bouddha à qui nous offrons notre dévotion n'en a nullement besoin. Susciter en nous la gratitude et la dévotion nous aide à progresser sur le chemin afin de pouvoir développer un cœur pur et une plus grande réceptivité. Grâce à la dévotion, les bénédictions de la sagesse peuvent nous pénétrer et nous illuminer. Par exemple, à la fin de la pratique essentielle du p'owa, nous mêlons notre esprit à l'esprit de sagesse des bouddhas ou des saints. Si nous faisons naître en nous une forte dévotion pendant notre pratique, notre cœur s'ouvrira et nous serons capables d'atteindre sans effort cet état libre de toute propension à la saisie et de tout concept. Dans la chaleur de la dévotion nous découvrons le meilleur aspect de nous-mêmes. Toutes les traditions religieuses font le récit de la vie des saints qui ont atteint la perfection par la pratique de la dévotion et de la prière.

La dévotion évoque également le respect et le désir. De nombreux psaumes font l'éloge des qualités merveilleuses de Dieu, tout en exprimant le désir ardent de le voir ou d'être auprès de lui. « Je désire le Seigneur, de Lui mon âme se languit bien davantage que ceux qui aspirent à voir naître l'aube » (Psaume 130). La dévotion est éveillée par notre sentiment de gratitude, la reconnaissance que notre être est béni et accepté de façon inconditionnelle.

Nous sommes bénis continuellement. Mais nous ne le ressentons pas, parce que nous nous voyons comme des entités séparées, mal aimées et isolées. Comme si nous nous étions retirés dans la sombre demeure de l'ego, et qu'après avoir fermé portes et fenêtres et tiré tous les rideaux, nous nous soyons réfugiés dans la cave. Lorsque nous invoquons les bouddhas en priant avec une dévotion sincère, nous ouvrons en grand portes, fenêtres et rideaux dans notre cœur et notre esprit, laissant ainsi les bénédictions de la sagesse et de la compassion se répandre en nous. Dès que nous ressentons de la dévotion, les bénédictions sont spontanément et naturellement présentes.

Le flot intérieur continuel de pensées avides et égoïstes, de jugements et d'émotions négatives dont nous sommes assaillis tout au long de notre vie, continuera à nous distraire de la paix de notre nature véritable à l'heure de notre mort. A mesure que la mort approche, la personne mourante peut s'entraîner à garder son esprit pur en transformant ses pensées et sa vie tout entière en un flot ininterrompu de méditation ou de prières, empreint de dévotion et de compassion. Elle pourra réciter un mantra ou une prière tirée de sa tradition spirituelle pour faire appel à sa dévotion et à sa confiance les plus profondes.

Le fait de répéter un mantra ou une prière avec dévotion ouvre notre cœur, transforme nos pensées de façon positive et nous protège des négativités. Dans la tradition Nyingma, le pratiquant concentre tout son cœur et son esprit sur Padmasambhava et récite son mantra pour invoquer sa présence et sa bénédiction : *Om Ah Hum Vajra Guru Padma Siddhi Hum.* Ces mots sanscrits signifient : « Je vous invoque, ô Vajra Guru,

Padmasambhava ; puissiez-vous, par vos bénédictions, nous accorder les pouvoirs ordinaires et suprêmes ! »

Dans la tradition orthodoxe russe, la prière du cœur consiste à visualiser dans son cœur la présence de Jésus-Christ et à s'entraîner à maintenir cette présence, tout en récitant continuellement une prière courte et inspirante, à voix haute ou en silence. Bien que l'on puisse choisir n'importe quelle prière, la plus courante est : « Seigneur Jésus-Christ, ayez pitié de moi, pauvre pécheur. » La pratique de la prière intérieure continue approfondit notre dévotion et notre confiance de telle sorte que notre cœur et notre esprit sont tournés vers Dieu à chaque instant. Le fait d'intégrer la dévotion, la contemplation et la prière dans notre vie quotidienne nous soutiendra au moment de la mort et nous apportera l'inspiration et la force pour accompagner ceux qui souffrent ou vivent leurs derniers instants[14].

Lorsque nous traversons une période de grande détresse, le fait d'implorer de l'aide et de prier avec ferveur du fond du cœur se révèle très puissant. Même si la personne mourante ne prie pas, notre prière et notre dévotion sincères peuvent invoquer l'aide divine et laisser une empreinte positive dans son esprit et dans son cœur.

Gregory avait trente-huit ans et il était en train de mourir d'un cancer. Avec sa femme, Rachel, ils étaient déterminés à faire tout ce qui serait possible pour le guérir, aussi n'envisageaient-ils pas vraiment la possibilité de sa mort. Cependant, au cours de cette année-là, une amie de Rachel lui offrit un exemplaire du *Livre tibétain de la Vie et de la Mort*. Elle le lut et s'entraîna aux pratiques de tonglen, du Guru Yoga et du p'owa essentiel, tout en invoquant Padmasambhava. Le fait d'effectuer ces pratiques à l'intention de Gregory l'aida à concentrer son esprit tourmenté au cours des mois où la douleur et la diminution des facultés mentales de son mari allaient s'aggraver.

Ses dernières heures arrivèrent au moment où elle

ne s'y attendait pas. Lorsque Rachel se réveilla, elle l'entendit respirer difficilement et sut que la fin était proche. Assise à son chevet, elle lui prodigua tout son amour et l'assura qu'il pouvait partir tranquille. Durant toute la nuit, alors que Gregory vivait ses derniers instants, elle effectua la pratique essentielle du p'owa à son intention.

Quelques heures plus tard, Gregory n'était toujours pas mort. Rachel s'allongea dans la pièce voisine pour se reposer un peu. Ne sachant plus que faire, elle implora Padmasambhava d'aider Gregory. Sa respiration se mit alors à changer brusquement. Elle se releva pour continuer la pratique du p'owa jusqu'au moment où il rendit son dernier souffle. Voici la description qu'elle en fit par la suite : « Je suis restée assise quelques instants, bouleversée et stupéfaite par l'expression qu'on pouvait lire dans les yeux de Gregory. Ils étaient grands ouverts et dirigés vers le haut, comme s'il avait vu quelque chose de merveilleux. Le simple fait de le regarder me procurait une sensation de paix extraordinaire. »

Peu de temps après, un ami vint rejoindre Rachel. Après avoir de nouveau pratiqué le p'owa à l'intention de Gregory, ils sortirent contempler le ciel matinal, tous les deux dans un état de bien-être silencieux. Lorsqu'ils revinrent aux côtés de Gregory quelques minutes plus tard, ils furent tous les deux étonnés du changement qu'ils pouvaient constater : sa bouche s'était fermée et il souriait, paisible et radieux. Cette expression de joie sur son visage emplit Rachel de confiance, lui confirmant que Padmasambhava était venu en aide à son époux au moment de sa mort. Pendant les vingt-quatre heures suivantes, tandis que le corps de Gregory reposait dans leur maison, son visage conserva cette expression de joie.

Quatrième tâche

TROUVER UN SENS À LA VIE

10

Trouver un sens à la vie

Il ne se trompait pas en affirmant que la douleur physique était atroce, seulement le tourment moral était mille fois plus grave.

Cette nuit-là, en considérant le visage aux pommettes saillantes de Guérassime, bonasse et ensommeillé, Ivan Ilitch s'était dit : « Et si vraiment toute ma vie, j'entends ma vie consciente, n'a pas été ce qu'elle aurait dû être ?... »

Pour la première fois, il avait conçu l'inconcevable et admis qu'en réalité sa vie pouvait être manquée...

« Admettons qu'il en soit ainsi, songea-t-il, que je quitte la vie avec la conscience d'avoir gâché tout ce qui m'a été donné... irréparablement gâché... et alors ?... »

Il se mit à plat ventre, examina son passé d'un autre point de vue. Le matin, quand il avait aperçu le laquais, sa femme, sa fille, le docteur, chacun de leurs gestes et chacune de leurs paroles lui avaient confirmé l'effrayante vérité, découverte pendant la nuit. Comme dans un miroir, il s'était vu en eux, avec toute sa vie, et s'était rendu compte que la réalité n'était qu'un monstrueux mensonge, destiné à cacher et la vie et la mort. Cette conviction aggravait ses souffrances physiques, les décuplait. Il gémissait, se débattait, arrachait ses vêtements, qui lui pesaient, l'étouffaient, lui semblait-il. Et, pour cette raison, il haïssait tout son entourage.

... Cela se passait à la fin du troisième jour, deux heures avant sa mort.

En cet instant précis, le petit collégien se faufila dans

la pièce, à pas de loup, et s'approcha du lit de son père. Le moribond hurlait comme un possédé et faisait de grands gestes. Sa main se posa par mégarde sur la tête du petit collégien. L'adolescent la porta à ses lèvres et fondit en larmes.

Ivan Ilitch venait juste de choir dans le sac, de découvrir la petite lueur, de se rendre compte que sa vie avait été manquée, mais qu'on pouvait encore arranger les choses. Il s'était demandé : « Qu'est-ce donc ça ? » et s'était tu. Il avait senti qu'on lui baisait la main.

Ivan Ilitch ouvrit les yeux et aperçut son fils. Il eut pitié de lui. Praskovia Fédorovna s'approcha du moribond. Il la regarda. La bouche grande ouverte, une larme immobile au bout du nez, une autre sur la joue, elle le considérait avec désespoir. Il eut pitié d'elle.

« Je les fais bien souffrir, songea-t-il... Ils ont pitié de moi, mais il vaut mieux pour eux que je m'en aille : ils seront plus heureux... »

Il voulut dire quelque chose, mais n'en eut point la force.

« Du reste, à quoi bon parler ? Il faut agir », décida-t-il.

Du regard, il désigna le fils à la mère et prononça :

« Emmène-le... pitié de lui... pitié de toi... »

Il voulut ajouter « pardon... », mais au lieu de cela, murmura « passons... », n'eut pas le courage de se reprendre et fit un geste vague de la main, sachant que quiconque était capable de comprendre le comprendrait.

Tout à coup, il sentit que ce qui le faisait souffrir et ne voulait pas s'en aller se vidait de part et d'autre, de tous les côtés. Ivan Ilitch avait pitié d'eux et souhaitait qu'ils ne souffrissent point. Se libérer soi-même et les délivrer.

« C'est si bon... et si simple, songea-t-il. Et la douleur ? se demanda-t-il l'instant d'après. Où est-elle ?... Holà, douleur, où es-tu ?... »

Léon Tolstoï, *La Mort d'Ivan Ilitch*[1].

Lorsque nous nous remémorons les scènes et les moments importants de notre passé en étant conscients que notre vie touche à sa fin, nous pouvons nous demander : « A quoi tout cela a-t-il servi ? Ma vie a-t-elle eu une quelconque importance ? Qu'ai-je accompli ? » Tout comme Ivan Ilitch, il se peut que nous revivions des souvenirs douloureux : des choix que nous regrettons, des actes que nous n'avons pas accomplis ou d'autres qui étaient égoïstes ou méchants. Peut-être allons-nous aussi découvrir que, préoccupés par les gains matériels ou notre ambition personnelle, nous n'avons jamais « trouvé le temps » de nous consacrer aux activités, aux personnes et aux valeurs que nous chérissons le plus. S'apercevoir que notre « vie tout entière n'a pas été ce qu'elle aurait dû être » peut ainsi accentuer notre douleur physique et notre peur face à la mort, ce qui rend le lâcher prise encore plus difficile.

Pour la plupart d'entre nous, nous repoussons le moment de trouver un sens à notre vie dans l'espoir qu'il nous sera révélé d'une manière divine. Si nous pensons que la vie n'a de sens que si nous partons travailler dans les hôpitaux du docteur Schweitzer en Afrique ou avec Mère Teresa à Calcutta, nous aurons le sentiment que notre vie quotidienne – aller travailler, faire des études ou élever nos enfants – est vide de sens. Ou alors nous espérons qu'après des années passées à perdre notre temps, nous allons recevoir un avertissement. Par exemple une carte en papier gaufré qui nous arriverait par la poste et sur laquelle seraient inscrits ces mots : « Il ne vous reste plus que cinq ans à vivre. Préparez-vous maintenant. » A ma connaissance, personne n'a jamais reçu un message aussi précis. Mais je vous le donne ici même : *Préparez-vous maintenant.*

Persuadés que ceux que nous aimons et nous-mêmes vivront éternellement, nous accordons notre attention aux événements éphémères, aux joies et aux peines de notre existence quotidienne, les laissant prendre toute notre énergie et tout notre temps. Lorsque nous oublions de voir que notre vie prendra fin et que, par conséquent, elle est précieuse, nous ne pouvons nous engager dans une direction qui dépasse nos besoins immédiats et nos satisfactions personnelles. En nous accrochant à ce qui ne convient pas, nous gaspillons notre potentiel et nous allons vers la mort les mains vides. Lorsque nous apprendrons que nous sommes en train de mourir, nous risquons de nous sentir frustrés et de prendre conscience que nous n'avons jamais vraiment vécu. Nous repoussons sans cesse le moment de savourer notre vie pour finalement découvrir que le temps a passé tout seul.

Il y a quatorze ans, j'ai rencontré le docteur Ben Weiniger, un psychiatre de renom, pionnier dans le domaine de la formation des thérapeutes non professionnels. Agé de soixante-dix ans environ, il avait une apparence très frêle mais son esprit était vif et pétillant d'intelligence. Je lui ai parlé de mon rêve de créer une unité de soins palliatifs fondée sur les principes spirituels décrits dans les enseignements bouddhistes et il m'a encouragée à développer ce projet. « Mais ne l'appelez pas "maison pour les mourants", m'a-t-il dit. Je n'y viendrai pas. Appelez-la "maison pour les vivants" et je viendrai. » Je l'ai revu six ans plus tard et il était encore plus frêle qu'avant. Je lui ai dit que je n'avais jamais oublié le conseil qu'il m'avait donné. Souriant, il s'est penché pour me confier ce qui semblait être la quintessence du travail de toute sa vie : « Je vais vous dire autre chose. Les gens n'ont pas peur de mourir. *Ils ont peur de vivre.* »

Ironiquement, c'est parce que nous évitons de reconnaître que notre vie prendra fin un jour que nous la considérons comme allant de soi. Ne vivant qu'à moitié, nous nous dissimulons à nous-mêmes, aux personnes que nous aimons, et en définitive à la vie elle-même. Stephen Covey, un consultant en management, pose la question suivante : « Combien de gens, sur leur lit de mort, ont-ils souhaité avoir passé plus de temps au bureau[2] ? » Et pourtant, même lorsqu'ils sont en train de mourir, certains ne quittent jamais leur

« bureau », une métaphore pour désigner toutes les occupations que nous nous imposons pour éviter de nous regarder en face et de guérir notre souffrance.

La société nous conditionne à croire que notre vie n'a de sens et de valeur que si nous sommes productifs, capables de payer nos factures et de subvenir à nos besoins et à ceux de nos proches. Que nous soyons confrontés au vieillissement ou à la diminution de nos forces suite à une maladie, chacun d'entre nous perdra un jour le « rôle » indépendant ou productif auquel il s'était identifié, et deviendra de plus en plus dépendant des autres pour prendre soin des aspects les plus intimes de son existence. Plus notre identification à ce rôle était forte, plus nous souffrirons face à l'imminence de notre mort, persuadés que nous ne sommes plus qu'un fardeau inutile et que ce qui nous reste à vivre est dépourvu de signification.

Comme Ivan Ilitch, si nous sommes hantés par la crainte de n'avoir pas su profiter de tout ce qui nous a été donné dans cette vie, nous risquons d'avoir du mal à lâcher prise à l'heure de notre mort et de nous demander : « Me voilà faible et obligé de garder le lit. *Que puis-je faire aujourd'hui pour ma vie passée ?* »

Messages du seuil de la mort

Jamais nous ne faisons face à nous-mêmes, jusqu'au jour où nous sommes finalement confrontés à la mort. Si, au lieu de fuir, nous regardons aujourd'hui dans le miroir de notre mort, nous pourrons peut-être y trouver un sens à donner à notre vie. Les personnes qui apprennent que leurs jours sont comptés découvrent parfois à quel point leurs priorités étaient mal définies, suite à quoi elles réorganisent leur temps, leurs activités et leur engagement spirituel en fonction de leurs valeurs véritables. Elles utilisent le moment de la mort comme une ultime occasion de se regarder en face honnêtement et de progresser, tant à un niveau personnel que spirituel.

De nombreuses personnes, qui ont connu une « mort clinique » et vécu une expérience de proximité de la mort, se sentent poussées à réévaluer les priorités de leur vie et leur manière de communiquer. Les récits des expériences de proximité de la mort nous offrent de précieux renseignements sur la façon dont chacun d'entre nous peut trouver une signification à sa vie. Pendant qu'elles passaient en revue tous les événements de leur vie, les personnes cliniquement mortes ont eu l'impression qu'on leur posait deux questions : *Qu'avez-vous accompli dans votre vie ?* et *Qu'avez-vous appris sur l'amour et la sagesse ?*

Un jeune homme raconta à Kenneth Ring qu'il avait « pris totalement conscience d'une réalité qui allait au-delà de l'aspect matériel et de tout ce que nous pouvons acquérir (voitures, biens de toutes sortes, nourriture ou tout autre chose). Il ne s'agit pas de simplement consommer la vie. A un certain moment, vous devez *donner* à la vie et c'est cela qui compte. J'ai alors compris très clairement qu'il me fallait donner davantage de moi-même *à partir* de ma vie[3] ».

Les personnes qui ont vu toute leur vie défiler devant elles au seuil de la mort ont pris conscience que ce ne sont pas les actions grandioses qui comptent au moment de la mort, mais plutôt la conscience et la compassion qu'elles apportent aux actes les plus simples de leur vie quotidienne. Jusqu'à quel point avons-nous été disposés à vraiment aider les autres, à les entendre et à leur répondre lorsqu'ils étaient dans le besoin ? Quel respect et quelle compréhension avons-nous accordés à nos relations avec autrui ? Combien de fois avons-nous accepté de nous dépasser et de changer, de trouver le courage de guérir nos vieilles blessures et de devenir plus authentiquement vivants ?

Les chercheurs ont demandé aux personnes revenues d'une expérience de proximité de la mort ce qu'elles avaient compris du sens de la vie. Une autre personne raconta à Kenneth Ring : « S'accomplir à travers l'amour, en *donnant,* autant qu'en recevant. Et reconnaître que nous sommes tous logés à la même enseigne, que nous avons tous des points faibles et des points forts, et aider, c'est cela qui est important[4]. »

Margot Grey rapporte une autre réponse : « J'ai eu l'impression de sortir des ténèbres pour entrer dans la lumière. Je me suis sentie renaître. Je sais que je suis ici pour une raison qui fait partie du plan divin. Je crois que je suis ici pour apprendre la loi de Dieu et pour aimer de façon inconditionnelle. Depuis que j'ai vécu cette expérience, je ne peux plus me contenter de vivre uniquement pour moi-même. Je suis heureuse de pouvoir développer mon potentiel pour le bien d'autrui... Les possessions matérielles n'ont plus d'importance. Les richesses véritables se trouvent en nous-mêmes[5]. »

Ces messages perçus au seuil de la mort, que nous apprennent-ils sur le soutien que nous pouvons apporter à quelqu'un qui souffre ou vit ses derniers instants ? Il s'agit en fait de montrer comment nous comporter lorsque la personne malade ou mourante a l'impression que sa vie est dépourvue de sens, ou qu'elle n'a ni croyance spirituelle ni espoir d'une vie après la mort. L'accompagnement spirituel consiste ainsi à aider la personne en fin de vie à ne pas affronter la mort les mains vides. Pour cela, nous l'aidons à trouver un sens à sa vie ou une manière de bien la terminer afin qu'elle puisse donner une signification au processus de la mort.

Reconnaître ce que nous avons accompli, abandonner les regrets

Les enseignements bouddhistes nous rappellent qu'à l'heure de notre mort nous devons « prolonger les résultats de notre bon karma » ou, en d'autres termes, garder constamment à l'esprit ce que nous avons accompli de bien dans notre vie afin d'insuffler à notre cœur des sentiments positifs tels que la compassion, l'acceptation, le pardon ou l'amour au moment de notre mort. Qu'une personne soit confrontée à la mort à l'âge de dix-huit ans ou de quatre-vingt-deux ans, nous pouvons l'aider à passer en revue les événements de sa vie et à y trouver un sens. Abandonné à lui-même, il se peut que le mourant ne voie que ses échecs, et que son esprit et son cœur soient obscurcis par les regrets, la crainte, les colères refoulées ou le chagrin. Il est vital de l'aider à se souvenir de ce qu'il a accompli dans sa vie afin qu'il puisse y trouver un réconfort : les expériences enrichissantes, les moments où il a eu le courage de faire face à lui-même et de changer, ceux où il a surmonté des difficultés ou dépassé ses limites, et les instants où il a fait preuve de bonté et de pardon.

Si la personne qui vit ses derniers instants est un membre de notre famille ou un ami, nous pouvons l'aider à bien mourir en lui avouant à quel point elle a enrichi notre vie. Si nous sommes soignants et que nous n'avons pas de passé commun avec notre patient, nous pouvons lui faire savoir tout ce qu'il nous apporte maintenant. *Notre relation avec la personne mourante devrait être fondée sur la guérison réciproque et l'action de donner et de recevoir.* D'une certaine façon, nous sommes tous deux en train d'affronter la mort et nous avons quelque chose d'important à apprendre l'un de l'autre. Parfois nous pouvons lui demander de nous aider à résoudre un problème ou à surmonter une difficulté. Tandis qu'elle traverse les souffrances de la mort et approfondit sa compréhension de la vie, nous pouvons l'inviter à nous offrir, comme ultimes présents, sa sagesse et son courage.

Si le mourant pense que sa vie n'est qu'une succession de regrets, montrez-lui qu'il peut utiliser le moment de sa mort pour avouer et expier tout le mal ou toute la souffrance qu'il a créés. Le fait qu'il prenne conscience de ses regrets et soit prêt à réparer ses erreurs passées peut donner un sens à la fin de sa vie. Selon les mots de Sogyal Rinpoché : « En pardonnant et en recevant le pardon, nous nous purifions de l'obscurité de nos actes et nous nous préparons le plus complètement possible à notre voyage à travers la mort[6]. »

George s'accrochait à la vie depuis des semaines alors que tout le monde s'attendait à le voir mourir, et il souffrait énormément. Son infirmière lui demanda : « George, y a-t-il quelque chose qui vous retienne, qui vous empêche de partir ? »

George la regarda, le visage empreint de douleur, et lui répondit doucement : « Oui. Lorsque je repense à ma vie, je ne vois que mes actes et mes paroles égoïstes et les moments où j'ai fait souffrir mon ex-femme et mes enfants. Je n'arrive pas à lâcher prise et à mourir en sachant cela. »

A la demande de George, l'infirmière appela son ex-femme, Sheila, et lui expliqua pourquoi il désirait la voir. Inquiète, Sheila raconta à une amie qu'elle devait se rendre à l'hôpital : « Je ne pense pas que je puisse l'aider à mourir en paix. Je ressens toujours de la colère à son égard. Pendant presque toute la durée de notre mariage, George a été alcoolique. Il nous a fait tellement de mal, aux enfants et à moi que je n'ai jamais pu lui pardonner ou oublier. Si je lui rends visite, je risque de craquer et de l'insulter. »

Carole aida Sheila à comprendre que ce qu'elle avait

tant attendu depuis des années venait finalement d'arriver : George avait enfin pris conscience de la souffrance qu'il avait infligée aux autres. Il regrettait d'avoir agi de la sorte et voulait demander pardon. Conscient du mal qu'il avait fait subir à sa famille, il souffrait terriblement.

Pour qu'il ne meure pas en pensant que sa vie avait été un échec complet, Carole encouragea Sheila à aider George à se remémorer les aspects positifs de leur relation. Puis elle lui expliqua comment effectuer la pratique essentielle du p'owa, ajoutant que cette profonde méditation pourrait aider George à apaiser ses tourments et à se libérer de cette vie. Ce soir-là, lorsqu'elle alla rendre visite à son ex-mari, Sheila se sentit plus rassurée, car elle comprenait mieux ce que vivait George et voyait plus clairement comment elle pouvait lui venir en aide.

Au moment où Sheila pénétra dans sa chambre, George lui-même fut surpris de voir qu'elle ne se mettait pas à crier contre lui. Elle s'assit à son chevet, remarqua son corps émacié et le vit sous un nouveau jour. Il parla le premier :

« Sheila, je sais à quel point je vous ai fait du mal, à toi et aux enfants, et je m'en veux terriblement. Chaque nuit, les souvenirs effroyables de ce que je vous ai fait vivre reviennent me hanter. Je regrette tellement. Pourras-tu jamais me pardonner ?

– George, pendant tant d'années j'ai souffert et j'étais pleine de colère. J'avais l'impression que tu n'avais jamais su ou compris tout ce que tu nous avais fait subir. Je regrette toutes ces années de colère et d'amertume. Mais maintenant je veux laisser le passé derrière nous. Oui, George, je te pardonne. »

Ils restèrent tous deux silencieux pendant quelques instants, partageant leur chagrin dans cette atmosphère de compréhension. Puis, Sheila dit : « George, je sais que ces souvenirs douloureux font partie de notre histoire, mais n'oublie pas les bonnes choses que tu as faites aussi. Te souviens-tu de l'époque où tu faisais des heures supplémentaires pour que l'on puisse acheter un appareil dentaire à Tim ? Et la fois où tu as emmené les enfants quelques jours en vacances, juste pour jouer avec eux après mon opération ? Tu nous as aidés aussi... ne l'oublie pas. Et tous les deux, nous avons connu de bons moments au début de notre relation, nous avons eu beaucoup de plaisir ensemble. »

Alors qu'ils se parlaient, le visage de George prenait une expression plus douce et son corps se détendait peu à peu, car de sentir que Sheila l'acceptait et le comprenait, il pouvait enfin commencer à s'accepter. Sheila aussi se sentait mieux. Ce n'était pas seulement pour George qu'elle établissait ce lien et accordait son pardon ; en fait, elle se libérait aussi de tous les souvenirs de colère qu'elle avait portés en elle tout au long de ces années.

Après quelque temps, Sheila ajouta : « L'infirmière m'a dit que tu avais du mal à lâcher prise. J'ai appris une méditation pour le moment de la mort qui pourrait t'aider à te détendre et à lâcher prise. Si tu veux, je peux t'en parler.

– Je me sens trop faible pour me concentrer sur quoi que ce soit ou apprendre quelque chose de nouveau en ce moment. Mais je te serais très reconnaissant de pratiquer cette méditation pour moi », répondit-il. Sheila s'assit donc à son chevet et effectua la pratique essentielle du p'owa à son intention avant de lui faire ses adieux.

Le lendemain matin, l'infirmière de l'hôpital l'appela pour lui annoncer que George était mort paisiblement dans la nuit.

Trois engagements pour donner un sens à sa vie

Comment aider une personne à trouver un sens à sa vie ou à sa mort lorsqu'elle meurt jeune, clouée au lit par la douleur ou immobilisée après une attaque ? Elisabeth Kübler-Ross distingue cinq étapes, ou réactions, faisant suite à la mort ou à une perte. Ce qui ne veut pas dire que tout le monde passe forcément par ces étapes : certaines personnes restent bloquées dans leur refus d'accepter, tandis que d'autres continuent à vouloir marchander ou à nourrir de la colère. Comment aider les personnes mourantes à se libérer de leur résistance émotionnelle et de leur peur afin qu'elles parviennent à accepter paisiblement l'imminence de leur mort ?

Le révérend Mwalimu Imara, un ancien confrère d'Elisabeth Kübler-Ross, a découvert que les personnes mourantes ne sont capables d'accepter leur mort que lorsqu'elles ont le sentiment que leur vie a eu un sens. Il existe selon lui trois engagements à prendre si nous voulons trouver une signification à notre mort ou à toute autre étape de notre vie :

– être conscient de soi et s'accepter ;
– établir un dialogue authentique avec les autres ;
– s'engager dans une direction positive.

• *Conscience et acceptation de soi*

Si nous voulons avoir le sentiment que notre vie a un sens, nous devons être déterminés à nous *sentir vivants*, c'est-à-dire à être pleinement conscients de ce que nous vivons et à l'accepter. Au lieu de cela, nous essayons bien souvent de nous montrer à la hauteur des « rôles » que les autres – nos parents, notre compagnon, notre patron ou nos enfants – nous ont attribués, ou bien de nous conformer à une image que nous nous sommes nous-mêmes imposée. Lorsque nous réprimons nos sentiments naturels et que nous essayons de rentrer dans ces moules étroits, nous perdons peu à peu le contact avec notre être et nos sentiments véritables.

Alors, quand nous souffrons ou vivons nos derniers instants, nous sommes soudainement confrontés à des aspects de nous-mêmes profondément enfouis, des sentiments dont nous ignorions l'existence, des peurs et des désirs jamais exprimés. Inquiets à l'idée de « perdre le contrôle », jugeant durement nos émotions douloureuses, craignant que les autres ne cessent de nous respecter si nous nous montrons vulnérables, nous ne savons pas comment accepter ces aspects inconnus de nous-mêmes qui surgissent dans notre conscience.

Lorsque nous ne parvenons pas à sortir de notre souffrance, nous nous retirons dans notre coquille pour nous isoler. Et à vouloir réprimer de notre conscience tous les sentiments dangereux et inconfortables, nous limitons notre capacité d'éprouver tout ce qui donne un sens à la vie : la sensation d'être vivant, la joie, la paix intérieure, la compassion authentique, l'enjouement et la curiosité, l'ouverture et la confiance qui nous permettent de donner et de recevoir de l'amour.

Une personne qui vit ses derniers instants sentira que sa vie a un sens si elle parvient à se défaire de ses vieilles contraintes, à s'ouvrir à ses sentiments véritables, quels qu'ils soient, et à s'accepter avec compréhension et compassion. *La personne mourante ne pourra pas dépasser sa peur, sa résistance ou sa colère, ni commencer à exprimer son chagrin et à accepter de tout perdre tant qu'elle ne se sentira pas en sécurité pour le faire.* Et, pour cela, elle a besoin de savoir que, si elle abandonne ses défenses elle sera acceptée, en dépit de ses émotions pénibles, exactement telle qu'elle est. Elle doit pouvoir se montrer naturelle et prendre le risque d'être vraie.

Selon Elisabeth Kübler-Ross, la personne mourante a besoin de notre « amour inconditionnel ». Cela peut sembler beaucoup demander si nous n'avons pas appris à nous aimer, et encore moins à aimer les autres d'une manière inconditionnelle. Par contre, ce que nous *pouvons* offrir aux autres c'est notre *acceptation* sans condition, notre engagement à nous montrer compréhensifs, à ne pas les juger et à être compatissants, indépendamment de ce qu'ils peuvent ressentir ou dire. Comme l'écrit Mwalimu Imara :

> La traversée des cinq étapes de la détresse vécue par un malade en phase terminale est un processus qui aboutit à une bénédiction : l'« acceptation ». Mais nous n'y arriverons que lorsque nous ressentirons l'« acceptation » de l'autre. Pour parvenir à cette « acceptation » de notre être, c'est-à-dire le sentiment qu'en tant que personne nous avons de la valeur, nous devons savoir que nous sommes acceptés par quelqu'un ou quelque chose de plus grand que notre moi individuel...
>
> L'acceptation marque le commencement du développement personnel[7].

Margaret était très affaiblie par son cancer. Depuis deux semaines que je lui rendais visite à la maison de repos, elle semblait aller plutôt bien. Un jour, avant de me rendre directement dans sa chambre, je me suis informée de son état auprès de l'infirmière.

« Elle ne va pas bien du tout, répondit-elle. En fait, Margaret est très déprimée. Elle fait semblant d'être joyeuse et forte lorsqu'elle a de la visite, mais après elle s'effondre et pleure tout le temps. »

Le chagrin de Margaret indiquait qu'elle commençait à pleurer et à accepter sa mort. Mais de toute évidence, elle ne se sentait pas la force de partager sa peine avec les autres et je me suis sentie de tout cœur avec elle dans son chagrin, sa peur et sa solitude. En entrant dans sa chambre, je n'avais aucune idée sur la façon dont je pourrais communiquer avec elle d'une manière moins superficielle. Margaret m'a accueillie gaiement mais j'ai remarqué son front plissé d'inquiétude sous ses rares cheveux gris. Nous avons commencé à parler de manière détendue, ce qui m'a permis d'observer son état d'esprit et la tension dans sa voix. Mais comment faire pour sortir de cette conversation prudente et polie ?

« Margaret, vous semblez un peu inquiète aujourd'hui. Y a-t-il quelque chose qui vous tracasse ?

– Non, répondit-elle, rien du tout. »

J'ai essayé autrement. « Parfois, je me dis que je pourrais moi aussi être atteinte d'un cancer un jour et je me demande comment j'y ferais face. Vous qui avez déjà affronté cette maladie et subi plusieurs traitements, cela vous ennuierait-il de me dire comment vous avez vécu cette expérience et ce qui vous a aidée ? »

La réponse de Margaret m'a surprise, car elle semblait sans rapport avec ma question.

« Vous savez, je déteste sortir le soir avec mon amie Jenny. C'est tellement difficile de l'emmener quelque part depuis la mort de son mari. Elle a beaucoup de mal à vivre seule dans son mobile home et, lorsqu'elle rentre chez elle le soir, elle a peur. C'est tellement pénible de sortir avec elle. Chaque fois que je la raccompagne en voiture chez elle, elle me demande d'entrer dans son mobile home et d'allumer la lumière dans toutes les pièces. J'aimerais tellement qu'elle surmonte sa peur, car je commence à en avoir assez de répéter la même scène chaque fois qu'elle rentre chez elle. »

Toutes les histoires qu'une personne nous raconte sont un instantané de son monde intérieur. Ces récits utilisent un langage symbolique, ils forment un message chargé de sens transmis d'une manière indirecte afin de tester le degré de réceptivité de l'interlocuteur. Tout en l'écoutant, je me suis mise à sa place et j'ai compris que son histoire révélait ce qu'elle n'osait pas me dire directement.

« Margaret, vous venez d'entreprendre le voyage le plus difficile et le plus effrayant de votre vie. Peut-être pensez-vous que ce serait trop demander que d'espérer mon soutien. Mais je suis là pour vous et cela ne me dérange pas d'entrer dans les pièces sombres avec vous et de vous soulager de vos inquiétudes. D'une certaine façon, il semblerait que je sois là pour vous aider. *Et vous m'aidez moi aussi* en me donnant l'occasion d'explorer ce que vous vivez actuellement, c'est un merveilleux cadeau. Je ne possède pas toutes les réponses pour expliquer ce que vous êtes en train de vivre, mais j'aimerais que vous sachiez que vous n'êtes pas seule. Quoi que vous ressentiez, je ne vous abandonnerai pas. »

En l'écoutant profondément et en me mettant à sa place, j'ai pu comprendre ce que Margaret voulait me dire et y répondre d'une façon directe. Suite à cette conversation, nous avons pu toutes deux exprimer ouvertement notre chagrin et, après quelques semaines, elle s'est sentie assez forte pour me parler de tout ce qu'elle allait perdre, de ses peurs et de ses doutes, ce qui rendit son voyage vers la mort un peu moins difficile.

• *Établir un dialogue authentique*

Le deuxième engagement que nous devons prendre, si nous voulons avoir le sentiment que notre vie a un sens, consiste à nouer des relations authentiques et un dialogue créatif avec autrui. Nous devons prendre le risque de nous ouvrir à au moins une personne, en établissant avec elle une communication authentique et sincère, ce qui implique d'écouter et d'accepter l'autre et le récit de son expérience.

Ce qui nous décourage n'est pas notre situation difficile, mais d'être isolés dans notre souffrance, notre peur ou notre chagrin, et de ne pas pouvoir communiquer avec les autres. Tôt ou tard, il nous faudra abandonner notre orgueil et notre peur et dire la vérité. Nous devons commencer par tendre la main et demander l'aide dont nous avons besoin. Créer un lien authentique et sincère avec au moins une personne nous donne un rayon d'espoir dans les périodes les plus sombres de notre vie. Un jeune homme m'a fait part de ce récit :

« Après la mort de ma mère, le plus dur a été ma relation avec mon père. Il réagissait chaque fois par de la colère ou des critiques. Comme je ne le comprenais pas et que je ne savais pas quelle attitude adopter, je me retirais en moi-même et lui reprochais de ne pas m'aider. Mais je n'arrivais pas non plus à affronter tout seul ce chagrin ; je me sentais pris au piège de mes sentiments et de ma tristesse. Je savais que j'avais besoin d'amour et de soutien, mais il n'y avait personne pour me les procurer. Alors je me suis dit que, s'il ne m'était pas possible de recevoir de l'amour, je pourrais peut-être trouver un moyen d'en donner. Mais je n'étais pas sûr de savoir comment m'y prendre. Par contre, je savais me montrer généreux et je me suis dit que je pouvais commencer par cela.

« J'ai passé un après-midi dans les rues de ma ville où j'ai rencontré des gens que je connaissais qui m'ont confié leurs problèmes. J'étais heureux de pouvoir prendre le temps de les écouter et de leur apporter un soutien. Quand je suis rentré chez moi ce soir-là, je me suis senti mieux, comme si moi aussi j'avais reçu de l'aide. »

Les relations les plus satisfaisantes sont celles où nous ne craignons pas d'être nous-mêmes, où nous sommes disposés à connaître et à rencontrer l'autre tel qu'il est, ainsi qu'à accepter d'être, nous-mêmes, « rencontrés ». La vraie communication, et notre plus belle expérience d'amour, est la « rencontre » authentique entre deux personnes. Selon les mots de Suzuki Roshi :

> Lorsque vous écoutez quelqu'un, abandonnez toute idée préconçue et toute opinion subjective ; contentez-vous de l'écouter, d'observer sa manière d'être. Nous

nous occupons très peu de l'idée de bien et de mal, de bon et de mauvais. Nous voyons seulement les choses telles qu'elles sont pour lui et nous les acceptons. Voilà comment nous communiquons l'un avec l'autre. Lorsque vous écoutez quelqu'un, vous entendez souvent ses paroles comme un écho de vous-même. En fait vous écoutez votre propre opinion. Si l'opinion de l'autre correspond à la vôtre, vous l'acceptez, sinon vous le rejetez à moins que vous ne l'entendiez même pas. C'est un des dangers lorsqu'on écoute. L'autre danger est de rester accroché aux paroles exprimées... sans comprendre l'esprit derrière la lettre.

Il faut donc se concentrer de tout son corps et son esprit sur ce que l'on fait, et être subjectivement et objectivement fidèle à soi-même, particulièrement à ce que l'on ressent. Même lorsque vous ne vous sentez pas très bien, il vaut mieux exprimer ce que vous ressentez sans attachement ni intention particulière. Par exemple, vous pouvez dire : « Oh, je suis désolé, je ne me sens pas très bien. » Cela suffit. Ne dites pas : « Vous m'avez mis dans cet état ! » C'est trop. Vous pouvez dire : « Oh, je suis désolé. Je suis tellement fâché contre vous. » Inutile de dire que vous n'êtes pas fâché quand vous êtes fâché. Dites simplement : « Je suis fâché. » Cela suffit [...][8].

Le premier engagement consiste à « cesser de se dissimuler » à soi-même. Dans le deuxième engagement, nous sommes invités à ne plus nous dissimuler aux autres et à établir un lien humain profond, en ayant de l'estime pour les autres, tout comme nous commençons à avoir de l'estime envers nous-mêmes et à nous accepter. Les relations ouvertes et authentiques que nous aurons cultivées tout au long de notre vie sont d'inestimables ressources dans lesquelles nous pourrons puiser pour trouver la force d'affronter les souffrances et les pertes inévitables du moment de la mort.

• *S'engager dans une direction positive*

Si nous n'avons ni but ni direction, nous ne vivons pas vraiment, nous ne faisons qu'exister. Et lorsque nous serons confrontés aux pertes inévitables de la vie, notre existence semblera se limiter à de vaines souffrances et nous nous sentirons impuissants et désespérés.

Le psychiatre Viktor Frankl a remarqué que certaines personnes âgées ou frêles avaient survécu aux camps de concentration nazis tandis que des personnes plus jeunes et plus robustes y étaient mortes. Il a découvert que les survivants s'étaient fixé un but, une raison de vivre, ou qu'ils avaient trouvé un sens à leur existence, un sens qui transcendait ce qu'ils vivaient extérieurement. Frankl a observé personnellement la vérité exprimée par ces mots de Nietzsche : « Si vous avez un *pourquoi* pour lequel vivre, vous pourrez supporter tous les *comment*. »

Une nuit, Frankl s'est adressé à ses compagnons prisonniers alors que leur moral était particulièrement bas et il les a encouragés à trouver un sens à ce qu'ils avaient accompli et vécu dans le passé, ainsi que de l'espoir dans l'avenir encore voilé d'incertitude. Puis il leur a dit :

> La vie humaine, quelles que soient les circonstances, ne cesse jamais d'avoir un sens, et cette signification infinie de la vie comprend la souffrance et l'agonie, les privations et la mort elle-même. J'ai demandé aux pauvres créatures qui m'écoutaient attentivement dans l'obscurité de notre baraque de regarder en face le sérieux de notre situation. Je leur ai dit de ne pas désespérer, mais au contraire de puiser leur courage dans la certitude que le désespoir de notre lutte ne diminue en rien son sens. Je leur ai dit qu'il y avait toujours quelqu'un pour veiller sur nous dans les heures difficiles de notre vie : un ami, une épouse, une personne vivante ou morte, ou bien Dieu, et que cet être n'aimerait pas qu'on le déçoive. Il

souhaite nous voir souffrir avec dignité, non pas pitoyablement mais en sachant comment mourir.

A la fin, j'ai parlé de notre sacrifice, qui dans chaque cas avait un sens. C'était la nature même de ce sacrifice de sembler ne pas avoir de raison d'être dans le monde normal, le monde du succès matériel. Mais en réalité, notre sacrifice avait bel et bien un sens. Ceux d'entre nous qui avaient une croyance religieuse pouvaient le comprendre sans difficulté. Je leur ai parlé de ce camarade qui, en arrivant dans le camp, avait fait un pacte avec le Ciel pour que sa souffrance et sa mort puissent sauver d'une fin douloureuse les personnes qu'il aimait. Pour cet homme, la souffrance et la mort avaient un sens ; son sacrifice était empreint de la plus profonde signification. Il ne voulait pas mourir pour rien. Aucun d'entre nous ne le voulait[9].

Dans la vie nous devons nous fixer un but qui soit plus grand que la satisfaction de nos désirs ordinaires, et trouver un moyen de pouvoir *donner* à la vie. Nous saurons alors ce qui est le plus important pour nous, de sorte qu'en dépit des plaisirs, des bouleversements ou des moments de souffrance que nous pourrons connaître, rien ne pourra plus nous détourner de notre but premier. Nous ne serons plus les victimes des circonstances pénibles et de la souffrance, et nous comprendrons qu'elles font partie du chemin de notre vie, qu'elles sont des occasions de nous transformer et d'évoluer. En choisissant de répondre de façon créative à toutes les situations et les difficultés que nous rencontrons, nous définissons le sens de notre vie chaque jour, à chaque heure.

Pour réagir aux circonstances d'une manière qui favorise la transformation, nous devons trouver une direction dans les périodes de transition en nous demandant : « Que suis-je prêt à abandonner, puisque de toute façon je dois lâcher prise, et qu'aimerais-je créer ou devenir ? Comment puis-je envisager ma nouvelle vie ? » Nous devons nous engager à devenir le *meilleur aspect de nous-mêmes,* pour le reste de notre vie.

Si nous sommes le soignant ou l'ami d'une personne mourante, nous pouvons l'aider à découvrir une direction dans sa vie en explorant les thèmes suivants avec elle :

> Pouvez-vous utiliser cette souffrance pour changer des aspects de votre vie qui en avaient de toute façon besoin ?
>
> Comment décririez-vous le meilleur aspect de vous-même, le potentiel le plus élevé que vous puissiez atteindre ? Quelles mesures pourriez-vous prendre afin de réaliser ce potentiel ?

Toutes les traditions spirituelles nous offrent des moyens d'accomplir ce potentiel sacré. Le mourant peut ainsi se rendre compte qu'il n'a jamais vraiment prié ou pris à cœur les enseignements spirituels de sa religion. C'est pourquoi certaines personnes s'engageront peut-être avec plus de sérieux dans leur propre tradition spirituelle.

Dans la perspective du bouddhisme tibétain, l'accomplissement de notre potentiel le plus élevé consiste à réaliser pleinement notre nature véritable et à atteindre l'éveil pour le bien de tous les êtres. Or, que la mort nous apporte ou non une liberté ultime et durable ne dépend que de nous. Tout repose sur notre reconnaissance du potentiel précieux de la vie et sur le sérieux avec lequel nous nous serons préparés *avant* l'heure de notre mort, afin qu'au moment crucial du bardo de la mort, nous soyons en mesure de nous défaire de notre attachement au soi et de nous abandonner à la vérité rayonnante et illimitée. Le moment de la mort sera alors une formidable occasion de mettre de l'ordre dans notre vie, de nous libérer d'anciens schémas et d'approfondir notre compassion et notre sagesse.

Les personnes qui ne sont rattachées à aucune religion ne voudront peut-être prendre que les deux premiers engagements : devenir plus tolérantes envers elles-mêmes et être plus disposées à communiquer avec les autres de façon authentique, en les acceptant et en les respectant. C'est déjà là le signe d'une croissance spirituelle, car ces deux engagements nous permettent de devenir de meilleurs êtres humains.

Sandol Stoddard, auteur du livre *The Hospice Movement,* nous fait part des réflexions de Lillian Preston, une jeune femme qui avait eu une vie difficile et était en train de mourir d'un cancer de l'estomac à l'Unité de soins palliatifs St. Christopher à Londres :

> J'ai été tentée, j'en ai à présent la certitude, de croire qu'à partir de cet instant je serais parfaite, et que toutes les personnes autour de moi, si bienveillantes, se comporteraient comme des saints. Elles ne sont pourtant que des êtres humains. Elles font des choses qui m'agacent et des choses que je n'aime pas. Il leur arrive même de commettre des erreurs. Ce que j'ai appris jusqu'à présent, c'est l'amour. L'amour qui accepte les gens tels qu'ils sont. C'est ce que je dois pratiquer maintenant, et c'est une terrible lutte. Mais, vous savez, je crois que c'est la raison pour laquelle je suis toujours là. C'est une chose que je dois apprendre, sinon ma vie tout entière aura été vaine. Et la seule façon de connaître vraiment cet amour, c'est de le vivre moi-même, malgré la faiblesse de mon corps : prendre soin des autres et les aimer tels qu'ils sont[10].

Nous aspirons tous à accomplir « un acte noble » avant de mourir, un acte qui nous donnerait la satisfaction d'avoir réalisé quelque chose dans notre vie et donnerait un sens à notre mort. Les jeunes qui sont confrontés à la mort n'ayant pas eu beaucoup d'occasions de découvrir un but très élevé dans leur vie, il peut être utile de leur suggérer comment utiliser pleinement le temps qu'il leur reste à vivre. Comme l'écrit le rabbin Pesach Krauss :

> Beaucoup trop de gens commettent l'erreur de juger la valeur de la vie sur sa longueur plutôt que sur sa profondeur, sur ses problèmes plutôt que sur ses promesses. Nul n'est jamais trop vieux ou trop malade pour grandir. La vie est une succession de moments forts. Ces moments précieux – lorsque nous agissons avec dignité, prenons position, faisons l'expérience de l'amour, nous ouvrons aux autres et au monde – donnent un sens à notre vie [11].

Voici quelques exemples d'« actes nobles » que toute personne vivant ses derniers instants peut envisager d'accomplir :

- préparer les personnes que vous aimez à surmonter votre mort ;
- faire le don d'un organe ou d'une rétine ;
- demander pardon ou accorder votre pardon ;
- savourer la bonté et la beauté de la vie ;
- dédier votre souffrance et votre mort pour le bien d'autrui ou pour racheter vos erreurs ;
- exprimer votre gratitude et votre amour aux autres ;
- faire des offrandes – pour réparer le mal fait à autrui, pour exprimer votre reconnaissance ou pour soutenir des organisations religieuses ou humanitaires ;
- changer un schéma de comportement néfaste ou égoïste ;
- écrire ou enregistrer des messages de courage, de sagesse et d'amour à l'intention des personnes que vous laisserez derrière vous.

Les adultes ayant perdu dans leur enfance un parent, qui leur avait laissé un message, sous forme de lettre, de cassette audio ou vidéo, m'ont confié qu'ils ne s'étaient jamais sentis abandonnés durant la péri… de leur deuil, car ils avaient toujours pu se tourner ve… ce témoignage vivant d'amour et d'encouragement.

Trouver un sens malgré la diminution des facultés mentales

Il est extrêmement difficile de communiquer avec une personne qui est dans le coma ou atteinte de troubles mentaux. Le dialogue normal est alors impossible et la plupart d'entre nous ne connaissent pas d'autre moyen de communication.

Nous sommes alors tentés, soit de traiter la personne avec condescendance, comme si elle était un petit enfant, soit de lui parler comme si elle n'était plus dans la pièce, comme si elle était déjà morte. *En toutes circonstances, nous devons traiter la personne mourante, ou dont les facultés cognitives sont diminuées, avec respect et bonté, comme nous souhaiterions que l'on nous traite si nous étions à sa place.* Que la personne se trouvant dans un état de confusion mentale ou dans le coma soit capable de s'exprimer clairement ou non, elle est néanmoins consciente et présente dans la pièce.

Lorsqu'une personne est atteinte d'importantes lésions cérébrales dues à la maladie ou à la vieillesse, les membres les plus proches de la famille ont parfois le sentiment qu'ils l'ont « perdue », car la personnalité qu'ils connaissaient depuis toujours n'est plus. Ils pleureront tout naturellement cette perte tandis qu'ils abandonnent leur attachement à l'ancienne forme de relation. Ce qui ne veut pas dire qu'ils doivent se défaire de leur amour ou abandonner la personne comme si elle était déjà morte. Lorsque les proches continuent à prodiguer leur amour à la personne dont les facultés mentales sont diminuées et à lui parler de façon authentique, ils donnent un sens à sa vie.

Comment communiquer avec une personne qui se trouve dans un état de confusion mentale ou ne réagit plus ? Tout d'abord, nous ne devrions jamais laisser son état nous empêcher de voir qui elle est vraiment. Souvenez-vous que la nature fondamentale de tous les êtres est une conscience pure et un « bon cœur ». Cette essence la plus profonde, ou nature de sagesse, étant le fondement indestructible de notre être, elle est toujours présente, indépendamment du fonctionnement de notre cerveau ou de nos organes sensoriels. Puisque la personne qui se trouve dans un état de confusion mentale ou dans le coma ne perd jamais ce degré de conscience, nous pouvons toujours communiquer avec elle et nous relier à elle à ce niveau. C'est pourquoi nous ne devons jamais cesser de la traiter comme une personne vivante, en la respectant tout comme nous le ferions si nous la rencontrions dans la fleur de l'âge.

Il nous faut ensuite reconnaître la peur ou l'aversion que nous ressentons face à cette personne et nous en libérer. Nous pouvons pour ce faire recourir à la méditation sur la compassion décrite aux chapitres 6 et 7, puis établir un lien avec la personne en utilisant des moyens de communication plus profonds :

- le toucher ;
- le contact visuel ;
- l'humour et le jeu ;
- la musique ou le chant ;
- offrir des prières ou des pratiques spirituelles ;
- envoyer des pensées aimantes et positives ;
- résoudre notre part des affaires non réglées.

S'il est vrai que la communication consiste aussi bien à donner qu'à recevoir, comment pouvons-nous « entendre » et comprendre les personnes qui ne sont plus capables de communiquer ? Grâce à la pratique de la méditation nous pouvons vider notre esprit de tout concept et trouver de l'inspiration en nous reliant à notre conscience claire et à notre réceptivité aimante.

Puis, après avoir exprimé avec sincérité et bonté ce que nous ressentons au fond de notre cœur, nous pourrons écouter en silence et apprendre à percevoir intuitivement ce que vit l'autre et ce dont il a besoin. Dans un poème du mystique soufi Rûmî, un juge pose la question suivante afin de déterminer lequel des trois fils héritera de la fortune paternelle :

> « Que faire si un homme ne peut plus parler ?
> Comment découvrir son trésor caché ? »

Et le troisième fils de répondre :

> « Je m'assieds face à lui en silence
> et j'installe une échelle faite de patience.
> Si, en sa présence un langage venu d'au-delà de la joie
> et du chagrin commence à sourdre de ma poitrine,
> je sais que son âme est aussi mystérieuse et lumineuse
> que l'étoile Canopus se levant sur le Yémen.
> Ainsi, lorsque de ma bouche s'écoule un torrent
> de mots, je le connais grâce à ce que *je* dis,
> et à ma manière de le dire, car il existe une fenêtre ouverte
> entre nous, mêlant l'air nocturne de nos êtres [12]. »

Lorsque nous parlons authentiquement à la personne mourante, même si celle-ci ne peut pas nous répondre avec des mots, elle le fera dans son cœur et dans son esprit. Nous devons trouver le moyen d'« ouvrir une fenêtre entre nous » afin de soulager la souffrance et la solitude de la personne qui est dans l'incapacité de communiquer.

Tony, l'ami d'Alex, était inconscient depuis près de deux semaines. Il était en train de mourir des complications du sida et ses parents restaient à son chevet à l'hôpital durant de longues heures pour lui prodiguer leur amour, mais ils se sentaient plutôt impuissants. Au cours de la dernière semaine, le visage de Tony s'était transformé en une grimace crispée et il s'était recroquevillé dans la position fœtale, les mains et les jambes ramassées contre son corps. Les soignants, voyant dans cette position un signe de douleur, lui administrèrent des doses de calmant plus fortes, mais cela ne changea rien dans son apparence.

Un jour, Alex eut une idée lorsqu'il entendit l'infirmière marmonner d'un air frustré en passant près de lui : « Tony a besoin de se *détendre* ! » Les parents de Tony étaient partis déjeuner et Alex pouvait passer quelque temps avec son ami seul à seul.

« Tony, il faut que tu te détendes maintenant. Je ne sais pas si tu peux m'entendre, mais si c'est le cas, essaie d'imaginer la scène suivante. Dis-toi que c'est le printemps et que tu grimpes au sommet d'une petite colline verdoyante. En t'allongeant au sommet de cette colline, tu sens sous toi la douceur de l'herbe et la tiédeur des rayons du soleil sur ton corps. Abandonne tous tes soucis et toutes tes inquiétudes et détends-toi dans la chaleur du soleil. »

Tout en parlant, Alex voyait les membres de Tony commencer à se déplier et à se détendre. « Imagine maintenant que tu plonges ton regard dans le ciel bleu au-dessus de toi. Considère que ton esprit est semblable à ce vaste ciel bleu : complètement ouvert, rayonnant d'amour et sans limites. Chaque fois que tu respires, sens ton esprit et ton cœur s'ouvrir et se détendre davantage, devenir de plus en plus libres. »

A mesure que la méditation progressait, les traits du visage de Tony se sont adoucis et relâchés, puis son corps tout entier s'est détendu. A leur retour, les parents de Tony furent très reconnaissants à Alex de ce qu'il venait d'accomplir. « Nous ne savons pas ce que vous venez de faire pour Tony, mais, s'il vous plaît, continuez ! » Tony est resté dans cet état ouvert et détendu jusqu'à sa mort, quelques jours plus tard.

Il existe une autre raison pratique pour laquelle nous devons traiter les malades qui sont dans le coma comme s'ils étaient présents consciemment. De nombreuses personnes, sorties d'une courte ou d'une longue période de coma, ont rapporté avoir été pleinement conscientes de ce qui se faisait et se disait dans la pièce, et parfois même de ce que les autres pensaient. C'est pourquoi, en plus des soins médicaux, le plus grand réconfort et soulagement que nous puissions offrir sont notre respect, notre amitié et notre amour.

Si une personne est sur le point de mourir mais qu'elle semble incapable de lâcher prise, nous pouvons la réconforter en lui disant que nous l'aimons et qu'elle peut mourir. Comme nous ne savons pas avec certitude ce qui peut empêcher la personne inconsciente de partir, nous pouvons l'aider à se préparer à la mort en lui rappelant les quatre tâches de la vie et de la mort.

Ma grand-mère paternelle était une veuve qui avait largement dépassé les quatre-vingts ans. Elle était devenue très frêle au cours de ses dernières années et avait commencé à se préparer à la mort. Avant de subir une opération pour une occlusion intestinale, elle avait précisé dans ses dernières volontés qu'elle ne voulait pas que sa vie soit prolongée artificiellement au cas où elle serait au bord de la mort. Elle mourut effectivement au cours de l'opération et fut malgré tout réanimée, mais d'après le spécialiste elle s'en était sortie avec d'irrémédiables lésions cérébrales. Elle demeura dans un coma profond pendant plusieurs jours, reliée à toutes sortes d'appareils destinés à la maintenir en vie artificiellement, avec un respirateur branché en permanence et un moniteur qui suivait chaque battement de son cœur. Mon père demanda au médecin de mettre fin à cet acharnement thérapeutique en lui montrant le document signé par sa mère, en vain. Outre les appareils chargés de la maintenir en vie artificiellement, ma grand-mère avait un stimulateur cardiaque, de sorte que nous nous demandions, mon père et moi, s'il lui était même possible de mourir.

Lorsque je suis entrée dans sa chambre au service de soins intensifs, j'ai médité en silence pendant quelques instants et je me suis rendu compte que je ne savais pas si elle s'était préparée pleinement à sa mort ou si quelque chose l'empêchait de partir.

« Grand-mère, bien que nous souhaitions tous que tu ailles mieux et que tu reviennes parmi nous, cela ne semble pas possible. On dirait au contraire que tu es en train de mourir. Nous t'aimons et nous ne te laisserons pas seule. Nous continuerons à te rendre visite quoi qu'il arrive. Et dès que tu seras prête, tu pourras partir. Ne te fais aucun souci pour nous, tout ira bien pour nous. Tu peux te défaire de toutes tes responsabilités envers ceux que tu laisses derrière toi. Nous t'aimons et nous voulons que tu ne souffres plus.

« Tu as beaucoup donné aux autres dans ta vie, tu as élevé tes enfants et apporté ton aide à ceux qui avaient des problèmes ou étaient seuls, et tu as même aidé les autres personnes âgées dans ta maison de retraite. Cela m'encourage à agir de même dans ma vie. Ta vie a eu un sens, tu as contribué au bien d'autrui et tu nous as appris à vivre. Nous ne l'oublierons jamais.

« Si nous t'avons blessée, nous le regrettons beaucoup et te demandons pardon. Si tu as blessé quelqu'un d'entre nous, sache, je t'en prie, que nous te pardonnons et te libérons de tels souvenirs. »

Tout en caressant sa joue tandis que je lui parlais, je pouvais entendre le rythme de sa respiration changer de temps à autre, comme si elle venait de pousser un profond soupir. La courbe du moniteur du cœur devenait parfois plate et, en observant son visage, je pouvais voir les yeux de ma grand-mère bouger sous ses paupières closes !

« Grand-mère, tu as été fidèle à tous les engagements de ta religion. Toute ta vie, tu as cru en Jésus-Christ et cela t'aide aujourd'hui à affronter la mort. Tu peux avoir confiance en la miséricorde et l'amour de Dieu, car tous les péchés qui pourraient encore te tourmenter te sont pardonnés dès lors que tu les reconnais... Je n'en suis pas certaine, mais peut-être ne sais-tu pas comment lâcher prise au moment de la mort. Alors je vais méditer avec toi et te montrer un moyen de t'aider à le faire.

« Dis-toi qu'il y a au-dessus de ta tête la présence rayonnante et aimante de Jésus-Christ, et imagine que des rayons d'une lumière extraordinaire émanent de lui et pénètrent ton corps et ton âme, qu'ils purifient tous tes regrets ou sentiments d'indignité et te libèrent de tout attachement à cette vie. Tandis que ces rayons de lumière entrent en toi, ressens la compassion et l'amour du Christ te pénétrer et laisse-les transformer ton être tout entier en lumière.

« Maintenant, avec toute la dévotion dans ton cœur, garde cette présence du Christ en toi, ici dans cette pièce. Et lorsque tu mourras, songe que ton corps et ton âme, transformés en lumière, s'élèvent et se fondent dans le cœur aimant de Jésus. Et demeure dans cette union bénie. »

Après avoir partagé avec elle cette méditation silencieuse, je me suis apprêtée à partir. « Grand-mère, je dois te quitter à présent. Sache que je te donne tout mon amour. Souviens-toi que tu n'es pas seule. Je penserai à toi et je prierai pour toi. Adieu. »

Ce soir-là, avant de me coucher, j'ai effectué une fois de plus la pratique essentielle du p'owa à l'intention de ma grand-mère. Au matin, nous avons appris avec soulagement qu'elle était morte paisiblement dans la nuit.

Terminer les quatre tâches de la vie et du moment de la mort

Le moment où nous affrontons la mort est une occasion particulièrement puissante pour nous occuper de notre développement personnel et spirituel. Ce qui ne veut pas dire qu'il faut attendre la fin de sa vie pour commencer à se regarder en face et à grandir. En nous imaginant sur notre futur lit de mort en train de réfléchir à nos choix actuels, nous pourrons nous libérer des regrets et de la honte qui ont torturé Ivan Ilitch lorsqu'il comprit que « la réalité n'est qu'un monstrueux mensonge destiné à cacher la vie et la mort à la fois ».

Chaque tâche comprend en germe toutes les autres. Si nous nous appliquons à mettre en œuvre l'une de ces tâches, cela nous rapprochera de la bonté fondamentale de notre nature. Nous en récolterons les bienfaits la prochaine fois que la souffrance ou le chagrin surgiront dans notre vie et, parce que nous aurons entrepris de purifier notre rapport à la vie et de nous préparer à notre propre mort, nous saurons comment apporter notre soutien à ceux qui traversent une épreuve ou sont confrontés à la mort.

Au moment de la mort nous ne sommes jamais dans un état « désespéré », car même lorsque notre corps et nos énergies s'affaiblissent, nous pouvons toujours utiliser notre esprit et notre cœur d'une manière positive, approfondir notre sagesse, faire preuve de compassion envers notre souffrance et celle des autres et exprimer notre pardon, notre reconnaissance et notre amour à notre entourage. Alors nous ne rencontrerons pas la mort les mains vides, mais plus riches d'avoir trouvé une issue à notre souffrance. Selon les mots du frère David Steindl-Rast :

Le caractère irrévocable de la mort nous pousse à prendre une décision, celle d'être pleinement présents ici et maintenant et d'entrer dans la vie éternelle. Car l'éternité bien comprise n'est pas le temps qui se perpétue indéfiniment, mais plutôt le temps vaincu par l'instant présent qui jamais ne cesse.

Le tournant décisif de la vie spirituelle se situe au moment où le temps qui s'épuise devient le temps accompli. Que notre mort tourne court alors qu'il nous reste peu de temps à vivre, ou qu'elle soit une explosion de la plénitude du temps dans le maintenant de l'éternité ne dépend que de nous. Dans le Deutéronome, Dieu déclare : « C'est la vie et la mort que j'ai placées devant toi, la bénédiction et la malédiction. Choisis la vie. » Choisis la vie ! La vie est quelque chose que nous devons choisir. Etre en vie ne consiste pas seulement à « végéter » ; c'est en choisissant, en prenant une décision, que l'on devient vivant. Dans toutes les traditions spirituelles, la vie n'est pas quelque chose que l'on possède automatiquement, mais que l'on doit choisir, et ce qui nous pousse à choisir la vie c'est le défi de la mort : apprenons à mourir non pas à la fin, mais ici et maintenant[13].

Troisième partie

Conseils aux soignants et à l'entourage

11

Mener le deuil à son terme

Toute cette année pendant laquelle mon mari s'est battu contre la leucémie, je m'imaginais que la période de sa maladie et de sa mort serait la plus dure de ma vie. Je me trompais. Rien n'est comparable à la douleur et à la confusion extrêmes que j'ai éprouvées *après* la mort de Lyttle, d'autant plus que je me retrouvais seule pour les affronter.

Nombre d'entre nous souffrons inutilement de ne pas connaître le processus normal du deuil et de ne pas savoir comment guérir notre chagrin et le mener à son terme. Si nous ressentons une profonde aversion à entrer dans cet état de vulnérabilité, nous risquons de refouler notre chagrin pendant de longues années sans jamais en guérir. Toutes les pertes que nous subirons par la suite viendront s'ajouter au fardeau des chagrins non terminés et notre cœur deviendra plus lourd ou, pis encore, insensible.

De nos jours, grâce aux progrès de la médecine, une grande partie de la population des pays développés vit jusqu'à soixante-dix ans ou davantage. Nombre d'entre nous atteignons la quarantaine sans jamais avoir été touchés par la mort d'un proche. Dès lors, rien d'étonnant à ce que la mort et le deuil semblent si peu naturels ! Etant très rarement confrontés personnellement au deuil, nous risquons d'avoir des conceptions erronées quant à ce processus naturel.

Par exemple, après la mort d'une personne qui ne nous était pas particulièrement proche, notre deuil n'a probablement pas été très intense et s'est terminé en quelques semaines ou quelques mois, ce qui nous a amenés à penser que tous les deuils devaient être aussi faciles à terminer. Et quand le compagnon d'une de nos amies décède soudainement, nous l'incitons alors à « en finir » rapidement, pour ne réaliser notre erreur que quelques années plus tard, lorsque nous serons nous-mêmes confrontés à une perte qui nous touche plus personnellement et plus profondément.

Si nous redoutons d'éprouver l'intense douleur de notre chagrin, nous aurons peur d'en être témoin chez les autres. Ainsi, face à un ami ou un collègue de travail qui a perdu un être cher, nous hésiterons sans doute à évoquer ce deuil, de crainte de réveiller son chagrin. Mais en agissant de la sorte, nous faisons obstacle à son travail de deuil et de guérison. Les personnes en deuil ont besoin de parler de l'être disparu et de savoir que les personnes qui les entourent reconnaissent leur peine, faute de quoi elles risquent de se sentir terriblement seules avec leur chagrin.

Notre douleur est d'autant plus forte face à ce qu'on appelle une « mort brutale » : une mort soudaine ou violente, un suicide ou la perte d'un enfant. Une mort que nous attendions depuis longtemps suscite généralement un chagrin moins intense : qu'il s'agisse du décès d'une personne très âgée ou d'une perte que nous avons déjà pleurée, comme celle d'une personne atteinte d'une maladie cérébrale ou organique, ou celle d'une personne à laquelle nous n'étions pas spécialement attachés. La profondeur de notre chagrin dépend en fait de notre degré d'attachement à la personne et du sentiment de bien-être qu'elle nous apporte.

Par exemple, la mort d'une tante âgée que vous aimiez bien peut vous causer de la tristesse, mais vous ne souffrez pas outre mesure. Par contre, vous pourriez être surpris par votre réaction face à la mort du vieux chien de la famille un mois plus tard. Votre chagrin, profond et intense, semble ne pas vouloir prendre fin, même si tout le monde vous pousse à le surmonter en disant : « Ce n'était qu'un chien. » Et vous vous surprenez à vous demander pourquoi cette perte vous paraît si terrible.

Que notre chagrin soit dû à la perte d'un compagnon suite à un divorce, au décès de notre meilleur ami, à la perte d'un bébé lors d'une fausse couche, à la perte de notre santé ou même à la mort de notre animal préféré, *il est toujours légitime.* Quand la situation, ou la personne, que nous venons de perdre est intimement liée à notre bien-être quotidien et à notre sentiment d'être aimé, notre tristesse sera encore plus douloureuse et plus longue et il faudra du temps pour la guérir.

Lorsque nous réagissons de façon exagérée à une perte sans importance particulière, c'est probablement parce que cette nouvelle perte met au jour un chagrin plus ancien non résolu. Aussi douloureux que cela soit pour nous, nous devons nous autoriser à pleurer et à guérir notre conflit émotionnel non réglé. *Mais nous avons besoin pour cela de nous sentir en sécurité.* Si nous nous en sentons la force maintenant, même si notre tristesse semble disproportionnée par rapport à la perte que nous venons de subir, nous devrons faire preuve de compassion envers nous-mêmes en exprimant notre chagrin afin de le guérir, quelle qu'en soit la cause.

Le processus normal du deuil

Nous faisons l'expérience du deuil sous la forme d'un cycle qui se répète plusieurs fois et comprend trois phases : un état de choc et un sentiment d'incrédulité ; une prise de conscience de la perte suivie d'un rétablissement ou rééquilibre. Immédiatement après la perte de l'être cher, l'état de choc et le sentiment d'incrédulité peuvent durer assez longtemps, de quelques semaines à quelques mois.

Deux semaines après la mort de mon époux, je commençais mon premier trimestre à l'université de Los Angeles. Je me sentais pleine de vie et l'esprit vif, en harmonie avec la nature et profondément reliée aux gens. J'éprouvais de la reconnaissance d'être en vie. De temps à autre, une pensée me traversait l'esprit : *mon mari est mort*. Elle ne faisait pas naître une douleur intense mais plutôt une « tristesse poétique », comme s'il s'agissait de l'histoire de quelqu'un d'autre. En moi-même, je me félicitais : « C'est bien plus facile que je ne l'avais imaginé, certainement parce que j'ai vraiment laissé partir Lyttle au moment de sa mort. »

Cet état d'incrédulité relativement indolore a cessé brusquement quatre mois après la mort de Lyttle. Je n'oublierai jamais cette soirée, vers le milieu du mois de janvier, où la « pleine conscience » de ma perte m'est soudain apparue. C'était comme si quelqu'un venait de frapper à la porte pour m'annoncer : « Je suis désolé, votre mari vient de mourir. »

Ma douleur était profonde et déchirante, et j'avais l'impression qu'on m'arrachait le cœur. Durant toute la semaine suivante, j'ai souffert le martyre et pleuré sans pouvoir m'arrêter, en proie à un désespoir et à une solitude absolus. On aurait dit que mon univers tout entier venait de s'écrouler et de se désintégrer.

Puis, de même que prend fin un violent orage, la douleur et le désespoir de mon chagrin ont semblé s'apaiser. Je pouvais respirer de nouveau ! C'était comme si je venais d'échapper à une catastrophe pour revenir au monde des vivants. Après quelque temps, ce sentiment d'être guérie et d'avoir retrouvé mon équilibre s'est transformé imperceptiblement et je me suis retrouvée dans l'état de choc et d'incrédulité précédent : l'impression que la mort de Lyttle n'était qu'une illusion, un mauvais rêve dont je me réveillerais bientôt.

En l'espace de quelques semaines, la « pleine conscience » de ma perte s'est à nouveau manifestée, et la douleur et le désespoir qui me déchiraient le cœur étaient tout aussi intenses que le mois précédent. Je n'y comprenais plus rien. Pourquoi la souffrance était-elle revenue, aussi profonde qu'avant ?

« Très bien, me suis-je dit, peut-être n'ai-je pas pleinement vécu et exprimé tout mon chagrin, alors cette fois, je vais le faire *et ce sera fini une bonne fois pour toutes*. » A nouveau, l'abominable tristesse, la solitude et le désir de revoir mon époux se sont abattus sur moi, telle une violente tempête, et je me suis laissée aller à pleurer, à gémir, à sangloter et à exprimer tous les sentiments qui se manifestaient. Au bout d'environ une semaine, telle la survivante d'un naufrage revenant à elle sur un rivage, j'ai pu me reprendre et revenir dans le monde des vivants. Mais subrepticement, cette impression d'aller mieux s'est transformée une nouvelle fois en un état subtil d'incrédulité.

Un mois plus tard, la douleur intense est revenue perturber ma vie, accompagnée de la « pleine conscience » de la mort. Elle s'est prolongée le mois suivant, puis encore un mois, avec la même intensité que la toute première fois. Un sentiment de peur s'est alors insinué dans mes pensées : « Que se passe-t-il ? Pourquoi suis-je à ce point incapable de me maîtriser ? Suis-je en train de perdre la raison ? Pourquoi cette horrible douleur ne prend-elle jamais fin ? » Finalement, je me suis souvenue d'une mise en garde qu'on m'avait faite deux mois après la mort de mon mari. Une amie de la famille, qui était passée deux ans plus tôt par l'épreuve du deuil suite à la mort soudaine de son époux, s'occupait de mon fils. Au cours des premiers mois où j'avais vécu dans un état de choc prolongé, je n'avais pas compris son avertissement : « Christine, pendant un certain temps, ne t'attends pas à ce que l'intensité de ton chagrin prenne fin. » Lorsque j'avais entendu ces mots, je m'étais demandé : *Quelle intensité ?* Maintenant, sept mois plus tard, je comprenais.

Les gens se demandent souvent s'il est possible de mettre un terme au chagrin et ce que cela signifie exactement. En allant jusqu'au bout de mon propre chagrin, j'ai fini par comprendre qu'il y a vraiment une fin au travail du deuil. Dans des conditions normales, il faut à peu près deux ans pour finir de pleurer la mort d'un proche. Cela prend plus de temps après une perte brutale, néanmoins nous *pouvons* toujours nous rétablir complètement et mettre un terme à notre chagrin. Comme l'écrit Judy Tatelbaum, dans un livre intitulé *Le Courage d'affronter son chagrin* : « Se remettre pleinement de la douleur d'une perte veut dire y mettre fin et l'abandonner totalement. En finir avec le décès d'une personne aimée ne supprime pas l'amour que nous éprouvons à son égard ni les souvenirs que nous avons d'elle, mais cela signifie que nous avons accepté sa mort, que la peine et le chagrin se sont atténués et que nous nous sentons capables de reprendre le cours de notre vie [1]. »

La personne en deuil a besoin d'entendre souvent cette parole forte et rassurante : *Vous vous en sortirez ; il est possible de mettre un terme au chagrin.*

Les effets secondaires du chagrin

Un autre aspect du travail du deuil, tout à fait normal mais déroutant, est l'apparition de symptômes physiques et mentaux. Bien que transitoires, ils peuvent sembler effrayants et présager une perte de contrôle définitive. Divers bouleversements physiques peuvent être liés au chagrin : souffle court, vertiges, palpitations, bouffées de chaleur ou sueurs froides, troubles du sommeil, perte d'appétit, cyclothymie, sensations de lourdeur ou douleurs musculaires. Les symptômes physiques graves ou chroniques doivent être examinés par un médecin.

L'impression de ne plus savoir où on en est, des pertes de mémoire passagères, la difficulté à se concentrer ou le sentiment que le monde normal est devenu « irréel » font partie des éventuels troubles mentaux ou de la perception. Par exemple, lorsque la personne en deuil voit des gens choisir des melons au marché, elle peut se demander : « A quoi bon ? L'être que j'aime est mort et tout le monde se comporte comme si rien n'avait changé. »

Il se peut aussi que la personne en deuil ait parfois l'impression d'entendre ou de voir le défunt ou de le rencontrer en rêve. Tous ces phénomènes sont normaux. Ils sont le résultat d'anciens schémas mentaux qui, après un bouleversement important, continuent à se manifester pendant quelque temps encore. Ils finiront toutefois par s'atténuer vraiment. Par moments, des pensées ou des images violentes ou irrationnelles peuvent surgir, comme se jeter du haut d'une falaise au volant de sa voiture. A moins que ces pensées ne deviennent obsédantes ou chroniques, elles doivent être considérées comme des effets secondaires normaux du deuil.

Les obstacles qui nous empêchent de mettre fin au deuil

De nombreux obstacles nous empêchent d'accepter la mort et de mettre un terme à notre deuil. C'est en comprenant ce qui se joue en nous que nous pourrons modifier ces attitudes afin de pouvoir guérir notre cœur et de reprendre le cours de notre vie. L'obstacle le plus courant est celui que je viens de décrire : notre famille et nos amis, ou bien nous-mêmes, n'ont pas compris que le processus du deuil est normal, ils jugent notre chagrin ou nous encouragent à le réprimer.

• *La peur d'être seul à affronter la douleur*

Au cours du travail du deuil, nous avons souvent l'impression de perdre le « contrôle » de la situation, ce qui intensifie nos peurs et notre sentiment de vulnérabilité. Que nous soyons confrontés en ce moment même à une perte extrêmement douloureuse ou aux souffrances accumulées tout au long de notre vie, nous craignons peut-être de craquer ou de perdre la raison en laissant libre cours à notre chagrin.

Pour les personnes qui font l'expérience d'un chagrin intense suite à une mort brutale, les sensations et les symptômes faisant partie du processus normal du deuil seront considérablement accrus. Aucun mot ne peut décrire toute la douleur qu'une telle perte peut provoquer dans notre vie. (Les effets induits par une mort violente ou un suicide sont traités au chapitre 12.)

Lorsque nous traversons l'épreuve du deuil, nous sommes projetés dans un bardo semblable au bardo de la mort, et, dans ce moment de transition, nous sommes suspendus entre le passé et l'avenir. Sentant les bases de notre « univers familier » se dérober sous nos pieds, nous pouvons alors sombrer dans une angoisse extrême ou avoir le sentiment de perdre le contrôle. Et comme nous ne connaissons pas encore la nouvelle forme que prendra notre vie, nous ne trouvons aucun réconfort dans l'avenir. Rien d'étonnant à ce que le deuil nous semble si difficile à vivre ! Le travail du deuil nous met au défi d'abandonner notre ancienne façon de vivre, de renoncer à nos espérances passées, à notre ancienne identité et à tous les aspects de la vie que nous partagions avec la personne défunte.

Si notre famille et nos amis nous disent de sécher nos larmes, s'ils nous poussent à nous ressaisir et à être forts, nous chercherons peut-être à fuir leur compagnie et à nous isoler, croyant pouvoir affronter seuls la profondeur de notre douleur. Mais en tant qu'êtres humains, je ne crois pas que nous soyons faits pour traverser les périodes de crise sans aide extérieure. Et le deuil est certainement une des crises les plus importantes de la vie à laquelle nous devons faire face, une expérience qui peut se révéler aussi intense sur le plan émotionnel que le fait même de mourir.

Plus que toute autre chose, nous avons besoin d'amis capables de nous apporter leur compréhension, leur amour et leur soutien pour surmonter cette « mort dans la vie » et aller jusqu'au bout de notre chagrin.

• *Les sentiments de culpabilité non résolus*

Après la mort d'un être cher, nous éprouvons souvent un sentiment de culpabilité. C'est là quelque chose de normal, car nous retournons en esprit dans le passé et voyons toutes les occasions que nous avons manquées de créer un lien, de faire preuve de patience ou de dissiper des malentendus. Il se peut même que nous recherchions dans notre mémoire la « cause » de la maladie ou de la mort de l'être aimé, en pensant que nous en sommes responsables. Nous commençons par nous reprocher quelque chose dont nous nous sentons coupables – ne pas l'avoir emmené voir le bon médecin, lui avoir prêté la voiture, notre dernière dispute –, et nous finissons par établir une longue liste de reproches qui nous donnent le sentiment injustifié d'être coupables et impardonnables. S'il est naturel d'éprouver un certain degré de culpabilité, nous risquons toutefois de rester bloqués à ce stade et de nous enfermer dans le passé. Les sentiments de culpabilité non résolus nous empêchent de mener à bien le travail du deuil, de nous détacher de l'être aimé et de reprendre le cours normal de notre vie.

Il est important de redéfinir ce que nous appelons notre sentiment de culpabilité et de parler plutôt de « regrets ». Si la culpabilité nous enferme dans le passé, les regrets sont une façon de nous ramener dans le présent, afin de prendre la responsabilité de nos erreurs et de commencer à *faire quelque chose* à leur sujet. Il nous appartient de guérir et de terminer la relation. Pour ce faire, nous pouvons utiliser la méthode pour « résoudre les affaires non réglées », décrite au chapitre 7, et effectuer une pratique spirituelle pour nous aider à nous purifier ainsi que l'être aimé de tous les souvenirs ou les regrets douloureux. Dès l'instant où nous avons pris nos responsabilités et mis de l'ordre dans notre passé, nous pouvons décider de vivre en faisant preuve de davantage de bienveillance et d'amour à partir de maintenant. N'oublions pas de garder le sens des perspectives : personne n'est parfait. Dans la vie, nous commettons constamment des erreurs, nous les assumons et apprenons à devenir plus conscients et plus compatissants afin de ne pas accumuler de nouveaux regrets.

• *Frustration et colère chroniques*

Tout comme la culpabilité, la colère et la frustration sont des sentiments qu'il est normal de ressentir après la perte d'un être cher, alors que nous sommes contraints de reconnaître que nous n'avons aucun contrôle sur ce qui vient de se passer. Face à la mort, nous nous sentons impuissants. C'est particulièrement vrai pour les parents qui croyaient pouvoir protéger leur enfant de la souffrance et de la mort. Après la disparition d'un proche, nous avons de nombreuses raisons de nous sentir frustrés, si nous estimons par exemple que la personne n'a pas reçu les soins médicaux appropriés ou que nous ne sommes pas prêts à affronter les aspects financiers et pratiques de la situation.

Particulièrement dans les cas d'une mort soudaine, nous risquons de projeter notre colère et nos accusations sur la personne que nous croyons responsable de cette mort, et par conséquent de notre chagrin. Nos sentiments de frustration et de colère sont normaux ; c'est le fait de rester prisonnier de la colère qui pose problème. Si nous reconnaissons nos pensées de colère et que nous les abandonnons, nous aurons alors suffisamment d'espace, d'un point de vue émotionnel, pour commencer à accepter notre perte et vivre notre tristesse. Mais si nous nourrissons ces pensées et ces sentiments de colère pendant des mois ou des années, nous resterons prisonniers du passé et notre cœur sera fermé. Nous devons trouver une manière responsable de nous libérer de notre frustration et de notre colère si nous voulons mettre un terme à notre chagrin et être libres d'aimer de nouveau.

- *Intensification de la saisie et de l'attachement*

Au lieu d'abandonner notre attachement, il nous arrive parfois de commettre l'erreur de nous accrocher encore plus à la personne défunte. Au milieu de la deuxième année qui suivit la mort de mon époux, les cycles de douleur et de tristesse intenses étaient continuels et j'ai craint à nouveau que mon chagrin ne se termine jamais. Une part de moi-même voulait ignorer l'intensité de cette souffrance qui revenait tous les mois, la refouler et l'éviter complètement. Mais je savais bien au fond de moi que, si je réprimais ma peine, cela ne m'aiderait pas, aussi ai-je décidé d'essayer de mieux comprendre ce que je vivais. Je me suis alors demandé s'il n'y avait pas quelque chose dans mon comportement qui pouvait prolonger le processus du deuil.

C'est ainsi que j'ai mis au jour les pensées secrètes que je faisais naître en moi chaque fois que je ressentais une tristesse et une douleur profondes : *Je ne peux pas vivre sans toi. Je déteste être seule. Je veux que tu reviennes.* Il y avait tant d'attachement dans mon esprit, tant de souhaits impossibles à satisfaire ! J'ai compris que, si je continuais de la sorte, mon chagrin et mon désespoir ne prendraient jamais fin. Il était clair que je devais remplacer mon attachement par une nouvelle façon de voir les choses : *Je te laisse partir et te souhaite bonne chance. Je m'en sortirai et je serai forte. Je vais refaire ma vie.* Quand je sentais que la tristesse et la douleur profondes revenaient, je pratiquais le lâcher prise et, au bout de quelques mois, mon deuil a finalement pris fin.

• *Condamner sa tristesse et son chagrin*

Certaines personnes tentent de réprimer leur chagrin en se disant : « *Pleurer est un signe de faiblesse, je dois être forte.* » Ou bien : « *Je ne fais que m'apitoyer sur moi-même.* » Lorsque nous exprimons notre affliction, nous pleurons la perte de la personne aimée et de la relation qui nous unissait à elle. Au lieu de nous juger, nous pouvons traduire nos émotions par ces mots : « *Je suis simplement triste.* » Tout comme la joie que nous éprouvions, la tristesse fait inévitablement partie de notre amour pour l'autre.

La plupart d'entre nous ont été élevés dans l'idée qu'il fallait être fort et ne pas pleurer, même si les femmes ont généralement moins de difficultés à pleurer que les hommes. Ces derniers ont souvent besoin d'être autorisés et encouragés à exprimer leur chagrin et à pleurer, faute de quoi ils risquent de se le reprocher ou de craindre qu'on ne les respecte plus. Le fait d'avoir peur de notre chagrin et de le réprimer nous empêche de vivre pleinement. Il est vital de trouver un exutoire à nos sentiments douloureux afin qu'ils ne soient pas refoulés, tout comme on dégagerait une rivière obstruée par des débris et du bois mort. En fait, exprimer notre chagrin et abandonner notre attachement envers ceux qui ont quitté notre vie est plutôt une preuve de force que de faiblesse, un signe de notre vitalité et de notre désir de complétude. Comme l'écrit Judy Tatelbaum :

> Le chagrin est une blessure qui demande de l'attention pour guérir. Afin d'aller jusqu'au bout de notre chagrin, nous devons affronter nos émotions dans un esprit d'ouverture et d'honnêteté, les exprimer, les libérer totalement et les accepter, quel que soit le temps dont notre blessure aura besoin pour guérir. Pour la plupart d'entre nous, c'est beaucoup demander.
>
> Par conséquent, il nous faut du courage pour exprimer notre chagrin. Il nous faut du courage pour ressentir notre douleur et affronter l'inconnu. Il nous faut aussi du courage pour exprimer notre chagrin dans une société qui valorise, à tort, la retenue, et où nous risquons d'être rejetés en raison de notre ouverture et de notre différence[2].

• *Le repli sur soi*

Lorsque nous souffrons, nous nous retirons souvent en nous-mêmes pour fuir nos émotions et le monde. Nous sommes alors complètement seuls, proches du désespoir absolu. A un certain moment de mon propre deuil, j'ai songé à mettre fin à mes jours pour échapper à cette douleur atroce. J'avais l'impression d'être au fond d'un puits aussi sombre que profond, et que personne ne pourrait jamais m'aider à en sortir. A l'époque, bien qu'étant athée, je me suis mise à prier pour implorer de l'aide.

Après avoir prié plusieurs jours, une image s'est soudain imposée à mon esprit, celle d'une photographie prise pendant la guerre du Viêt-nam. Elle montrait une jeune mère serrant son enfant mort dans ses bras, les yeux levés vers le ciel avec angoisse. Cette image frappante m'a sortie de l'isolement dans lequel je m'étais enfermée, et j'ai compris *que nous faisons tous l'expérience du chagrin.* Nous perdons tous ceux que nous aimons et nous éprouvons tous la douleur du chagrin. Je n'étais donc pas seule. J'ai pris conscience que cette expérience devait être aussi difficile à vivre pour les autres qu'elle l'était pour moi, et qu'ils ne savaient probablement pas non plus comment guérir leur chagrin. J'ai alors décidé d'aller au bout de mon chagrin et d'y mettre un terme afin de pouvoir aider les autres à faire de même.

Ce fut pour moi un tournant décisif. Une part du travail du deuil consiste à abandonner notre relation au défunt, puis à décider consciemment de construire une nouvelle vie en lui donnant un sens et un but. Cette décision nous aide à rassembler le courage nécessaire pour mettre fin à notre chagrin. Faute de quoi, les personnes en deuil finissent parfois par vivre sans réelle conviction dans un monde fantôme, sans avoir rompu avec le passé et sans être reliées au présent. Toutes les personnes qui traversent l'épreuve du chagrin doivent trouver une réponse à la question : *Pour quelle raison vais-je continuer à vivre ?*

Mettre un terme au chagrin : les quatre tâches du deuil

Le processus du deuil se déroule de la même façon que le processus de la mort, et les tâches à accomplir par la personne en deuil sont comparables aux quatre tâches de la vie et du moment de la mort :

– accepter la réalité de la mort ;
– guérir et terminer la relation ;
– libérer notre douleur émotionnelle et lâcher prise ;
– trouver un sens à notre nouvelle vie.

• *Accepter la réalité de la mort*

Le travail du deuil ne prendra jamais fin s'il n'a jamais commencé. Nous devons tout d'abord accepter le fait que la mort a vraiment eu lieu. Si nous ne faisons pas l'expérience physique, tangible, de la réalité de cette mort, nous risquons de refouler notre chagrin en niant cette mort pendant des années. Si nous n'étions pas présents au moment même de la mort, le fait de voir le corps plus tard à la maison, à l'hôpital ou à la morgue, nous aidera à commencer à accepter la réalité de notre perte et à nous y habituer.

Lorsque nous serons en présence du corps du défunt, nous pourrons nous arranger pour rester seuls un moment avec lui, afin de lui dire ce que nous avons encore sur le cœur, lui faire nos adieux et commencer à effectuer une pratique spirituelle à son intention. Dans les hôpitaux, on fait trop souvent disparaître le corps des personnes qui viennent de mourir avant l'arrivée de la famille. Si la personne que nous aimons meurt dans une ville lointaine, nous apprendrons sans doute la nouvelle par téléphone. En cas de mort soudaine, l'impossibilité de voir le corps et de se relier à l'aspect physique de la mort peut conduire à un déni ou à un sentiment d'irréalité encore plus forts.

Un matin, de bonne heure, on m'a demandé de venir à l'hôpital pour aider un jeune couple dont le bébé venait de mourir dans la nuit. Le médecin-chef devait faire une autopsie, mais les parents refusaient catégoriquement. Je me suis assise avec eux et je leur ai posé quelques questions, leur laissant le temps de me dire ce qui s'était passé et ce qu'ils ressentaient à propos de cette mort. Après quoi je leur ai rappelé qu'ils devaient penser à donner le corps de leur bébé pour qu'on puisse procéder à l'autopsie. La mère a répondu avec force : « Ils ne vont pas couper mon bébé ! »

J'ai réfléchi à ce que cette jeune mère pouvait ressentir et j'ai compris qu'à ses yeux, son bébé était d'une certaine façon toujours vivant. Je leur ai alors proposé d'aller dans la pièce d'à côté et de prendre une dernière fois le corps de leur bébé dans leurs bras pour lui dire adieu. La mère m'a regardée, l'air horrifié. Non sans inquiétude, je me suis proposée de les accompagner.

Après avoir vu et touché de nouveau leur bébé, lui avoir dit adieu du fond du cœur et avoir laissé couler leurs larmes, ils ont finalement pu donner son corps pour l'autopsie. Pour ce jeune couple, le fait d'établir un lien tangible avec la mort de leur bébé a déclenché le processus du deuil.

Nous avons besoin de parler librement de la personne décédée et de ne pas occulter le changement important qui commence à prendre place au sein de la famille. Evoquer nos souvenirs est une façon de « purifier » le passé et de nous aider à lâcher prise. Les familles qui parlent ouvertement de la mort de l'être aimé parviennent plus facilement à se soutenir mutuellement tout au long du travail du deuil. Nous devons apprendre à ne pas avoir peur de la tristesse tout à fait naturelle que nous ressentons, car c'est justement cette attitude qui conduira à la guérison.

Il n'est pas rare que, peu de temps après un décès, les amis et les membres de la famille se réunissent pour nous apporter un soutien matériel et moral durant les jours qui suivent les funérailles. Mais comme nous serons vraisemblablement en état de choc, nous risquons de nous sentir incapables de nous occuper de tant d'invités. Des mois plus tard, lorsque les cycles douloureux du chagrin commenceront, nous nous retrouverons seuls. Et quand, par la suite, la famille se réunira à l'occasion de vacances ou d'un anniversaire, elle évitera souvent de parler de la mort récente afin de nous épargner de la souffrance.

Les proches trouvent souvent un grand réconfort en organisant une cérémonie en souvenir du défunt, quelques mois après son décès ou quand la famille se réunit de nouveau pour les vacances. A cette occasion, au lieu de vouloir les protéger en évitant de parler du défunt et de leur tristesse, nous pouvons leur demander d'apporter un souvenir, une photographie, une lettre de la personne décédée ou une histoire à son sujet qu'ils pourront partager. Chacun peut aussi proposer une idée pour créer un rituel simple et personnel en mémoire du défunt, par exemple, réciter une prière, méditer, allumer des bougies, lire ou chanter. Il y aura peut-être des moments de tristesse au cours de cette célébration, mais ils pourront ensuite rire et s'amuser, parce qu'ils auront exprimé leur chagrin ouvertement, ensemble. (Des pratiques spirituelles à l'intention du défunt sont présentées au chapitre 12.)

Il n'est pas facile de ranger et de distribuer les affaires ayant appartenu à la personne décédée. Il nous faudra sans doute quelques mois avant de nous sentir assez forts pour le faire. Mais, lorsque nous en serons capables, ce sera le signe que nous avons accepté la réalité de sa mort et que nous avons commencé le processus du lâcher prise. Aller sur la tombe du défunt peut aussi nous aider. A l'inverse, lorsque la personne mourante a laissé des instructions pour que ses cendres soient dispersées par avion au-dessus de la mer, nous risquons de nous sentir encore plus coupés de la réalité physique de sa mort. Ceux qui restent expriment souvent le désir d'avoir un lieu précis où se rendre, un lieu qui serait la marque physique de la mort de l'être aimé et où ils pourraient continuer le processus du lâcher prise.

• *Guérir et terminer la relation*

Le fait de rester bloqués dans des problèmes émotionnels non résolus nous empêche de mettre un terme à notre deuil. Peut-être entretenons-nous une fausse image du défunt, le considérant soit comme une punition dans notre vie, soit comme un saint toujours parfait. Afin de susciter en nous une image plus réaliste de la personne décédée, demandons-nous ce qui, chez elle, nous manquera, et aussi ce qui *ne nous manquera pas*.

A la suite d'une mort, qu'elle soit attendue ou soudaine, nous sommes poussés à exprimer toutes nos émotions conflictuelles, nos frustrations et nos regrets. Et si nous ne l'avons encore jamais fait, il nous faudra aussi terminer la relation et dire adieu. Certaines personnes commencent à tenir un journal ou à écrire des lettres au défunt. Bien qu'utiles, ces méthodes restent cependant incomplètes, car nous risquons ainsi de ne libérer qu'une partie de nos problèmes et de nos émotions sans jamais nous en défaire vraiment. La « méthode pour terminer les affaires non réglées » est extrêmement efficace pour nous aider à exprimer notre douleur émotionnelle et pour mettre un terme à la relation. Dans le cas d'une mort brutale, il est très important de se faire accompagner par un thérapeute spécialisé dans les problèmes de deuil, qui nous aidera à nous libérer de nos puissantes émotions ou de nos affaires non réglées.

Jenny, une amie de longue date, m'a montré sa « thanatographie », le compte rendu de sa rencontre personnelle avec la mort qu'elle avait rédigé dans le cadre d'un travail universitaire. Sur deux pages, elle décrivait dans les moindres détails la maladie et la mort de son père survenue trois ans auparavant. J'ai été étonnée de lire cette phrase à la fin du récit : « Six semaines après le décès de mon père, ma mère est morte. »

Lorsque je lui ai posé des questions à ce sujet, elle

m'a dit qu'elle se sentait tellement coupable de la mort de sa mère qu'elle ne pouvait même pas y penser. Après la mort de son père, elle était restée auprès de sa mère pour lui apporter un soutien, mais comme elles avaient toujours eu une relation difficile, la mort récente de son père n'avait fait qu'amplifier les tensions entre elles. Jenny était finalement rentrée chez elle pour reprendre son travail. Sa mère était morte seule, quelques semaines plus tard, suite à une mauvaise chute.

En raison de notre longue amitié, et parce qu'elle souhaitait guérir les blessures de son passé, elle a accepté de faire un travail avec moi pour régler son problème non résolu avec sa mère. Je lui ai demandé d'imaginer que sa mère se trouvait en face d'elle. « Considère qu'elle est très ouverte et réceptive, disposée à entendre ce que tu as à lui communiquer. Que désires-tu lui dire ? »

Jenny est finalement parvenue à exprimer à voix haute toutes les raisons pour lesquelles elle se sentait coupable. Je l'ai ensuite invitée à exprimer toute la colère, tous les regrets et toutes les blessures passées se rapportant à leur relation. Après quoi Jenny a pu exprimer son amour pour sa mère.

« Jenny, si tu t'adressais au "meilleur aspect" de ta mère et si elle pouvait vraiment entendre ta douleur et tes regrets, crois-tu qu'elle te pardonnerait maintenant ?

– Oui.

– Accepte son pardon et sens-le venir vers toi. Et, de ton côté, en supposant que ta mère ait ressenti un remords semblable au tien dans les moments où elle t'a blessée, lui pardonnerais-tu ?

– Oui, je le ferais.

– Dis-lui que tu lui pardonnes, et abandonne maintenant tous tes souvenirs passés. »

Tout au long de notre travail, Jenny a manifesté librement sa douleur réprimée et ses larmes ont coulé sans retenue, ce qui lui a permis de pardonner, d'accepter le pardon, d'exprimer son chagrin et de se détacher de sa mère.

• *Exprimer notre souffrance morale et lâcher prise*

Pour avoir la force d'exprimer notre chagrin en toute confiance, nous avons besoin du soutien des autres, qu'ils reconnaissent l'intensité de notre souffrance et de nos émotions, qu'ils nous prodiguent leur amour et nous acceptent de façon inconditionnelle. A la suite d'un décès dans une famille, les conjoints – ou les adolescents – s'attendent souvent à un soutien mutuel, aussi sont-ils déçus et en colère s'ils ne le reçoivent pas. Dans une famille éclatée, il n'est pas possible d'obtenir l'aide dont nous avons besoin puisque chacun est lui-même en pleine crise. C'est à l'extérieur de la famille que nous devons chercher *le soutien approprié* : auprès d'amis, de thérapeutes ou d'un groupe d'entraide pour les personnes en souffrance, qui n'auront pas peur d'écouter nos souvenirs et nos pensées ou de partager notre chagrin.

Peut-être serons-nous tentés de juger nos amis qui ne savent pas comment nous apporter le soutien émotionnel dont nous avons besoin. S'ils n'ont jamais vécu une telle épreuve, ils ne sauront pas comment nous aider ou craindront peut-être d'être témoins de notre chagrin. Parfois, nos amis ne savent tout simplement pas être là lorsque nous avons besoin d'eux dans les moments les plus difficiles de notre vie. Que cela ne nous empêche pas de rechercher leur compagnie de temps en temps, de partager un repas ou d'aller au concert avec eux, ou de leur demander de nous aider à travailler dans le jardin ou pour d'autres tâches faciles. Même s'ils ne sont pas d'un grand réconfort, nos amis seront sans doute heureux que nous leur proposions des choses simples et utiles à faire pour nous aider.

Sachons aussi garder l'œil ouvert, car le soutien peut

aussi venir de là où nous ne l'attendions pas : d'un voisin, d'un collègue de travail ou d'un membre de l'église ou de la synagogue que nous fréquentons, qui a surmonté l'épreuve du deuil. Les personnes qui ont elles-mêmes vécu un deuil sont souvent heureuses de pouvoir offrir leur soutien, car elles se souviennent à quel point elles ont apprécié d'être aidées.

Nous pouvons aussi nous faire aider par l'équipe de soignants de l'unité de soins palliatifs, à moins que nous ne fassions appel à un groupe d'entraide composé de personnes qui sont passées par la même épreuve, par exemple une association de parents ayant perdu un enfant. Les hommes comme les femmes trouvent un grand réconfort auprès de tels groupes. On y trouve en effet des gens qui savent combien cette expérience est douloureuse, qui ont vu passer tous les ans les dates anniversaires et les jours célébrant un événement de la vie du disparu, et qui ne sont pas choqués par nos sentiments de colère ou de culpabilité. Pour les parents qui viennent de subir un deuil, ces groupes représentent une « lumière d'espoir », la preuve qu'il est possible de survivre à une perte douloureuse et de reprendre le chemin de la vie.

Nous avons besoin de nous soulager de notre tristesse et de laisser couler nos larmes. Des hommes m'ont confié que, lorsqu'ils ont du mal à pleurer, cela les aide de faire quelque chose pour exprimer leur chagrin : planter un arbre, dédier leur activité sportive quotidienne à la mémoire de l'être cher, créer quelque chose avec leurs mains ou aller dans la nature pour y trouver un réconfort. D'autres expriment efficacement leur chagrin à un niveau émotionnel par la peinture, l'écriture ou en écoutant de la musique. Quelle que soit la méthode qui nous aide à exprimer et à soulager notre douleur, il nous faudra y revenir très souvent jusqu'à atteindre le détachement complet.

Nous devons nous autoriser à être tristes et nous accorder du temps pour guérir. Une partie de notre vie a été complètement modifiée, et nous ne pouvons tout simplement pas nous rétablir rapidement comme s'il ne s'était rien passé. Et si nous devons retourner travailler peu de temps après le décès, nous pouvons nous ménager tous les jours un moment d'intimité dans un lieu tranquille, afin de permettre à nos sentiments naturels de se manifester. Sans doute devrons-nous mettre de côté nos émotions pendant nos heures de travail mais, une fois de retour à la maison, nous pourrons nous accorder un moment de solitude, ne serait-ce qu'une demi-heure, afin de mettre de l'ordre dans nos sentiments et d'exprimer librement notre chagrin. Ensuite, lorsque nous profiterons du reste de la soirée pour nous détendre ou nous joindre à notre famille, nous pourrons être pleinement présents pour nous-mêmes et les personnes qui nous sont chères.

Afin de me libérer émotionnellement des souvenirs extrêmement douloureux de la dernière année de vie de Lyttle, il m'a été d'un grand secours de passer en revue chaque souvenir important. Tandis que je revivais en esprit chacun de ces moments, je « terminais » mentalement l'expérience s'y rapportant, comme j'aurais aimé le faire à l'époque. Evoquant chaque jour un nouveau souvenir, je suis parvenue peu à peu à démêler les nœuds émotionnels qui m'empêchaient d'accepter la mort de Lyttle, de m'accepter moi-même et de me pardonner. Non seulement j'ai pu guérir ainsi mes souvenirs du passé, mais le fait d'imaginer ce que j'aurais souhaité faire ou dire m'a également permis de me préparer à réagir différemment aux difficultés futures de la vie.

Bien que le travail du deuil consiste à affronter nos démons et à aller jusqu'au bout de notre chagrin, nous devons aussi savoir nous réconforter et prendre soin de nous-mêmes. Car ce n'est pas témoigner de l'amour à la personne aimée que nous négliger, devenir autodestructeurs, délaisser nos proches ou nous interdire de rire et d'avoir des activités qui nous font apprécier le plaisir d'être en vie. Un moyen efficace pour ne pas l'oublier consiste à imaginer ce que la personne disparue aurait souhaité pour nous maintenant.

Un homme d'environ soixante-quinze ans m'a raconté avec enthousiasme comment il s'était réconcilié avec la mort de sa femme deux ans auparavant. « Tout d'abord, j'ai eu l'impression que, moi aussi, je voulais mourir. Je commençais à me négliger et je restais enfermé chez moi entre quatre murs. En mon for intérieur, je me demandais combien de temps il me faudrait pour être atteint d'une maladie incurable, afin que je puisse la rejoindre. Puis j'ai réfléchi à ce qui l'avait rendue heureuse et je me suis posé cette question : y a-t-il quoi que ce soit que je puisse faire, même maintenant, qui lui ferait plaisir ?

« J'ai compris que ma femme serait la plus heureuse si je l'étais moi-même. Elle aurait aimé que je continue à m'occuper de moi, que je sorte et fasse les choses que j'aimais faire avant, et même que j'en apprenne de nouvelles. Maintenant, en prenant plaisir à ma vie, j'ai l'impression de dire chaque jour à ma femme que je l'aime. »

- *Trouver un sens à notre nouvelle vie*

Judy Tatelbaum écrit :

> Tout comme nous savons que la perte est inéluctable, nous savons maintenant que la guérison de notre chagrin peut l'être aussi. Nous pouvons même faire de notre perte un témoignage vivant de notre amour pour le défunt en l'utilisant comme une étape dans notre développement personnel, un tournant important dans notre vie.
>
> Alors même que nous traversons ces expériences douloureuses de la vie, nous ne devons jamais oublier que nous sommes doués d'une résistance et d'une capacité de survie extraordinaires. De même qu'une forêt entière complètement réduite en cendres finit par repousser, que le printemps fait suite à l'hiver, ainsi la loi de la nature

fait que nous pouvons toujours continuer à grandir, quelle que soit notre souffrance. Il faut du courage pour croire que nous pourrons nous en sortir, que nous grandirons. Il faut également du courage pour vivre maintenant et non pas dans un futur improbable[3].

Lorsque nous apprenons à nous détacher d'une personne que nous aimons énormément, chacun d'entre nous est amené à prendre le même engagement conscient : exprimer son chagrin et se défaire de son passé, afin de pouvoir donner forme à sa nouvelle vie. Nous devons rester conscients du caractère intransigeant de la réalité de l'impermanence et de la mort, mais résister à la tentation de fermer notre cœur, de décider de ne plus jamais aimer ou avoir confiance en qui que ce soit. Si nous succombons à cette tentation, notre vie sera figée dans le passé et nous finirons par causer d'indicibles souffrances à ceux qui nous aiment toujours, en particulier à notre compagnon et à nos enfants. En essayant de nous protéger de la douleur, nous perdons le contact avec la source d'amour dans notre cœur et nous nous infligeons involontairement des souffrances supplémentaires.

Au lieu de ressentir de l'angoisse à l'idée qu'un jour ou l'autre nous perdrons tous ceux que nous aimons, nous pouvons décider d'apprendre à apprécier encore plus ceux qui nous entourent. La conscience de l'impermanence peut nous aider à comprendre qu'au regard de la mort, nombre de nos problèmes ne sont, après tout, pas si importants. Il devient alors plus facile de pardonner et de lâcher prise, de dire à l'autre à quel point nous lui sommes reconnaissants pour tout ce qu'il nous apporte. Nous pouvons laisser la vérité de l'impermanence nous rappeler d'être plus patients, plus attentifs et plus disposés à être présents pour autrui.

Le processus qui nous permettra de nous remettre de notre chagrin peut nous aider à vivre plus pleinement et à considérer chaque jour et chaque personne comme des cadeaux d'une valeur inestimable. Lorsque nous exprimons notre affliction, *nous devons nous défaire de notre attachement à la personne disparue, mais nous pouvons garder son amour dans notre cœur.* Dans le deuil, nous ne sommes pas abandonnés, car nous pouvons nourrir nos souvenirs d'amour et permettre à l'amour de continuer à nous toucher.

Même si la personne que nous avons perdue était la plus importante de notre vie, nous pouvons, à présent qu'elle n'est plus, exprimer notre amour plus largement. Une veuve m'a confié : « Le plus difficile n'est pas d'avoir perdu l'amour de mon mari, car, où qu'il se trouve en ce moment, je peux sentir son amour pour moi. Ce qui est difficile, c'est d'avoir l'impression de ne pas pouvoir exprimer mon amour. C'est pourquoi j'aimerais travailler en tant que bénévole dans une unité de soins palliatifs. »

Lorsque notre chagrin touche à sa fin, nous avons besoin de trouver comment apporter notre contribution au monde, de quelle façon consacrer notre vie à quelque chose de plus grand que nos désirs et nos besoins personnels. Nous pouvons même dédier notre travail à la mémoire du défunt. J'aimerais cependant faire une mise en garde, car il est crucial de maintenir un équilibre. En se réfugiant dans leur nouvelle activité à laquelle elles consacrent toute leur énergie et tout leur temps, certaines personnes évitent en fait d'accomplir le travail du deuil et négligent leurs proches.

La compréhension de la réalité de l'impermanence et de la mort peut aussi nous aider à comprendre que nous demeurons à la merci de notre attachement égocentrique et de nos peurs tant que nous ne sommes pas engagés dans une voie spirituelle.

Krisha Gotami était une jeune mère qui vécut à l'époque du Bouddha. Après la mort de son fils unique, elle se mit désespérément en quête d'une personne capable de rendre la vie à son enfant. Elle se tourna finalement vers le Bouddha et ce dernier lui demanda de lui rapporter une graine de moutarde provenant d'une maison où personne n'avait jamais connu la mort. Après avoir frappé à toutes les portes du village, Krisha Gotami avait compris la vérité : tout le monde a connu la mort d'un être cher, de sorte que personne n'est vraiment seul à souffrir de l'épreuve du deuil. Elle prit conscience que tout dans la vie est soumis à la loi de l'impermanence et de la mort, et qu'elle ne pouvait trouver un bonheur durable dans les circonstances ou les gens, qui sont par nature imparfaits et changeants. Puis elle demanda au Bouddha de lui enseigner la voie qui pourrait la faire sortir de cet interminable cycle de souffrances et l'aider à réaliser sa nature inhérente et immortelle. Le Bouddha l'accepta comme disciple et elle suivit avec assiduité le chemin spirituel qu'il enseignait. Et, avant de mourir, Krisha Gotami atteignit l'éveil.

Apporter notre soutien à une personne en deuil

C'est notre amitié et notre présence qui aident une personne à traverser l'épreuve du deuil : *le simple fait d'être avec elle dans sa douleur,* même si nous ne pouvons rien faire ou dire pour l'apaiser. Dans la partie intitulée « Répondre à la douleur des autres » du chapitre 5, j'explique comment nous pouvons être plus présents pour une personne en souffrance. Vous trouverez dans la liste suivante des précisions supplémentaires, plus particulièrement adaptées au soutien des personnes en deuil.

1. Offrez sans compter votre présence et votre amitié.
2. Reconnaissez le deuil de la personne et autorisez-la à exprimer son chagrin. Réconfortez-la en

lui disant que ses émotions intenses et son impression de perdre le contrôle sont des manifestations normales du travail du deuil.

3. Acceptez-la de façon inconditionnelle, quelles que soient les pensées ou les émotions qu'elle exprime.
4. Expliquez à la personne en deuil et aux membres les plus proches de sa famille le déroulement normal du processus du deuil ainsi que sa durée. Rassurez-les en leur disant qu'il est possible de mettre un terme au chagrin.
5. Incitez-la à évoquer ses souvenirs du défunt, même si elle se répète.
6. Encouragez-la à terminer toute affaire non réglée.
7. Proposez-lui de l'aider sur le plan pratique : faire les courses, la cuisine, garder les enfants, s'occuper du ménage ou du jardin, mettre à jour les factures ou les papiers en rapport avec le décès.
8. Aidez-la à trouver dans son entourage des amis ou des professionnels susceptibles de lui apporter un soutien.
9. Encouragez-la à prendre soin d'elle-même et à s'accorder le temps nécessaire pour reprendre des forces et guérir de cette blessure profonde.
10. Renseignez-vous sur les activités qu'elle aimait pratiquer auparavant et proposez-lui d'en partager quelques-unes avec vous, notamment les activités de plein air qui favorisent l'exercice physique ou un contact avec la nature.
11. Partagez des moments d'affection et de réconfort. Racontez des histoires de la vie et faites preuve de votre sens de l'humour au moment approprié, tout en sachant que les moments difficiles seront inévitables.
12. Dites à la personne qui reste tout ce qu'elle vous a apporté. Laissez-la vous offrir de temps à autre un soutien affectif et pratique.

Les amis commettent souvent l'erreur d'abandonner la personne en deuil à elle-même, pensant qu'elle préfère rester seule. Si nous souhaitons tous avoir un peu de solitude quand nous souffrons, la plupart des personnes en deuil en ont trop. Quant aux célibataires qui sont seuls à longueur de temps, il est nécessaire de prendre soin d'eux, de les écouter en silence ou tout simplement de passer un moment agréable avec eux. D'un autre côté, les couples qui ont des enfants ont besoin qu'on leur redonne courage et qu'on leur propose de s'occuper des enfants, par exemple une fois par semaine, afin qu'ils puissent exprimer leur chagrin et prendre soin de leurs besoins personnels.

La personne en deuil peut facilement commettre l'erreur de se replier sur elle-même, notamment en ne répondant pas au téléphone lorsque des amis veulent prendre de ses nouvelles ou manifester leur amitié. Suite à cela, elle peut se retrouver complètement seule. La plupart des amis sont bien intentionnés et seraient heureux de savoir comment apporter leur soutien à un ami en deuil. Mais ils ignorent sans doute ce qu'ils peuvent faire. Si nous voulons surmonter notre chagrin, nous devons ravaler notre peur et notre fierté, et apprendre à demander aux autres de venir nous voir et de nous aider, et même leur dire de vive voix ce dont nous avons le plus besoin.

Pendant la première année de deuil, notre capacité de réflexion semble souvent très claire et très convaincante. En très peu de temps, nous sommes capables d'élaborer et de réaliser de grands projets, qu'il s'agisse par exemple de vendre notre maison et de déménager dans une autre région, de nous engager dans une nouvelle relation ou de décider brusquement de changer de mode de vie ou de profession. A cause de cela, la personne en deuil risque d'interrompre involontairement le processus naturel de son chagrin et de finir par se couper de toutes les sources fiables d'amour et de soutien dont elle aurait pu bénéficier. Cette période pendant laquelle son esprit, apparemment lucide et rationnel, la pousse à prendre des décisions impulsives a été qualifiée de « folies de la première année ». Nous pouvons lui suggérer de ne prendre aucune décision importante avant le premier anniversaire du décès.

Lorsque nous remarquons que la personne en deuil réagit de façon anormale à son chagrin, qu'elle adopte un comportement qui pourrait mettre en danger son propre bien-être ou celui de sa famille, nous pouvons lui conseiller de faire appel à un spécialiste. Ce comportement se manifeste à travers différents signes : un abattement et une dépression prolongés, des allusions au suicide, de nouvelles phobies ou l'aggravation d'anciennes phobies, la négligence de sa santé ou de celle de ses enfants, un repli sur soi-même exagéré ou un refus obstiné d'admettre que la mort a vraiment eu lieu. Tous les psychologues ne sont pas formés à la thérapie du deuil, mais l'unité de soins palliatifs la plus proche de chez vous ou le centre d'aide sociale de votre quartier pourront vous diriger vers un spécialiste compétent.

Avant tout, rappelez à la personne en deuil qu'elle est « plus » que sa souffrance. Nous devons garder notre cœur ouvert et plein d'amour et la soutenir dans sa douleur, sans jamais perdre de vue l'existence d'une réalité plus vaste. Nous vivons tous dans un monde de souffrances où la perte, la maladie, la mort et le chagrin ne sont pas rares. Ce sont néanmoins des moments de transition très puissants, des occasions qui nous sont offertes pour prendre conscience de notre mode de vie égoïste et matérialiste. Le deuil peut être à la fois un moment de désespoir et de désintégration et une période de renaissance surprenante de notre foi, comme le montre C. S. Lewis, dans son livre *L'Observation du chagrin (A Grief Observed)*[4].

Pendant la majeure partie de sa vie, Lewis a écrit des ouvrages passionnants et donné des conférences très appréciées sur la foi chrétienne. Après la mort de sa femme à la suite d'un cancer, il raconta sa colère et sa tristesse durant les mois qui suivirent, ainsi que le désespoir et la solitude dans lesquels il s'était retrouvé, comme si tout ce à quoi il avait cru jusque-là n'était plus que des mots vides de sens. Il se sentit abandonné de Dieu et perdit la foi. Mais tandis qu'il continuait à s'interroger, à essayer de comprendre et de guérir son chagrin, il fit peu à peu renaître des cendres de sa souffrance et de son désespoir une foi forte et vivante.

Comme l'a observé Lewis, le jour où nous perdons la personne que nous aimons le plus, nous n'avons pas d'autre choix que de la pleurer et de lâcher prise, car il nous faut finalement revenir sur terre. Existe-t-il un meilleur terrain sur lequel retomber que celui de la vérité ? Nous pouvons encourager la personne en deuil à associer la douleur de son chagrin à sa vie spirituelle. Trouver un refuge ultime au beau milieu de notre souffrance la plus profonde, c'est comme ouvrir en grand les volets d'une maison longtemps inhabitée.

Surtout, nous ne devons jamais abandonner la personne en deuil. Avec bonté et patience, continuons à lui offrir notre amour et notre soutien tout au long des nombreux mois qui lui seront nécessaires pour mettre fin à la partie la plus douloureuse de son chagrin. Et ne nous attendons pas à ce qu'elle nous téléphone pour nous demander de l'aide. En règle générale, elle aura beaucoup de mal à admettre qu'elle est profondément seule et effrayée, même quand nous l'appelons. Elle a peur de reconnaître qu'elle se sent vraiment mal, peur d'être en train de devenir folle. Elle craint que nous ne refusions d'être avec elle dans sa douleur et redoute de faire les premiers pas pour reprendre le cours normal de sa vie.

Il nous appartient donc d'être dynamiques, bienveillants et honnêtes, afin qu'elle puisse laisser tomber ses défenses en toute sécurité et recevoir amour et soutien.

Sogyal Rinpoché et moi-même aimons raconter l'histoire qui va suivre, car elle renferme un message spécial pour tous ceux qui assistent les personnes en deuil. Nous avions demandé à une veuve, un an après le décès de son mari : « Tout au long de cette année de deuil, y a-t-il quelque chose de particulier qui vous ait aidée ?

– Oui, répondit-elle, les personnes qui ont continué à me téléphoner et à venir me voir, *malgré mes refus*. »

La réponse de cette veuve est importante pour deux raisons. Premièrement, lorsque nous appelons la personne en deuil alors qu'elle vit la phase d'« incrédulité » ou de « rétablissement » de son chagrin, elle peut effectivement ne pas avoir besoin de notre présence ou de notre aide. Mais si nous continuons à lui téléphoner et à passer la voir, nous finirons par pouvoir lui apporter un réel soutien dans les moments les plus douloureux et les plus désespérés, quand elle se sentira incapable de décrocher le téléphone et de demander de l'aide à qui que ce soit.

Deuxièmement, nous n'aimons généralement pas être témoins de la souffrance d'autrui. Bien que nous ayons envie de passer un moment avec la personne en deuil malgré nos réticences, si elle nous dit : « Non, ne viens pas », nous serons tentés de raccrocher le téléphone avec soulagement et de ne plus essayer de la rappeler ! L'aide la plus efficace est donc de continuer à lui téléphoner et de lui proposer de l'aider à traverser sa « nuit obscure de l'âme ». Grâce à la présence fidèle et à l'amour d'amis dévoués, les personnes en deuil sentent que leur vie revêt une signification nouvelle et que l'avenir offre de l'espoir.

12

La dimension spirituelle du deuil

Si les principales traditions religieuses du monde affirment toutes qu'il y a une forme d'existence après la mort du corps physique, le bouddhisme tibétain décrit en détail les différentes formes possibles de cette existence ainsi que la multitude d'expériences qui font partie de la traversée des bardos après la mort. Ces enseignements nous permettent de mieux comprendre ce que peut vivre une personne qui vient de mourir et comment sa famille et ses amis peuvent lui offrir un soutien spirituel inestimable.

Tout comme le bardo du moment de la mort, le bardo qui suit la mort peut être un moment chargé d'incertitudes et de douleurs terribles. Il peut aussi être celui d'une extraordinaire occasion, si, à cette « croisée des chemins » entre la mort et la prochaine vie, nous comprenons ce qui est en train de se passer et savons comment choisir notre direction avec sagesse.

En lisant ce qui suit sur la survie de la conscience après la mort, donnez le meilleur de vous-même et sachez que vous pouvez vraiment aider l'être aimé qui vient de disparaître. Dans le deuil, nous ne pensons souvent qu'à nos propres besoins et non à ceux de la personne défunte. Ces enseignements peuvent vous aider à comprendre que vous pouvez jouer un rôle crucial en aidant ceux que vous aimez à se libérer complètement de la souffrance ou, tout au moins, à obtenir une renaissance porteuse d'un plus grand potentiel de bonheur et d'évolution spirituelle.

Même si vous ne croyez pas à la renaissance, j'espère que les enseignements présentés ici vous aideront à comprendre que vous pouvez apporter un soutien spirituel précieux à l'être cher disparu. Si certains aspects de ces enseignements ne correspondent pas à vos propres croyances religieuses, ne vous inquiétez pas. Ne prenez que ce qui vous aide à comprendre et à apprécier les enseignements et les pratiques pour la mort relevant de votre propre tradition spirituelle.

Les enseignements du bouddhisme tibétain soulignent l'importance considérable du moment de la mort et de la période qui suit. Quand vous effectuez une pratique spirituelle ou que vous priez pour une personne défunte, faites-le avec la volonté délibérée et l'intention d'aider. Ne considérez pas les rituels et les prières comme allant de soi et ne les faites pas machinalement par devoir.

En lisant ce chapitre, vous vous rendrez peut-être compte que ce que vous avez fait après la mort d'un être cher a pu lui causer de la souffrance malgré vous. La première fois que j'ai entendu ces enseignements, j'ai profondément regretté ce que j'avais fait ou omis de faire dans les mois qui suivirent la mort de mon mari. N'oubliez jamais que vous avez fait de votre mieux en fonction de ce que vous saviez à l'époque. Si vous n'avez pas offert de soutien spirituel avant la mort de la personne qui vous était chère, vous pouvez toujours faire quelque chose pour elle maintenant. Souvenez-vous de ceci : *Il n'est jamais trop tard pour venir en aide à un être aimé, même si celui-ci est déjà mort depuis longtemps.*

Entrer dans les bardos qui suivent la mort

Ce qui nous arrive après notre mort n'a rien à voir avec des dés lancés au hasard. De même que chaque moment est la continuation de ce que nous venons de faire l'instant d'avant, notre vie après la mort sera – pour le meilleur ou pour le pire – le prolongement des schémas de comportement que nous avons inscrits dans notre cœur et dans notre esprit de notre vivant.

En fonction de ce que nous avons vécu et de notre état d'esprit au moment de la mort, les expériences que nous vivrons après la mort peuvent être très diverses. Dans *Le Livre tibétain de la Vie et de la Mort,* Sogyal Rinpoché décrit en détail le processus de dissolution externe et interne qui se produit au moment de la mort. J'en ferai ici le résumé des principaux points. Après avoir rendu notre dernier soupir, notre force vitale et notre énergie commencent à se dissoudre et à se diriger vers le centre du cœur. Au bout d'environ vingt minutes, nous aurons l'impression de nous fondre dans une obscurité et une paix totales. C'est le moment véritable de la mort, la fin du bardo douloureux du moment de la mort, celui où notre corps physique meurt, ainsi que notre ego ou fixation égocentrique.

Après quoi nous nous éveillons dans l'immensité et la clarté de notre nature véritable. Nous nous tenons maintenant sur le seuil situé entre la vie et les états des bardos qui suivent la mort. Puisque toutes les vies conscientes possèdent cette nature essentielle, chacune fera l'expérience de cette luminosité au moment de la mort. Cependant, la nature de ce qui se passera ensuite dépendra de notre degré de préparation spirituelle.

A un bout de l'échelle, un pratiquant expérimenté peut reconnaître la clarté du moment de la mort et s'unir à elle sans effort. En demeurant dans cet état, il est libéré. Les grands pratiquants peuvent même rester dans cet état qu'on appelle la Luminosité fondamentale, pendant plusieurs jours après leur mort. A l'autre bout de l'échelle se situe la majorité des gens qui, n'étant pas familiarisés avec l'essence la plus secrète de la nature de l'esprit, ne reconnaissent pas cette luminosité du moment de la mort. Au lieu de cela, ils sombrent dans un état d'inconscience qui peut durer jusqu'à trois jours et demi. Comme l'écrit Sogyal Rinpoché :

> Lorsque l'aube de la Luminosité fondamentale se lève, la question cruciale est alors la suivante : dans quelle mesure avons-nous été capables de demeurer dans la nature de l'esprit, d'unir notre nature absolue à notre vie quotidienne et de purifier notre condition ordinaire en l'état de pureté primordiale [1] ?

Lorsque l'immensité de notre nature véritable apparaît, nous entrons dans une expérience pure de non-dualité, un état dépourvu de limites ou de références. Il n'y a rien à quoi se raccrocher, rien à quoi se relier, il n'y a même pas de « je ». C'est alors comme si un choix se présentait à nous : ou nous abandonner à l'essence de notre nature éveillée (devenir « un avec Dieu ») ou répondre par la saisie, l'agression ou la peur. Si nous réagissons, nous nous séparons de cette essence pure et commençons à réintégrer peu à peu notre ancien « sens du soi », avec sa souffrance mentale conditionnée.

Si nous comparons la luminosité du moment de la mort à la clarté d'un ciel matinal juste avant l'aurore, ce qui suit est alors semblable à la splendeur d'un lever de soleil. Le bardo suivant s'appelle « le bardo lumineux de la dharmata », *dharmata* signifiant la « nature intrinsèque de la réalité ». Dans ce bardo, l'énergie brute – ou rayonnement inhérent – de la nature essentielle de l'esprit se manifeste dans un embrasement de lumières et de couleurs resplendissantes. Des rayons lumineux et des grondements de tonnerre se manifestent, nous offrant ainsi une nouvelle occasion de libération si nous parvenons à reconnaître que ces « apparitions pures » émanent de l'essence de notre sagesse. Mais si nous n'avons pas l'entraînement spirituel, nous ne serons pas en mesure de reconnaître ce bardo qui passera alors comme un éclair. Comme nous le faisons dans notre vie de tous les jours, nous réagirons aux projections apparemment réelles de notre esprit en nous réfugiant une fois de plus dans nos émotions, générant ainsi les causes de notre prochaine naissance.

Les enseignements sur le troisième bardo du moment de la mort, « le bardo karmique du devenir », peuvent sembler difficiles à envisager. Non seulement ils expliquent que notre vie continue après la mort, mais aussi que nous pouvons être amenés à vivre des souffrances plus grandes encore que celles que nous avons connues dans notre vie précédente, et être encore plus impuissants à nous en libérer. Notre karma se développe avec une telle précision que nos habitudes mentales peuvent nous propulser automatiquement d'une réalité mentale à l'autre. C'est pourquoi il est dit que nous sommes poussés sans répit par le « vent du karma ».

La plupart des gens préfèrent les descriptions positives des expériences de proximité de la mort. Les récits qui nous sont parvenus parlent d'une lumière brillante et pleine d'amour, d'une profonde béatitude et d'une paix infinie. Mais, en réalité, la mort dure bien plus longtemps que ces quelques instants. Si nous lisons plus à fond ces témoignages, nous découvrirons des aperçus des souffrances à venir dans les expériences qui ont lieu après la mort. Par exemple, les personnes cliniquement mortes, qui voient le chagrin et l'angoisse ressentis par leurs proches à l'annonce de leur « mort », éprouvent à leur égard de l'inquiétude et un sentiment accru de responsabilité. Le docteur

Michael Sabom rapporte le récit d'une jeune femme décrivant sa plus forte impression pendant son expérience de proximité de la mort : « Je me tenais tout là-haut et je regardais mon corps pris de convulsions, tandis que ma mère et ma femme de ménage poussaient des cris et des hurlements parce qu'elles me croyaient morte. J'ai ressenti pour elles de la pitié et... une profonde, très profonde tristesse. Mais, là-haut, je sentais que j'étais libre et qu'il n'y avait aucune raison de souffrir[2]. »

De nombreux survivants, au moment où ils ont vu défiler toute leur vie devant eux pendant leur expérience de proximité de la mort, se sont sentis tourmentés par la honte et la culpabilité d'avoir fait du mal aux autres et ils auraient aimé rectifier leurs erreurs. Se jugeant sévèrement, certains se sont sentis indignes du flot d'amour inconditionnel qui s'écoulait sur eux.

Il nous arrive rarement de lire les récits les plus effrayants des expériences de proximité de la mort. Ceux qui vivent des expériences dignes de l'enfer ou particulièrement terrorisantes hésitent à les raconter et, craignant le jugement des autres, ils les effacent rapidement de leur mémoire. Parmi les rares récits qui ont été publiés, certains décrivent des paysages désolés, l'expérience terrifiante d'avoir été pourchassés ou blessés, ou encore des mondes habités par des êtres sous l'emprise de divers états de souffrance.

Dans les descriptions du bardo karmique du devenir, on retrouve des expériences similaires. Dans ce bardo, les conséquences de nos actions passées arrivent à maturité et se manifestent sous la forme d'expériences de plaisir ou de souffrance apparemment bien réelles. Bien que nous n'ayons pas de corps physique dans ce bardo, nous continuons à croire que nous existons et nous avons peur de souffrir.

Lorsque la conscience est séparée du corps, nous sommes si impressionnés, si sensibles et si réceptifs que toute pensée, ou tout sentiment, devient immédiatement notre entière réalité. Un épisode de la série télévisée *Star Trek : la Nouvelle Génération* mettait en scène un état similaire. Le vaisseau spatial, *Enterprise*, pénétrait dans un étrange champ de forces sous l'effet duquel les pensées et les émotions des membres de l'équipage devenaient spontanément leur propre réalité. Le chaos qui régnait à bord était spectaculaire ! Des feux se déclaraient, de vieux amants réapparaissaient, l'agressivité s'intensifiait.

Lorsque le capitaine Picard comprit enfin ce qui était en train de se passer, il diffusa à l'intention de tout l'équipage un message semblable à celui donné aux personnes qui traversent le bardo du devenir dans *Le Livre des Morts tibétain* : « *Tout ce qui vous apparaît est le résultat de votre esprit. Cela n'a aucune existence réelle, par conséquent n'y réagissez pas. Ce que vous vivez correspond à vos projections.* »

Si nous voulons nous préparer pleinement à la mort, nous devons commencer par entraîner et dompter notre esprit et nos émotions tant que nous sommes en vie. Cette discipline nous libérera progressivement de la souffrance dans cette vie et plus particulièrement de celle après la mort. Comme il est dit dans les enseignements sur les bardos : « *En un instant, éveil complet ; en un instant, confusion complète.* »

Pourquoi pouvons-nous aider les personnes décédées ?

Dès que la conscience s'est séparée du corps, elle prend la forme d'un « corps mental » extrêmement léger et lucide qui serait jeune et en bonne santé, dénué de toute limitation ou de tout handicap. Libérée des contraintes du corps physique grossier, la conscience est sept fois plus claire que dans la vie et elle possède des pouvoirs surnaturels : une clairvoyance rudimentaire, la capacité de se déplacer instantanément par le seul pouvoir de la pensée, celle de pénétrer ou de passer à travers des objets physiques ainsi qu'une extrême sensibilité.

De même, les témoignages des expériences de proximité de la mort suggèrent que certains des pouvoirs attribués à ce « corps mental » existent déjà au seuil de la mort : séparation provisoire d'avec le corps physique et conscience des tentatives de réanimation ; perception directe des émotions et des pensées de la famille ; observation d'événements éloignés ; capacité de voyager n'importe où en pensant simplement à une destination ; faculté de voir et de communiquer avec des personnes déjà mortes.

Toutes ces capacités sont décrites dans les enseignements tibétains sur le bardo du devenir. Ceux qui travaillent avec les mourants ont remarqué que certaines de ces expériences peuvent même commencer quand la personne est au bord de la mort[3]. En raison de ces capacités et de ces sensibilités spéciales, les personnes vivantes peuvent influencer le défunt, pour le meilleur ou pour le pire, par leurs pensées, leurs paroles ou leurs actes.

Lorsque la conscience du défunt se réveille après avoir été séparée du corps, ce dernier peut avoir l'impression de sortir d'un mauvais rêve. Pensant qu'il est toujours en vie, il cherchera peut-être à rentrer chez lui pour communiquer avec ses proches.

En les voyant pleurer, distribuer ses affaires et organiser les funérailles, il comprendra, pris d'angoisse et de peur, qu'il est mort. Comme il est devenu extrêmement réceptif aux pensées des autres, il connaîtra les véritables sentiments et motivations de ses proches et de ses amis, y compris de la personne chargée de célébrer ses funérailles. Ses réactions émotionnelles face à ce qu'il voit pourront susciter en lui le sentiment d'avoir été profondément offensé ou blessé.

Selon les habitudes mentales que nous aurons développées de notre vivant, nous pouvons littéralement nous créer une existence infernale ou paradisiaque après notre mort.

Le docteur George Ritchie, lui-même chrétien, a vécu une longue expérience de proximité de la mort en 1943 alors qu'il était une jeune recrue de dix-neuf ans [4]. Dans ce témoignage extraordinaire, il raconte que Jésus-Christ lui est apparu et qu'il a voyagé avec lui dans divers royaumes d'existence où vivaient des êtres prisonniers de la souffrance après la mort. La forme de leur existence et de leurs souffrances était déterminée par leurs attachements, leurs dépendances ou les tendances émotionnelles négatives les plus fortes qu'ils avaient hérités de leur vie précédente. Ritchie a alors compris le message essentiel exprimé par Jésus dans lc *Sermon sur la Montagne,* ainsi que la nature du lien entre la vie et la mort : « N'amassez pas de trésors sur cette terre. *Car là où se trouve votre trésor, se trouve aussi votre cœur !* » L'endroit où se trouve notre cœur – ce à quoi nous sommes le plus attachés – est la source de la souffrance dans cette vie, et celle de tourments indicibles et incessants après notre mort.

Dans les expériences les plus spectaculaires, parfois terrifiantes, de ce bardo, la conscience de la personne décédée implore désespérément de l'aide, de sorte qu'elle est plus réceptive à tout soutien que nous pourrions lui apporter.

Imaginez que vous vous réveillez dans une grotte plongée dans l'obscurité et que vous entendez des bruits effrayants partout autour de vous. A ce moment-là, quelqu'un allume une allumette. Votre esprit ne sera-t-il pas attiré immédiatement par ce refuge lumineux ? De même, lorsque nous rassemblons tout notre amour et prions ou pratiquons pour l'être aimé disparu, son esprit sera attiré par notre méditation et nos prières sincères. La vérité et la bonté qui émanent de cette pratique pourront alors devenir sa nouvelle réalité.

Les enseignements disent qu'il est relativement facile d'apporter un soutien spirituel à une personne décédée qui nous était chère. L'esprit n'étant plus lié au corps, la conscience de la personne est donc plus malléable. Un énorme tronc d'arbre est très difficile à déplacer au sol mais lorsqu'il flotte sur l'eau, il devient beaucoup plus facile à diriger. Toute pratique spirituelle effectuée après la mort est très puissante, parce que la conscience du défunt est alors plus réceptive et plus claire. Cette réceptivité est présente même si la personne ne s'intéressait pas à la spiritualité dans sa vie ou si elle est morte dans un état de confusion.

Un de mes amis m'a raconté une expérience de proximité de la mort qui s'est produite suite à un grave accident de voiture sur une autoroute. Un homme qui avait de multiples fractures et dont les organes internes avaient été gravement touchés fut déclaré cliniquement mort. Il sentit alors sa conscience s'élever au-dessus de son corps alors qu'il contemplait la scène au-dessous de lui. La circulation était complètement bloquée tandis que les véhicules d'urgence, avec leurs gyrophares et leurs sirènes, filaient à toute allure.

Coincée dans sa voiture un peu plus loin sur l'autoroute, une femme, qui ne pouvait voir l'accident mais en devinait la gravité, se mit à prier. La conscience de l'homme fut immédiatement attirée par cette prière et il s'aperçut qu'elle lui donnait des forces. Finalement, le SAMU parvint à le réanimer. En réintégrant son corps, il éprouva des douleurs inimaginables. Après des mois d'hospitalisation et de rééducation, il put enfin quitter l'hôpital.

Peu après, reconnaissant des prières que cette femme avait faites et heureux d'être toujours en vie, il se rendit chez elle pour la remercier. Ne se souvenant pas d'avoir fait quoi que ce soit de spécial, elle fut très surprise de sa visite. En outre, comment avait-il su qu'elle avait prié pour lui ? Et comment avait-il fait pour la retrouver ? En fait, au moment où sa conscience s'était trouvée au-dessus de la scène de l'accident, il avait été si touché par sa compassion que, pour pouvoir la remercier plus tard, il avait mémorisé le numéro d'immatriculation de sa voiture !

Les enseignements nous font comprendre que, si nous aimons et désirons sincèrement venir en aide à une personne décédée, nous pouvons faire beaucoup. Chaque pensée, ou pratique spirituelle, que nous offrons peut influer favorablement sur sa conscience et la libérer des souffrances potentielles du bardo ou l'aider à progresser sur le chemin de l'éveil. L'essentiel n'est alors pas de s'interroger ou de s'inquiéter en se demandant : « La personne que j'aime souffre-t-elle ? », mais de comprendre que *nous sommes tous en mesure d'aider une personne décédée avec notre pratique spirituelle, ici et maintenant.*

L'aide spirituelle après la mort

La profondeur de notre propre pratique spirituelle, la force et la pureté de notre intention pleine de compassion constituent le soutien suprême que nous pouvons apporter à une personne qui vient juste de mourir. Si, par la pratique, nous nous sommes familiarisés avec la nature de l'esprit et sommes capables d'y demeurer sans distraction, alors méditer à l'intention de notre ami défunt lui « montrera » la vérité de sa propre nature. Comme l'a dit Padmasambhava :

> Dès que notre corps s'est divisé en esprit et en matière, et dans l'intervalle qui précède le moment où il sera de nouveau pris dans le filet d'un corps futur, l'esprit avec sa manifestation magique n'a plus de support matériel

concret. Tant qu'une telle base matérielle nous fait défaut, nous sommes indépendants et pouvons effectuer la reconnaissance. Cette capacité d'atteindre la stabilité en reconnaissant simplement la nature de l'esprit est semblable à une torche qui, en un instant, peut dissiper l'obscurité des éons[5].

Une autre aide spirituelle très efficace, que nous pouvons offrir à une personne récemment décédée, consiste à nous concentrer sur la pratique essentielle du p'owa. Cette pratique a le pouvoir de guérir l'esprit de la personne défunte, de l'aider à purifier les regrets de sa vie et les souffrances de sa mort, de la guider sur son chemin vers la libération ou de la conduire vers une meilleure renaissance. Par conséquent, après la mort d'un être cher, nous devrions effectuer maintes et maintes fois la pratique essentielle du p'owa, avec une compassion et une dévotion profondes.

Tout d'abord, éveillez votre compassion, puis visualisez la personne aimée assise devant vous et invoquez de tout votre cœur, au-dessus d'elle, la présence rayonnante d'un bouddha ou d'un être divin. Demandez alors à cette présence de purifier toutes les traces d'actions négatives de cette personne et de la libérer de la détresse, ou de la souffrance, liée à sa mort.

Visualisez que cette présence envoie vers le défunt des rayons lumineux d'un éclat extraordinaire qui le bénissent et le purifient. La récitation d'un mantra ou d'une courte prière aidera à accomplir cette purification qui transformera complètement l'autre personne en lumière. Puis, son être – corps et esprit – s'élève et se fond dans le cœur de la présence divine.

Lorsque vous offrez cette pratique, ou des prières faites à l'intention de la personne qui vous était chère, ne pensez pas seulement à elle mais aussi à tous ceux qui sont morts dans la solitude ou dans une extrême frayeur, dans des circonstances traumatisantes telles que des famines, des catastrophes ou des guerres. Etendez votre compassion à tous les êtres et priez pour qu'ils soient purifiés des souffrances de leur vie et de leur mort, qu'ils fassent l'expérience du bonheur et de la paix et qu'ils atteignent finalement la libération complète de la souffrance.

Partager les enseignements

Une personne qui vient juste de mourir peut être en proie à la confusion et ne pas savoir que faire. Partager avec elle des enseignements inspirants sur la nature de l'esprit, ou à même de générer des sentiments de compassion ou de dévotion, peut avoir un effet salutaire sur son esprit. Le simple fait d'entendre quelques phrases des enseignements peut changer le destin d'une personne errant dans les états du bardo de la mort, voire même la libérer.

C'est pourquoi *Le Livre des Morts tibétain* ou *Bardo Thödol Chenmo* signifie « La grande libération par l'écoute dans le bardo ». Si, dans le bardo, nous entendons un rappel – un enseignement, ou une pratique, qui nous éveille à la vérité –, cela peut tout éclairer, mettre fin à notre confusion et à notre souffrance, de même que le son puissant d'une cloche peut nous réveiller d'un horrible cauchemar. Si un pratiquant demeure dans la véritable nature de l'esprit tout en lisant les instructions, la personne défunte peut lire dans son esprit et, faisant l'expérience directe de cette profonde méditation, être libérée.

Les principales instructions du *Bardo Thödol* pour le moment après la mort sont les suivantes :

- Souvenez-vous que tout est vide : « vous » n'existez pas, de sorte que rien ne peut vous atteindre. Tous les phénomènes dont vous faites l'expérience, qu'ils soient agréables ou désagréables, ne sont que des projections de votre esprit. Etant donné que « la vacuité ne peut pas faire de mal à la vacuité », il n'y a rien à craindre.

- Souvenez-vous de votre pratique spirituelle et effectuez-la avec ferveur, maintenant.
- Prenez refuge dans les « Trois Joyaux », une pratique bouddhiste nous rappelant de nous en remettre complètement au Bouddha (le guide vers la libération), au dharma (le chemin spirituel) et à la sangha (les amis spirituels et ceux de la lignée qui ont atteint l'éveil). Dans une autre tradition spirituelle, prendre refuge consisterait à diriger votre cœur et votre esprit vers Dieu, le Christ, la Vierge Marie ou ce qui représente pour vous la source ultime de bénédictions et de protection.
- Appelez le Seigneur de la Compassion, Avalokiteshvara, dont la présence et la bénédiction se manifesteront dès que vous penserez à lui. Invoquez son nom ou récitez son mantra : *Om Mani Padmé Hum Hrih*.
- Et surtout : « Ne soyez pas distrait. »

La partie principale du *Bardo Thödol* décrit les visions des cent déités paisibles et courroucées qui apparaissent à la conscience dans le second bardo de la mort, appelé la Dharmata, le rayonnement intrinsèque de la nature de l'esprit. Ces enseignements s'adressent à ceux qui ont été formés dans cette tradition. Ils servent de rappel pour que la conscience du pratiquant, qui les entend de nouveau après sa mort, comprenne ce qui se passe et se souvienne de ce qu'il faut faire pour atteindre la libération. Cependant, je ne recommande pas de lire *Le Livre des Morts tibétain* à une personne qui n'aurait pas au préalable les bases de l'entraînement et de l'étude dans cette tradition, car le fait d'entendre ce texte pourrait avoir comme seul effet de provoquer en elle de la confusion et de l'irritation au moment de sa mort.

Dédier les actions positives

Nous pouvons dédier les mérites de nos actions positives à l'être cher disparu. Aider les personnes en difficulté, rendre visite aux malades, aux prisonniers ou aux mourants, offrir de la nourriture, des vêtements ou un abri, sauver la vie des animaux sur le point d'être tués, participer à une retraite ou la financer : toutes les actions positives que nous dédions à une personne aimée seront d'un bienfait réel pour son karma au moment même où nous les ferons, qu'elle soit toujours dans le bardo ou qu'elle ait trouvé une nouvelle naissance. Nous devenons en quelque sorte son mandataire.

Nous pouvons faire des dons au nom de la personne défunte ou léguer une partie de notre héritage à une organisation humanitaire ou à un projet spirituel, et elle en recevra les bienfaits. Dans toutes les grandes religions, l'offrande de lumière est une très belle pratique pour les morts. Dans la tradition bouddhiste, au moment où on allume une bougie ou une lampe, on dit cette prière : « Puisse cette lumière guider la personne que j'aime vers la nature lumineuse de son esprit. Puisse-t-elle être son guide dans le bardo. »

Faire quelque chose pour le bien des autres peut aussi soulager une grande partie du sentiment d'impuissance de la personne en deuil, particulièrement après une mort brutale.

Une famille américaine passait ses vacances en Italie lorsqu'un événement tragique s'est abattu sur elle : sur le bord de la route, des bandits se sont emparés de leur argent et ils ont tué leur plus jeune fils. Lorsque son corps fut transporté à l'hôpital le plus proche, les parents ont accepté que l'un des organes de leur fils soit donné à une personne qui en aurait besoin. Malgré la douleur de leur deuil, ils ont autorisé la presse à les interviewer pour expliquer la motivation de leur acte.

Puisque leur fils ne pouvait pas être ramené à la vie, sa mort pourrait peut-être avoir un sens si elle aidait les autres à vivre. Dans toute l'Italie, les gens qui avaient vu ou lu l'interview de ces parents furent touchés par leur compassion. Depuis, un nombre considérable d'Italiens ont commencé à faire des dons d'organes en réponse à ce courageux geste d'amour.

Non seulement cet acte d'amour a permis aux parents de sentir que leur fils n'était pas mort en vain, mais il a aussi profité à leur enfant. Et les bienfaits de leur compassion continuent de s'accroître du fait que d'autres personnes décident de donner et de recevoir la vie au seuil de la mort.

Guérir la relation

Puisque le défunt peut être facilement influencé par les actions, les mots et les pensées de sa famille et de ses amis, il est important que ceux qui restent fassent attention à leurs pensées et remplacent immédiatement toute émotion négative par de l'amour et de la compassion. C'est aussi la raison pour laquelle il est essentiel de reconnaître et d'accepter de mettre fin à tout sentiment négatif dans leur relation avec l'être disparu.

Si nous réfléchissons aux besoins de la personne qui nous était chère après sa mort, nous comprendrons que toute tentative de rester en contact régulier avec elle ne peut qu'augmenter son attachement à cette vie et rendre son départ plus difficile. Cependant, si des émotions négatives anciennes ou nouvelles assombrissent notre relation avec cette personne, il est essentiel de résoudre et de mettre un terme à cette affaire non réglée, pour son bien et pour le nôtre. Lorsque nous utilisons la méthode pour « régler les conflits non résolus » présentée au chapitre 7, nous imaginons que la personne est assise devant nous, non pas pour nous y attacher, mais dans l'intention de tout pardonner et d'abandonner le passé. Nous pouvons conclure en effectuant la pratique essentielle du p'owa afin de guider l'être aimé vers la liberté ultime de sa véritable nature.

Le meilleur moment pour pratiquer

Le meilleur moment pour effectuer une pratique spirituelle à l'intention du défunt est l'instant où il rend son dernier souffle et, par la suite, de façon régulière. La conscience peut demeurer dans le corps pendant les trois jours et demi qui suivent la mort. Dans la tradition tibétaine, il est conseillé de déranger le corps le moins possible pendant cette période, tout en faisant continuellement la pratique du p'owa jusqu'à ce que nous obtenions des signes qu'elle a été bien effectuée, ou jusqu'à ce que la conscience ait quitté le corps.

Au moment de la mort, notre pratique peut influer d'une façon extraordinaire sur l'esprit et le cœur de la personne en train de mourir. Lorsque nous demeurons dans la présence lumineuse de la nature véritable de l'esprit ou que nous invoquons la présence radieuse et pleine d'amour d'un bouddha ou d'un être divin, nous créons littéralement pour la personne un environnement sacré où elle pourra mourir. Notre pratique spirituelle fervente peut devenir au moment de sa mort une expérience qui laissera une profonde empreinte dans son esprit ; et c'est cette empreinte qu'elle retrouvera lorsqu'elle se réveillera après sa mort.

Puisque nous ne serons peut-être pas au chevet de la personne au moment de sa mort, nous pouvons pratiquer comme si c'était la dernière fois chaque fois que nous lui rendons visite, et régulièrement ensuite après l'annonce de son décès. Pendant trois ou quatre jours après sa mort, effectuez la pratique essentielle du p'owa de manière intensive (ou toute pratique, ou prière, pour les morts recommandée dans votre tradition spirituelle). Quelle que soit la pratique choisie, faites-la en souhaitant de tout votre cœur que le défunt soit libéré de tout attachement à cette vie et de toutes les souffrances de sa mort, et qu'il s'unisse à la Luminosité et à l'Espace omnipénétrant de sa véritable nature.

Nous devrions aussi prier et pratiquer pour le défunt pendant les quarante-neuf jours après son décès afin d'aider sa conscience à se libérer avant qu'il ne se dirige vers une renaissance dans un nouveau monde d'existence. (On ne renaît pas toujours dans le monde des humains. Il existe six royaumes d'existence dans lesquels nous pouvons renaître, en fonction des schémas émotionnels et mentaux que nous avons pris l'habitude de générer dans cette vie.)

Cependant, la meilleure période pour nous concentrer sur la pratique spirituelle se situe dans les vingt et un premiers jours durant lesquels la conscience est encore associée à cette vie et, par conséquent, plus facile à guider. Nous devons tout particulièrement penser à effectuer la pratique essentielle du p'owa chaque semaine, au jour et à l'heure où la personne est décédée, car c'est à ce moment-là qu'elle revivra brièvement l'expérience de sa mort et que notre pratique pourra ainsi l'aider avec plus de force.

Lorsque le compagnon ou les amis proches du défunt sont encore sous le choc et ne ressentent pas encore toute leur douleur, il faut en profiter pour les encourager à faire des pratiques spirituelles intenses. Se tourner ainsi vers la pratique au début de leur deuil leur procurera la stabilité dont ils auront besoin au moment où la douleur plus profonde de leur chagrin commencera à surgir.

Même si l'être cher est mort depuis longtemps, il est toujours possible de l'aider. Nous pouvons influer sur son karma, qui continue à se développer, en pratiquant sincèrement pour lui et en lui dédiant les mérites de nos actions positives. S'il a déjà trouvé une nouvelle naissance, tout ce que nous lui dédions lui servira, où qu'il soit. Notre pratique spirituelle peut avoir une influence sur son karma, lever les obstacles créés dans sa vie et l'aider à progresser spirituellement. Si la personne pour laquelle nous pratiquons a déjà atteint l'éveil, nos prières et notre pratique peuvent l'aider à œuvrer pour le bien des êtres. *Le lien profond qui nous unit à ceux qui ont partagé notre vie n'est pas rompu par la mort.*

Il arrive parfois que les amis ou la famille du défunt ne supportent pas des mots comme « prière ». Dans ce cas, nous pouvons les encourager à envoyer leur amour au défunt et à le laisser partir en lui souhaitant que tout se passe au mieux. Même si le défunt n'avait aucune croyance spirituelle, les prières et les pratiques que nous effectuons pour lui ne l'offenseront pas. A moins qu'il n'y ait de l'attachement dans la prière – un désir de le retenir –, il ne la percevra pas comme une agression mais comme de l'amour.

Karen, une jeune femme anglaise dans un état extrêmement critique, devait être opérée d'urgence. Après avoir été avertis par le chirurgien que Karen ne survivrait sans doute pas à cette intervention chirurgicale, ses parents ont pris contact avec les autres membres de la famille pour les informer de la situation. Pendant l'opération, Karen fut déclarée cliniquement morte et réanimée quelques minutes plus tard. Après s'être bien rétablie et avoir recouvré ses forces, elle partit rendre visite à sa sœur Jane au Canada.

Elle lui parla de son opération et de sa mort clinique. Jane lui demanda alors si, pendant ces quelques minutes où elle était « morte », elle n'avait pas fait l'expérience de quelque chose d'étrange.

« Oui, c'était très positif et apaisant, dit-elle. Je me suis élevée au-dessus de mon corps et je me suis sentie entourée par des êtres qui m'envoyaient de l'amour sous la forme de lumière. Après avoir réintégré mon corps, bien que mon état de santé soit resté critique pendant un certain temps, chaque fois que je me remémorais cette expérience, je ressentais une profonde paix intérieure. C'était très réel et c'est resté en moi depuis. »

Aussitôt, Jane a eu comme un flash. « Je ne sais pas si cela a un rapport avec ce que tu as vécu, mais pendant ton opération j'ai demandé à un groupe de gens qui font partie de mon église de s'asseoir en cercle avec moi, et nous avons prié tous ensemble pour toi pendant toute la durée de ton opération. »

Les prières sincères que nous offrons pour le plus grand bien d'une personne aimée, vivante ou décédée, peuvent lui apporter protection, bénédiction et grâce.

Pratiquer avec ferveur et d'une façon qui ait un sens

Comme nous ne savons pas vraiment si la personne qui nous était chère souffre ou non après sa mort, nous devons pratiquer régulièrement et intensément pour elle comme si tout en dépendait. D'une certaine façon, la force et la constance de notre pratique sont comme la réponse à un « appel à l'aide spirituel », ayant le pouvoir de venir au secours d'une personne en grande détresse dans le bardo. Les enseignements disent qu'en de tels moments, les bouddhas, ou les êtres éveillés, sont encore plus prompts à se manifester. Dès lors que nous les invoquons, ils sont présents et l'être aimé reçoit immédiatement leur aide.

Quand les Tibétains pensent aux défunts ou passent dans un lieu où quelqu'un est mort, ils récitent immédiatement le mantra du Seigneur de la Compassion, Avalokiteshvara : *Om Mani Padmé Hum Hrih*. Ce mantra invoque réellement la présence de ce Bouddha, le rayonnement de sa sagesse et de sa compassion. Lorsque nous le récitons, nous amenons cette présence sacrée et compatissante dans l'esprit et le cœur de la personne pour laquelle nous pratiquons, ce qui peut l'aider à dissiper sa souffrance.

Il est dit dans les enseignements traditionnels que nos pleurs, particulièrement au moment de la mort, peuvent provoquer de l'angoisse chez la personne qui est en train de vivre ses derniers instants et l'empêcher de partir. C'est pourquoi il est important que les proches acceptent sa mort, pleurent ensemble et fassent leurs adieux au mourant, afin que le moment de la mort soit paisible. Toutefois, il est naturel et même important pendant le deuil d'éprouver du chagrin et de se laisser aller à pleurer. *Le problème, c'est notre attachement et non pas nos larmes*. Tandis que nous pleurons, il est important de continuer à lâcher prise avec amour. Comme l'écrit le poète Mary Oliver :

> ... Pour vivre en ce monde
> il faut pouvoir
> faire trois choses :
> aimer ce qui est mortel,
> le serrer
> très fort contre vous en sachant que
> votre vie même en dépend ;
> et, quand vient le temps de le laisser partir,
> le laisser partir[6].

Mort soudaine et suicide

Lorsqu'une personne qui nous était chère meurt d'une façon soudaine ou violente ou qu'elle se suicide, notre souffrance est immense. Nous nous sentons coupés de toute possibilité de guérir ou de terminer la relation. Nous imaginons que la personne est morte dans de grandes douleurs ou dans une détresse émotionnelle intense – sans soutien, sans amour –, et nous

nous sentons complètement impuissants. Nous sommes parfois assaillis par un fort sentiment de culpabilité et de panique à l'idée que nous aurions dû empêcher cette mort d'une façon ou d'une autre.

Même si quelqu'un a souffert avant une mort violente ou soudaine, toutes les souffrances physiques se terminent avec la mort. Nombre de ceux qui ont eu une expérience de proximité de la mort suite à une fin soudaine ou accidentelle, même si leur corps semblait être dans le pire état, avaient la conscience qui flottait hors du corps et ils ne ressentaient aucune douleur physique.

Après la mort de leur petit garçon de trois ans, fauché par une voiture, ses parents sont restés près de lui dans la salle des urgences, ils l'ont serré dans leurs bras en essayant de s'adapter à leur choc et sont même allés jusqu'à baigner le corps de leur enfant. Avant la crémation qui devait avoir lieu trois jours plus tard, des amis des parents les ont encouragés à se rendre à la morgue pour voir le corps de leur fils une dernière fois. Meg, la mère, raconte : « Je ne peux pas vous dire à quel point ce fut important pour nous de le revoir quelques jours après son décès. Je me rappelais le corps qu'il avait au moment de sa mort et continuais à croire qu'il souffrait toujours. Mais, lorsque j'ai vu son corps trois jours plus tard, j'ai compris clairement que ce n'était qu'une enveloppe vide et que mon fils n'était plus là. Il était libéré de la souffrance de sa mort, de sorte que mon esprit pouvait aussi se libérer de ce souvenir. »

• *Ceux qui restent après le suicide d'un proche*

Une des morts soudaines les plus perturbatrices est le suicide d'un ami ou d'un membre de notre famille. Aucun mot ne peut décrire l'intensité et le bouleversement total que ressentent ceux qui restent. Ils passent alors par toute une gamme d'émotions intenses et contradictoires : frustration, rejet, culpabilité, tristesse, désespoir et colère. Si ces émotions sont tout à fait naturelles après le suicide d'un proche, elles sont souvent mêlées à la peur – fondée ou non – du jugement des autres et à leur propre sentiment de culpabilité.

Il faudra donc beaucoup de temps, de compréhension et de compassion pour affronter et surmonter les réactions intenses provoquées par ce type de mort. Avec le soutien de bons amis ou d'un psychothérapeute, exprimez votre douleur. Puis, à mesure que vous commencez à l'accepter et à vous en délivrer, souhaitez du fond du cœur que ce travail permette à la personne décédée qui vous était chère et à vous-même de vous libérer complètement de tous les schémas de souffrance passés. Les pratiques de tonglen et du p'owa essentiel peuvent se révéler particulièrement efficaces pour purifier progressivement la souffrance et la douleur de tous ceux qui sont touchés par le suicide d'un proche.

Gardons-nous bien de juger une personne qui s'est suicidée. Nous ne pouvons tout simplement pas comprendre la profondeur de la souffrance, de la solitude et du désespoir qu'elle a dû ressentir pour en arriver à mettre fin à ses jours. Tout en réfléchissant aux souffrances passées et présentes de l'être aimé, ouvrons-lui notre cœur plein d'amour et de compassion et pardonnons-lui – *parce que c'est cela qu'il a besoin de recevoir de nous, maintenant.*

Une personne qui se donne la mort souhaite en fait se libérer d'une intense souffrance, une intention fort compréhensible. Elle n'a sans doute pas trouvé d'autre solution. Les enseignements disent que la souffrance de l'esprit et du cœur ne cesse pas après la mort, mais qu'elle peut en fait s'intensifier dans le bardo, nous rendant encore plus impuissants à nous en défaire. Le suicide ne libère donc pas automatiquement la personne des souffrances de la vie auxquelles elle espérait échapper.

Bien que la personne qui a mis fin à ses jours ait pu se sentir prise au piège, comme si elle n'avait pas eu le choix, ce n'est pas notre cas. Nous n'avons peut-être pas su lui tendre la main ou l'aider avant son suicide, mais nous pouvons maintenant transformer la force de nos regrets et l'énergie de notre compassion en pratiquant assidûment pour elle. Au lieu de nous enfermer dans le passé ou dans des émotions destructrices, concentrons toute l'énergie de notre esprit et de notre cœur sur ce que nous pouvons faire à présent pour l'être aimé.

• *La douleur morale après la mort*

Bien que la douleur physique cesse après la mort, la douleur morale du défunt continue parfois au-delà. Il peut ainsi éprouver autant d'angoisse à être arraché à la vie que nous en ressentons à le perdre soudainement. De même que ceux qui restent, la personne emportée par une mort brutale peut souffrir d'affaires non réglées ou de regrets qu'elle se sent dans l'incapacité de communiquer ou de résoudre. Même si notre relation a été difficile, nous pouvons comprendre que la personne qui nous était chère se trouve actuellement au plus mal et qu'elle souhaite de tout son cœur dissiper de vieux malentendus et d'anciennes rancunes. C'est pourquoi ce qu'il y a de meilleur en elle se tournera vers nous en quête de pardon et de réconciliation.

Tout ce que nous n'avons pas pu exprimer avant la mort d'un être cher peut toujours l'être après : demander pardon pour notre dernière dispute, exprimer une fois de plus notre gratitude et notre amour, lui dire adieu et lui souhaiter bonne chance. Certaines personnes en deuil prononcent ces derniers messages de vive voix au moment où elles se trouvent seules avec le corps, au cimetière ou en regardant une photographie du défunt. Formuler ainsi notre pardon et notre amour peut avoir un puissant effet de guérison.

Si, après la mort brutale d'un être cher, des problèmes non résolus nous pèsent particulièrement, nous pouvons et devons nous faire aider. Nous n'avons pas la force d'affronter une souffrance aussi extrême, qui dépasse sans doute tout ce que nous avons appris à surmonter auparavant. Ce n'est pas le genre de situation que nous pouvons laisser passer d'elle-même. Je pense qu'il est possible d'apaiser et de mettre un terme à toute souffrance liée à notre précédente relation et, pour cela, il est essentiel de rechercher un soutien approprié, auprès de groupes d'entraide ou d'un psychologue formé à la thérapie du deuil.

Après la mort soudaine d'un proche, ceux qui restent sont parfois torturés à l'idée qu'ils auraient pu éviter cette mort. Cette expérience est très bien décrite dans le livre et le film, *Des gens ordinaires*, qui racontent l'histoire de deux jeunes frères dont un seul survécut à un accident de bateau. Tout comme le frère survivant de ce récit, nous sommes nombreux à penser que nous aurions pu empêcher la tragédie ou la mort de ceux que nous aimons. L'extrême sentiment d'impuissance ressenti après la mort soudaine d'un proche peut être projeté sous la forme de colère et de reproches envers la personne que nous tenons pour responsable de cette mort. Les parents qui ont perdu un enfant en souffrent plus particulièrement et ils s'accusent souvent mutuellement de cette mort en leur for intérieur. Une telle colère est déplacée et peut devenir très destructrice ; en fait, beaucoup de mariages se sont brisés après une mort ayant suscité un tel chagrin.

D'autres peuvent retourner contre eux ce reproche lancinant et souffrir ainsi de dépression chronique, d'une mauvaise santé grandissante ou d'envies suicidaires. C'est pourquoi il est indispensable que ceux qui ont survécu à la mort soudaine d'un proche recherchent un soutien approprié.

• *Purifier la souffrance provoquée par une mort soudaine*

Après la mort soudaine d'un proche, nous devrions apporter toute notre volonté et notre compassion dans notre méditation et nos prières, afin de purifier la personne de toute la souffrance qu'elle aurait pu vivre au moment de sa mort et lui permettre ainsi d'abandonner son attachement à cette vie et de l'aider à atteindre la libération. Si possible, nous pouvons effectuer la pratique essentielle du p'owa sur le lieu même de sa mort ou visualiser la personne à cet endroit pendant notre pratique. Considérons que le bouddha ou l'être divin invoqué est vraiment présent et prions-le avec ferveur d'accorder sa compassion et ses bénédictions à l'être aimé.

Dans la tradition du bouddhisme tibétain, on demande souvent à un maître spirituel accompli de pratiquer pour le défunt. Grâce à sa compassion et au pouvoir de sa réalisation spirituelle, le maître peut accomplir des méditations et des rituels spécifiques pour aider à purifier, à bénir et à libérer la conscience de la personne.

La pratique que vous effectuez vous-même pour le défunt ne doit cependant pas être sous-estimée. Puisque, en tant qu'ami ou parent, vous lui êtes proche, l'intensité de votre amour, la force et la sincérité de votre intention donneront à votre pratique un pouvoir accru.

Par conséquent, le meilleur travail du deuil est la pratique spirituelle. C'est la plus belle expression de notre amour à la personne décédée, qui nous aidera aussi à relâcher notre douloureux attachement et à nous guérir plus rapidement de notre chagrin. Lorsque nous effectuons la pratique essentielle du p'owa, ou toute autre prière ou pratique pour le défunt, nous pouvons aussi prier pour nous-mêmes et demander à être libérés de la souffrance et plus ouverts à la sagesse et à la compassion de notre nature véritable.

En faisant naître une compassion plus profonde, en étendant notre pardon aux autres et à nous-mêmes et en accomplissant des actions positives et des pratiques spirituelles après la mort d'un être cher, nous découvrirons que notre deuil peut nous établir fermement sur le chemin spirituel et nous permettre de nous relier plus profondément à l'essence la plus secrète de notre être – cette bonté fondamentale qui illumine et imprègne notre vie tout entière. Vivre ainsi la perte d'un proche peut purifier et transformer tout notre rapport à la vie.

Ne vous découragez jamais

Voir disparaître ou mourir un enfant, survivre aux horreurs de la guerre, être frappé d'une maladie grave au beau milieu de la vie, apprendre la mort violente d'un ami, perdre plusieurs personnes chères en très peu de temps – tout cela peut vous amener à vous demander si Dieu ne vous a pas complètement abandonné. Confronté à une telle désolation et à tant de souffrances, peut-être vous sentirez-vous totalement privé d'amour ou d'espoir. J'ai appris trois choses qui peuvent nous aider à traverser une telle « nuit obscure de l'âme » : trouver un point d'ancrage – au moins un souvenir d'amour auquel nous relier sans cesse ; avoir l'humilité et le courage de demander de l'aide autour de nous ; et prier pour recevoir la grâce.

Pour nous aider à nourrir les graines d'amour et de joie qui sont en nous, nous pouvons recourir aux méditations sur l'amour-compassion décrites au chapitre 6, ou essayer la pratique de méditation suivante pour apaiser notre cœur :

Invoquez dans le ciel devant vous la présence radieuse d'un être divin ou d'un bouddha pour lequel vous ressentez de la dévotion. Dites-vous que cette présence incarne la sagesse, la compassion infinie et l'amour de tous les êtres éveillés, de tous les saints et de tous les maîtres. Sentez que cette présence est *vraiment là,* dans l'espace devant vous.

Ouvrez-vous à cette présence et confiez-lui toute votre souffrance, votre chagrin, votre solitude et votre désespoir et, du fond du cœur, implorez vraiment son aide. Si des larmes vous montent aux yeux, laissez-les couler, laissez votre tristesse s'exprimer naturellement.

Considérez que cette présence pleine d'amour est vraiment là pour vous, qu'elle vous écoute et vous comprend parfaitement, comme un ami fidèle. Imaginez que cet être éveillé vous répond et vous envoie des rayons d'une lumière extraordinaire qui vous emplissent de son amour, de sa compassion et de sa sagesse. Visualisez que cette lumière s'écoule en vous sous la forme d'un nectar doré, qu'elle emplit votre cœur et transforme votre souffrance en félicité. Tout en visualisant ce nectar qui vous pénètre, récitez un mantra ou une prière pour vous aider à être encore plus réceptif aux bénédictions et à l'amour qui emplissent votre cœur.

Sentez que ce nectar dissipe votre sentiment de solitude, vos tensions, vos peurs et vos attachements, qu'il vous apporte l'acceptation et l'amour inconditionnels et vous emplit du pouvoir protecteur des bénédictions et de la grâce. Laissez vos larmes couler et faire disparaître tout sentiment de culpabilité, d'isolement ou d'indignité.

Vous n'êtes pas seul, vous êtes aimé. En vous, le « cœur-esprit » rayonnant est toujours bon, toujours complet, toujours capable de donner et de recevoir de l'amour. Tandis que votre tristesse se transforme en félicité, laissez la source de la sagesse et de l'amour

– votre bodhicitta – jaillir et briller d'un éclat encore plus intense sur tous les êtres, car elle est la compassion universelle et infinie.

Une autre façon de transformer la souffrance consiste à méditer sur le cœur sacré de Jésus qui, bien qu'entouré d'épines, émet d'intenses rayons de compassion et de sagesse vers tous les êtres.

Nous ne savons ni comment ni quand la grâce viendra. Continuez à nourrir les souvenirs d'amour en vous, priez pour que le courage et la sagesse grandissent en vous et ouvrez-vous pleinement en demandant que les bénédictions et l'amour emplissent votre cœur. Tout doucement, vous serez surpris de découvrir dans les choses les plus infimes ou les plus grandes que l'univers vous soutient, même dans votre chagrin le plus immense. En surmontant le défi d'une des « grandes morts » de la vie, nous avons ainsi l'occasion d'abandonner tous les bagages de notre ego et de devenir plus légers et plus libres. Selon les mots du rabbin Pesach Krauss :

> Pendant la célébration de Yom Kippour, nous terminons par cette prière : « Ouvrez-nous une porte même quand les portes se ferment. » Il y a toujours une porte. Il nous faut seulement la trouver et ne jamais nous décourager. Nous avons besoin de courage et de savoir que la vie est un cadeau. Nous devons être reconnaissants pour chaque moment et pour toutes les bénédictions, passées et présentes. Nous devons aussi comprendre que les pertes font partie intégrante de la vie. Nous devons utiliser ces pertes inévitables de façon créative, comme les barreaux d'une échelle, afin d'atteindre une conscience plus élevée de nos perceptions, de nos sensations, de nos émotions et de notre humanité[7].

13

La mort vue par les enfants

A mesure qu'ils grandissent et se développent, les enfants rencontrent la mort sous de multiples apparences, que ce soit la mort d'un animal sur le bord de la route, celle dont ils ont entendu parler aux informations, la perte d'un animal familier ou le décès d'un des grands-parents. Ces moments nous donnent l'occasion de les aider à prendre conscience du fait que la mort est une part naturelle de la vie. Nous rendons aux enfants un service inestimable en les amenant à comprendre la mort et en leur permettant d'exprimer leur chagrin dès leur plus jeune âge.

Dans ce cas, nos enfants n'auront pas l'impression que la mort est quelque chose d'anormal au moment où un proche vivra ses derniers instants. Nous pouvons faire partager aux enfants la période où la famille est confrontée à cette mort et trouver des moyens de les faire participer à la vie quotidienne de la personne mourante. La plupart des enfants craignent bien davantage l'abandon que la mort. S'ils sentent qu'ils font partie d'une famille aimante, dont les membres se soutiennent mutuellement et s'occupent de la personne mourante avec naturel, partageant les rires aussi bien que les larmes, alors la mort ne provoquera pas chez eux une aussi grande peur.

Si nous essayons de protéger les enfants de la réalité

de la mort ou du chagrin, cela risque de se retourner contre eux. Lorsque le sujet de la mort est tabou à la maison ou que la famille s'interdit d'exprimer sa tristesse ouvertement, l'enfant souffre intérieurement, et se sent isolé affectivement de ses parents et de ses frères et sœurs qui dissimulent un chagrin pourtant naturel. C'est ainsi qu'il apprendra à considérer la mort comme quelque chose d'anormal et de mauvais et la douleur comme un sentiment à réprimer.

Si un enfant emporte dans l'âge adulte un chagrin non terminé, très souvent mêlé au sentiment irrationnel de culpabilité ressenti à la suite d'une mort, il risque d'avoir des difficultés à aimer ou à accorder sa confiance dans ses futures relations. Les pertes qu'il vivra par la suite ne feront qu'aggraver son chagrin. De nombreux adultes, qui ont connu une mort dans leur famille au cours de leur enfance ou de leur adolescence, continuent à porter dans leur cœur un fardeau de chagrins non terminés et de sentiments de culpabilité non résolus.

Une source de malentendus

Lorsque survient une mort, les enfants découvrent et assimilent la compréhension que leurs parents ont de la mort. Que les parents perçoivent la mort d'une façon négative, comme quelque chose à éviter à tout prix, ou qu'ils la considèrent comme un aspect naturel et inévitable de la vie et de l'amour que nous ressentons pour autrui, le *contexte* familial se rapportant à la mort influera sur la *réaction* de l'enfant, pour le meilleur ou pour le pire.

Il est important de faire attention aux mots que nous utilisons lorsque nous parlons de la maladie, de ses traitements, du processus de la mort et de la mort elle-même. Nombre de ces termes et concepts sont inconnus de l'enfant. Si nous ne nous donnons pas la peine de les lui expliquer, il pourrait paniquer à l'idée de ce qui est en train de se produire. Lorsqu'un enfant voit sa tante allongée dans un cercueil, le visage maquillé comme si elle était juste en train de dormir, imaginez sa terreur quand il entendra qu'elle sera incinérée ou enterrée le lendemain !

Si les adultes ne prennent pas le temps de réfléchir aux explications qu'ils donnent, ils risquent de décrire la mort et ses causes en des termes simplistes et inappropriés, pouvant déclencher de fortes réactions chez l'enfant au moment où un proche sera en train de vivre ses derniers instants. Lorsque nous disons qu'une personne « est morte dans son sommeil » ou que « Dieu l'a rappelée au ciel », l'enfant peut alors craindre que le sommeil entraîne la mort ou en vouloir à Dieu de lui avoir pris son père. Même lorsque les adultes parlent honnêtement de certains aspects de la maladie, du processus de la mort ou de la mort elle-même, ils utilisent parfois des images ou des mots totalement nouveaux pour l'enfant, ce qui peut à nouveau entraîner des malentendus ou des peurs inutiles.

Mon fils Donovan était âgé de cinq ans lorsque je l'ai emmené avec moi à la morgue pour voir le corps de mon grand-père. Celui-ci était allongé paisiblement dans son cercueil, mais mon fils refusait de le regarder. Croyant comprendre sa peur, j'ai essayé de lui expliquer que le corps de grand-père n'était ni blessé ni en mauvais état et qu'il avait l'air paisible. Mais il refusait toujours de le regarder. Je lui ai alors proposé d'aller de l'autre côté de la pièce et de le porter dans mes bras pour qu'il puisse voir le corps de loin, mais rien à faire. Les enfants de cet âge étant naturellement curieux à l'égard de la mort, j'étais déconcertée par sa réaction. Ce n'est qu'au moment où nous sommes entrés dans la voiture pour partir que j'ai compris son problème, quand Donovan m'a demandé : « Est-ce que grand-père était habillé ? »

• *Les sentiments de culpabilité inutiles*

Lorsqu'une mort survient dans la famille, les enfants ont tendance à croire que les choses se produisent comme par magie, particulièrement à la suite d'une mort soudaine. Il se peut, par exemple, qu'une petite sœur soit tellement en colère contre son frère qu'elle lui lance un jour qu'elle souhaite le voir « disparaître ». Ensuite, si son frère tombe soudainement malade ou s'il a un accident, elle se sentira responsable et n'avouera jamais à personne qu'elle s'imagine coupable de ce qui est arrivé à son frère.

Ce sentiment de culpabilité permanent est un des aspects les plus douloureux et les plus inutiles du chagrin inexprimé d'un enfant. Les petits enfants vivent dans un univers qui leur semble quelque peu magique : les situations et les gens apparaissent et disparaissent tout le temps, sans explication. A leurs yeux, la vie et la mort doivent ressembler à un puzzle géant dont ils doivent assembler les morceaux. Chaque jour, ils rassemblent de nombreuses pièces et essaient de les emboîter de façon à former une image cohérente, mais, au lieu de cela, certaines parties du puzzle n'ont pas les bonnes pièces ou sont incomplètes. Il faudra parfois des années pour qu'un enfant acquière un élément particulier du puzzle qui viendra dissiper un ancien malentendu.

Lorsqu'un enfant agit de façon répréhensible, on le gronde parfois en lui disant qu'il a été « méchant » et, si on le punit, il se sentira triste, rejeté et seul. Plus tard, lorsqu'une personne de la famille proche mourra, il ressentira probablement la même chose. Et si les membres de la famille refusent de parler de la mort ou d'exprimer leur chagrin, l'enfant se sentira encore plus seul avec ses émotions et ses peurs, et il pourra aisément en conclure qu'il est « puni », que cette mort a eu lieu parce qu'il a fait quelque chose de mal.

Communiquer de façon claire et honnête

Lorsqu'une personne dans la famille est sur le point de mourir, les enfants voient très bien que l'atmosphère a changé et qu'elle est chargée d'émotions. Nous devons nous asseoir et passer un moment avec eux pour leur expliquer, d'une façon qui convienne à leur niveau de compréhension, ce que signifient le fait de mourir et la mort elle-même. Ils doivent se sentir libres de poser des questions et d'exprimer leurs peurs et leurs sentiments autant qu'ils le souhaitent.

Et comme l'incompréhension reste toujours possible même après nos explications les plus claires, nous pouvons vérifier comment ils ont perçu ce que nous venons de dire en leur demandant de nous répéter ce qu'ils ont entendu. Lorsqu'un enfant semble effrayé ou angoissé, mieux vaut lui demander directement ce qu'il pense ou ressent, au lieu de supposer que ses difficultés sont les mêmes que les nôtres.

Les enfants ont besoin de savoir comment les autres comprennent la mort, et que d'autres membres de la famille ressentent, eux aussi, des sentiments confus et de la tristesse. Nous pouvons leur dire qu'ils ne sont pas les seuls à avoir des pensées négatives ou de la colère, tout en leur rappelant que les pensées négatives n'ont pas le pouvoir de *provoquer* la mort.

Si un enfant avoue éprouver un sentiment de culpabilité ou des regrets, nous pouvons l'encourager à demander pardon, à écrire une lettre ou à exprimer son amour à la personne qui est en train de mourir ou qui est déjà morte. Une petite fille de cinq ans dicta cette lettre à l'intention de son grand-père, cinq jours après la mort de celui-ci :

« Papy, je t'aime. J'aimerais tant que tu ne sois pas mort. J'ai un petit chien en peluche orange et je l'ai amené à l'école. Il s'appelle Orangey. Je t'aime papy et j'aimerais bien que tu ne sois pas mort. Je t'aime papy. J'ai des jolies fleurs orange pour toi, des "lys d'un jour" orange. Je sais que mamie se sent seule, papy, et, papy, c'est dommage que tu sois mort, j'aimerais tellement que tu ne le sois pas. Papy, tous les jours je t'apporterai des fleurs parce que je t'aime. Je vais te dessiner un visage heureux. »

Faire participer les enfants à la vie de la personne mourante

Lorsqu'un membre de la famille est en train de mourir, arrangez-vous pour que les enfants puissent prendre part à sa vie ou à ses soins. Ils peuvent lui apporter son repas dans sa chambre, lui offrir un dessin qu'ils ont fait eux-mêmes, lui passer de la lotion sur les mains ou bien s'asseoir simplement sur son lit et lui raconter une histoire. Quand un enfant rend visite à une personne malade, choisissez le moment de la journée où il est le plus calme. Les enfants adorent sentir qu'ils peuvent *faire* quelque chose. Ainsi, lorsque nous leur permettons de faire des cadeaux au mourant, que nous les encourageons à lui écrire, à dicter des lettres ou à lui offrir leur prière du soir, ils se sentent en contact avec lui et utiles.

Le processus de la mort et la mort elle-même ne présentent pas de difficultés particulières pour les enfants. Ce dont ils souffrent le plus, c'est de se sentir exclus de ce que la famille est en train de vivre.

Un petit garçon avait été renversé par une voiture tandis que son père et son frère aîné assistaient à la scène, impuissants. Les parents se sont précipités à l'hôpital, mais leur fils, grièvement blessé, n'a pu être sauvé. Quelques semaines plus tard, un thérapeute spécialisé dans l'accompagnement des personnes en deuil rencontra Tommy, le frère survivant. Ce dernier déclara qu'il ne pouvait pas faire un dessin représentant la mort dont il avait été témoin, et il dessina à la place une ligne irrégulière pour évoquer les événements de ce jour-là. A un endroit du dessin, la ligne repassait sur elle-même. Le thérapeute demanda :

« Est-ce que ça a été le moment le plus dur de la journée pour toi ?

– Oui, répondit Tommy.

– Quand tu as vu ton frère se faire renverser par la voiture ?

– Non, dit-il, *le moment le plus dur de la journée,* c'est quand mes parents m'ont laissé chez les voisins et que je ne savais pas ce qui se passait. »

Plus tard, les membres de la famille ont parlé ouvertement de cette mort et ils ont partagé les émotions conflictuelles qu'ils éprouvaient, leur chagrin, leur colère et leur sentiment de culpabilité. Ils ont aussi trouvé un moyen de faire participer Tommy à tout ce qui s'est passé après la mort de leur enfant : il a fait des dessins pour son frère sur le cercueil en bois, il a participé à l'organisation du service funéraire et accompagné ses parents au bord de l'océan pour les aider à répandre les cendres de son frère.

Les rassurer et les comprendre

Lorsque les adultes répriment leurs sentiments, les enfants perçoivent la tension qui règne. Le fait qu'une famille exprime ouvertement sa tristesse et son chagrin a un effet libérateur et apaisant qui permet à l'enfant de manifester sa peine lui aussi. Malgré cela, ses sentiments d'insécurité et de vulnérabilité peuvent être très forts. C'est pourquoi les enfants ont besoin de davantage de réconfort, d'affection et de consolation pendant toute la durée de leur deuil. Mais les parents n'étant pas toujours en mesure de répondre aux besoins de leurs enfants, ils ne doivent pas hésiter à demander à des proches ou à des amis de venir les voir régulièrement ou de sortir avec eux afin de leur offrir le soutien dont ils ont besoin.

Lorsqu'un des parents meurt, il est essentiel de réconforter l'enfant de façon explicite, en lui assurant que sa vie continuera et qu'on prendra toujours soin de lui.

A l'âge de quatre ans, mon fils Donovan ne semblait pas avoir ce genre d'inquiétude au moment de la mort de son père. Mais lorsqu'il eut sept ans, alors que nous parlions de la façon de nous préparer à un éventuel tremblement de terre, il prit soudain conscience avec angoisse du fait que je pouvais mourir subitement. « Que deviendrai-je, *moi* ? » me demanda-t-il. Je l'ai rassuré en lui disant que les voisins ou les équipes de secours trouveraient les autres membres de notre famille, et que j'avais déjà demandé à son oncle d'être son tuteur au cas où je mourrais. Il est important qu'un enfant sache que ses parents ont tout organisé à l'avance dans l'éventualité de leur mort et qu'une personne qu'il connaît prendra soin de lui.

Il n'est pas rare que de très jeunes enfants disent avoir vu la personne décédée ou avoir communiqué avec elle. Au lieu de nier ce qu'ils ont vécu, nous devons le respecter et leur permettre d'en parler, en acceptant que nous ne sachions pas tout sur la mort.

Tout comme les adultes ont besoin de guérir et de terminer leur relation avec le défunt et d'offrir à ce dernier un soutien spirituel en méditant et en priant, nous pouvons encourager les enfants à faire de même. Pour la plupart d'entre eux, le fait de prier régulièrement et d'effectuer des rituels simples à l'intention de la personne décédée leur paraît naturel et peut atténuer leur sentiment d'insécurité.

Il arrive qu'à la suite d'un décès, un enfant semble particulièrement troublé et ne sache comment exprimer ses sentiments ou ses peurs. Les deux moyens qui nous permettent d'explorer l'univers intérieur d'un enfant sont le dessin et le jeu. Nous pouvons lui proposer de dessiner sa maison et les membres de sa famille, puis lui demander de nous dire ce que chaque personne est en train de faire ou ce qu'elle ressent. Jouer une scène familiale courante avec des poupées peut aussi révéler la cause de l'anxiété de l'enfant. Passer tout simplement du temps avec lui, seul à seul, peut créer une atmosphère de confiance, de sorte que l'enfant se sentira en sécurité pour poser des questions sur ce qui l'inquiète ou pour en parler.

Les enfants ont besoin d'être compris et acceptés lorsqu'ils font l'expérience du chagrin. Il est important de savoir que leurs sentiments peuvent être différents des nôtres et qu'ils vivent et expriment leur peine, non seulement par la tristesse et les larmes, mais aussi autrement. Leurs réactions face à la mort et au deuil varieront aussi en fonction de leur âge et du nombre de fois où ils auront été confrontés à la mort.

• *Les réactions des très jeunes enfants face à la mort*

Les enfants de moins de quatre ans croient souvent que la mort n'est qu'un état temporaire, aussi croient-ils parfois que la personne décédée reviendra à la vie. Puisqu'elle a disparu, elle peut tout aussi bien réapparaître. C'est pourquoi il est important d'expliquer aux très jeunes enfants, *avant* que n'ait lieu la crémation, ou l'enterrement, que la personne décédée n'a plus de sensations physiques et qu'elle ne peut donc plus souffrir. Il faut également leur dire clairement qu'elle ne reviendra pas à la vie.

Ce dont un enfant très jeune a le plus peur face à la mort, c'est d'être séparé de ses parents ou abandonné. Il est très fréquent que les enfants soient maintenus à l'écart des événements entourant le processus de la mort et la mort elle-même, et qu'on leur évite d'assister aux funérailles ou aux cérémonies organisées à la mémoire du défunt. Je suis pour une approche qui favorise, aussi souvent que possible, la présence des enfants de tout âge lors de chaque rituel ou changement important vécu par la famille, afin qu'ils aient l'impression, spirituellement et émotionnellement, de faire partie intégrante de la vie de la famille.

Rappelez-vous que les petits enfants n'ont pas la même perception du temps que les adultes. Si on leur annonce que quelqu'un est sur le point de mourir, ils penseront que cela veut dire dans les prochaines semaines au plus tard. C'est pourquoi, si le processus de la mort risque d'être long, il est préférable de leur annoncer qu'une personne est en train de mourir seulement lorsque la mort est imminente.

Le chagrin d'un petit enfant ne ressemble pas à la tristesse d'un adulte qui vient de perdre un être cher. Le chagrin de l'enfant est en grande partie l'expression d'un sentiment accru d'insécurité et de vulnérabilité. Un jeune enfant peut ainsi régresser temporairement, réclamer de nouveau le biberon ou vouloir dormir avec ses parents, à moins qu'il n'extériorise ses émotions par des sautes d'humeur incontrôlées. Au lieu de critiquer ou de blâmer l'enfant pour son comportement capricieux au cours des semaines et des mois qui suivent un décès, nous devrions comprendre que c'est sa façon d'exprimer son chagrin et lui offrir davantage d'attention et de réconfort.

C'était une belle matinée de septembre et Donovan voulait absolument aller à la plage avec son oncle, au lieu d'aller voir son père à l'hôpital. Il avait quatre ans et ne se rendait pas compte de l'importance de ce jour-là. Je lui ai expliqué qu'il resterait seulement dix minutes à l'hôpital et qu'après il pourrait aller à la plage. Et comme son père était en train de mourir, je lui ai demandé d'être vraiment présent lorsqu'il serait avec lui, car ce serait probablement la dernière fois qu'il le verrait. Ce jour-là, Lyttle lui a donné un paquet de ses chewing-gums préférés et c'est le seul souvenir qu'il ait gardé de son père.

Après avoir passé un merveilleux après-midi à la plage, Donovan a refusé catégoriquement de monter dans la voiture quand son oncle lui a dit qu'il était temps de rentrer à la maison. Pendant une demi-heure, il a fait un cinéma incroyable, jusqu'au moment où mon frère l'a finalement mis de force dans la voiture. Lorsqu'il m'a raconté ce qui s'était passé, nous étions tous les deux déconcertés par ce comportement inhabituel. Plus tard, j'ai compris que Donovan s'était imaginé qu'au moment où il arriverait à la maison, son père serait mort. En fait, il avait extériorisé son chagrin, son inquiétude et sa peur en piquant cette terrible colère.

• *La réaction des enfants entre quatre et sept ans*

Les enfants qui ont entre quatre et sept ans comprennent que la mort est un état définitif et irréversible, mais ils s'imaginent qu'ils pourraient lui échapper personnellement dans certaines conditions. Ils la perçoivent comme un danger extérieur, un croque-mitaine ou un voleur, un intrus redoutable dont on peut triompher en se montrant plus malin que lui, un peu comme dans les dessins animés. Durant cette phase de développement, les enfants s'intéressent énormément à l'aspect physique du corps et à tout ce qui lui arrive. Ils posent sans arrêt toutes sortes de questions : A quoi ressemble la mort ? Comment meurt-on ? Que se passe-t-il après la mort ? Pourquoi meurt-on ?

Etant donné que les enfants de cet âge aimeraient échapper à la mort, nombre de nos réponses, aussi honnêtes soient-elles, ne les rassurent pas. Nous pouvons comprendre les pensées et les sentiments inexprimés d'un enfant en écoutant attentivement les histoires qu'il nous raconte ou ses rêves, lesquels sont des messages exprimés dans un langage symbolique.

A mesure que mon fils grandissait, je lui demandais régulièrement s'il voulait parler de son père ou de la mort de celui-ci. Lorsqu'il a eu six ans, il me demandait souvent comment son père était mort. Après lui avoir expliqué à maintes reprises que personne ne connaissait la cause de sa leucémie, j'ai remarqué une certaine constance dans sa réaction. Comme j'étais incapable d'expliquer la « cause » de la maladie et de la mort de son père, Donovan s'est alors mis à décrire avec force détails ce qu'il ferait si un cambrioleur s'introduisait dans la maison. Dans chacun des scénarios, il l'attrapait ou le désarmait héroïquement. J'ai commencé par vouloir le rassurer en lui disant qu'il était fort peu probable qu'un cambrioleur s'introduise dans notre maison car nous avions un gros chien qui aboyait très fort contre tous les étrangers et que nous n'avions pas d'objet de valeur à voler.

J'ai compris un jour qu'à travers ce récit, Donovan racontait symboliquement sa peur de la mort. Je lui ai proposé de dessiner les scènes qu'il avait imaginées et son père au ciel. Dès l'instant où nous avons pu voir ces images et en parler, ses peurs se sont apaisées.

Lorsque les enfants qui ont entre quatre et sept ans expriment leur chagrin, ils peuvent éprouver des moments fugitifs de tristesse, puis retourner jouer dehors. De même que les enfants en bas âge, ils manifestent souvent leurs peurs et leur chagrin en adoptant des comportements inhabituels ou inquiétants : voler, ne pas aller à l'école, mouiller leur lit, faire preuve d'une agressivité accrue ou se mettre en retrait de la famille. Si nous leur permettons de parler de la mort qui vient de se produire et de leurs sentiments à son égard, si nous leur accordons davantage d'attention et leur prodiguons un réconfort, ces comportements passagers cesseront progressivement de se manifester. Pour que les enseignants et les parents comprennent d'où viennent ces comportements et leur trouvent des solutions plus humaines que la condamnation ou la punition, ils doivent apprendre comment les enfants expriment leur chagrin.

• *Les enfants plus âgés*

Les enfants âgés de huit ans et plus comprennent que la mort est un état définitif et inévitable et qu'un jour ou l'autre ils mourront. Ce qu'ils ressentent lorsqu'un membre de la famille ou un ami meurt, c'est la poignante tristesse d'avoir perdu un être cher.

Juste après le décès de mon mari, Donovan ne s'est pas senti particulièrement triste d'être séparé de son père. A l'âge de quatre ans, il ne pensait pas que les choses pouvaient être différentes. Mais lorsqu'il a eu neuf ans, un jour où je lui donnais des affaires ayant appartenu à son père, il s'est mis à m'interroger sur la signification de certaines médailles qui avaient été décernées à Lyttle, à l'époque où il servait dans la marine pendant la guerre du Viêt-nam. Je lui ai demandé de m'excuser, car j'avais oublié la raison pour laquelle ces médailles lui avaient été attribuées. C'est à ce moment-là que je l'ai vu pleurer son père pour la première fois, tandis qu'il me disait : « J'aimerais tellement que papa soit là ; il pourrait me dire pourquoi il a gagné ces médailles. »

Les enfants plus âgés et les adolescents ressentent souvent de la colère face à une longue maladie ou une mort dans la famille, car cela peut déranger leur vie de tous les jours ou limiter leurs activités. Ce sentiment de frustration, tout à fait normal, doit être reconnu.

Tout comme les adultes, les enfants plus âgés et les adolescents pleurent la perte de leur relation avec la personne décédée, mais leur chagrin dure généralement moins longtemps, à condition toutefois qu'une affaire non réglée ne vienne pas le compliquer. A cet âge-là, il est extrêmement important de permettre aux enfants de partager leurs sentiments et leur tristesse avec leurs parents et leurs frères et sœurs. Si nous les encourageons à réagir à la souffrance par la compassion et la prière, ils se sentiront moins seuls et moins impuissants dans leur affliction.

• *Les adolescents*

L'adolescence est vraiment la période la plus difficile pour vivre la perte d'un être cher. Un adolescent se situe à mi-chemin entre la vulnérabilité de l'enfance, qu'il veut laisser derrière lui, et le potentiel de maturité et de responsabilité d'un adulte qu'il souhaite acquérir. C'est pourquoi il craint que le fait de ressentir ou d'exprimer sa tristesse profonde et sa douleur ne le fasse retomber dans l'état de vulnérabilité et de dépendance de l'enfance.

A la suite de la mort ou de la perte d'un ami ou d'un membre de la famille, un adolescent passera par des degrés d'isolement et de stress extrêmement élevés et il éprouvera un chagrin fort troublant. Lorsqu'un des parents meurt ou les quitte, il perd à la fois une personne importante dans sa vie et une famille unie, de sorte qu'il est doublement en deuil.

Si l'adolescent n'a aucune perspective spirituelle sur la vie et sur la mort, il se dira que la mort est une force chaotique et destructrice qui frappe au hasard. Les adolescents qui regardent les informations à la télévision assistent quotidiennement au spectacle de catastrophes, de tragédies et d'assassinats, et il se peut même qu'ils aient perdu des amis brutalement, que ce soit dans un accident ou une fusillade.

Du fait que la mort frappe sans prévenir, de nombreux adolescents restent prisonniers de leur colère lorsqu'ils sont en deuil et ils en concluent que la vie n'a pas de sens. Ils peuvent alors tomber dans une attitude nihiliste : « Pourquoi s'en faire puisque nous allons tous mourir, de toute façon ? » Certains développent parfois une étrange fascination pour la mort, adoptant des comportements dangereux qui leur donnent l'impression de la contrôler.

Les risques de suicide sont très élevés chez les adolescents, et même ceux qui n'ont pas tenté de mettre fin à leurs jours l'ont certainement envisagé durant des périodes de douleur affective intense, de solitude ou de stress. Au cours de l'adolescence, les émotions sont souvent amplifiées, si bien que les chagrins ou les problèmes sentimentaux sont ressentis avec intensité. Pour un jeune qui n'a probablement pas encore appris à affronter ou à soulager la souffrance morale, le suicide peut sembler la seule issue.

Si, après avoir subi une perte importante, un adolescent nous fait savoir qu'il songe à se suicider, il faut le prendre au sérieux et l'emmener voir un psychologue ou le conduire dans un centre d'aide aux personnes dépressives. Une menace de suicide est souvent un appel à l'aide, et nous devons apprendre à en reconnaître les signes avant-coureurs et nous montrer présents au moment où la personne devient incapable de supporter seule sa douleur.

Les sentiments de colère et de culpabilité sont souvent intenses. Plus particulièrement lorsqu'un ami proche meurt dans un accident, l'adolescent peut se sentir coupable d'être en vie ou en colère contre la personne qu'il croit responsable de cette mort. Si un jeune se met à extérioriser sa colère en adoptant des attitudes qui mettent sa vie en danger ou s'il tourne cette colère vers l'intérieur et semble constamment déprimé, les personnes qui l'aiment – son tuteur, un thérapeute ou un membre de la famille qu'il respecte – devront peut-être intervenir pour l'aider à se libérer de sa colère afin qu'il puisse commencer le travail du deuil et accepter la perte qu'il vient de subir.

Un adolescent en deuil ne doit pas s'attendre à recevoir un grand soutien affectif de la part de ses camarades. Avec un peu de chance, il aura peut-être un ami qui lui permettra d'exprimer son chagrin, mais généralement ses camarades de classe l'inciteront plutôt à réprimer sa peine, parce qu'elle réveille en eux leurs propres sentiments de vulnérabilité. Et, tout en souhaitant l'attention et le réconfort de ses parents, il les évite ou les rejette, en se repliant sur lui-même, en se montrant rebelle ou inaccessible, physiquement ou émotionnellement.

S'il veut surmonter son chagrin sans s'autodétruire, mais ne peut se tourner vers ses parents qui traversent eux aussi la douloureuse épreuve du deuil, ce sont les autres qui devront l'aider à trouver un groupe d'entraide, un thérapeute ou un autre adulte de son entourage en qui il a confiance. Le fait qu'un ami intime de la famille ou un proche soit prêt à passer du temps avec le jeune en deuil permettra d'établir progressivement une certaine confiance pour qu'il puisse confier ouvertement ses sentiments. Comme toute personne en souffrance, un adolescent a besoin de savoir qu'il peut exprimer son affliction en toute sécurité et que ses sentiments seront reconnus. C'est souvent en partageant des activités agréables, et non en parlant, qu'un rapport peut s'établir.

Le contact avec la nature, les activités physiques ou l'expression artistique ont le pouvoir de canaliser la force du chagrin de façon constructive. Nous pouvons encourager les adolescents à concevoir leur propre rituel ou à dédier quelque chose qu'ils ont eux-mêmes créé à l'intention de la personne décédée.

Les adolescents en deuil reprochent souvent à leurs parents de ne pas les soulager de leur peine. En effet, à l'époque des petits malheurs de l'enfance, ces derniers semblaient avoir le pouvoir d'atténuer leur douleur comme par magie et de tout remettre en ordre, en l'espace de quelques jours. Cette attente est maintenant irréaliste mais l'adolescent ne le comprend probablement pas très bien. Pour la première fois, il fait l'expérience d'une perte profonde et douloureuse, tout comme un adulte. Il lui faudra du temps, de l'amour et du courage pour guérir.

Lorsqu'un enfant est en train de mourir

Il n'existe rien de plus douloureux que la perte d'un enfant. La souffrance des parents est extrême à bien des égards : ils aimeraient pouvoir prendre la place de leur enfant ; ils craignent de n'avoir pas su le protéger ; ils se reprochent de ne pas lui avoir donné une vie meilleure ou une santé plus solide ; ils ont l'impression de perdre non seulement un enfant, mais aussi toute une partie de leur avenir.

Lorsque les parents s'aperçoivent qu'ils ne peuvent pas protéger leur enfant de la maladie et de la douleur physique, ils essaieront peut-être de le protéger de la souffrance morale en lui dissimulant la vérité concernant son état et en réprimant leur chagrin en sa présence. Mais, comme nous l'avons vu précédemment, en jouant la comédie nous créons bien plus de difficultés que nous n'en évitons. Lorsqu'un enfant demande ce qui ne va pas et que tout le monde esquive la vérité, ce mystère génère en lui la peur d'avoir fait quelque chose de mal et d'être puni à cause de cela. Un enfant confronté à la mort peut craindre que ses parents ne le rejettent s'ils apprennent qu'il est en train de mourir, c'est pourquoi il prétendra avec eux que tout va bien et dissimulera ses sentiments véritables.

Un enfant malade ou mourant comprend ce qui lui arrive bien mieux que nous ne l'imaginons. En fait, il traverse le même processus émotionnel que les adultes, mais beaucoup plus rapidement. Sa souffrance sera toutefois beaucoup plus intense si nous ne lui avouons pas qu'il vit ses derniers instants. C'est pourquoi nous devons faire face à la situation avec tout le courage et toute la force qu'il nous sera possible de rassembler.

Au moment où nous annonçons la nouvelle à l'enfant, nous devons nous mettre à l'écoute de ses besoins et de ses peurs, l'inciter à poser des questions et lui fournir des réponses claires et précises. Etant donné que ce qu'il redoute le plus dans la mort, c'est d'être abandonné et de souffrir, nous devons être prêts à répondre à ces frayeurs dès le début. Par exemple, le fait d'être hospitalisé provoque une très grande peur chez un petit enfant : celle d'être séparé de sa maison et de ses parents. Si nous le laissons seul pendant de longues périodes, un enfant malade ou mourant risquera de se sentir rejeté et de penser que sa terrible maladie, sa mort imminente et son sentiment d'isolement sont une façon de le punir d'avoir été méchant.

Afin que leur enfant ne reste pas seul, les parents peuvent s'organiser pour passer la nuit chacun leur tour dans sa chambre d'hôpital. Ils peuvent le réconforter en lui répétant qu'il n'a rien fait de mal pour provoquer les problèmes physiques dont il souffre. Et, dans la mesure du possible, ils feront appel à une équipe de soignants d'une unité de soins palliatifs pour ramener leur enfant à la maison dans les dernières semaines de sa vie afin qu'il puisse y mourir.

Lorsqu'ils vivent leurs derniers instants, les enfants ont les mêmes besoins que les adultes (voir chapitre 3). Cependant, l'environnement peu familier de l'hôpital et les examens médicaux pénibles créeront chez eux davantage d'angoisse. L'enfant exprime souvent sa peur et sa frustration intenses en les extériorisant, en parlant avec colère, en pleurant ou en se plaignant. Il est important de comprendre et de reconnaître ses émotions, tout en continuant à fixer des limites raisonnables à son comportement.

Il est tentant de dorloter ou de gâter un enfant malade ou mourant. Bien sûr, si nous lui offrons des cadeaux de temps en temps, cela lui fera plaisir, mais si nous nous plions à tous ses caprices, il ne saura plus s'arrêter, et ses frères et sœurs éprouveront de plus en plus de ressentiment pendant toute la durée de sa maladie. En vérité, ce dont un enfant mourant a besoin pour traverser ses difficultés et supporter sa douleur, c'est qu'on communique de façon authentique avec lui et qu'on lui prodigue affection et amour. Se contenter de lui offrir des choses matérielles, c'est comme renoncer à notre rôle essentiel, qui consiste à aider notre enfant à développer et à cultiver un bon cœur.

Le fort attachement des parents à leur enfant ainsi que leurs émotions et leur chagrin refoulés sont parmi les principales causes de la souffrance qu'éprouvent les enfants confrontés à la mort. Il est indispensable que les parents recherchent un soutien extérieur à la famille pour les aider à se libérer de l'intensité de leurs émotions, de sorte qu'ils puissent commencer à exprimer leur chagrin et à accepter la perte qu'ils vont bientôt subir. Lorsque les parents essaient de se « débrouiller tout seuls », leur douleur morale et leur attachement peuvent créer des tensions et des blocages intérieurs considérables qui risquent de provoquer davantage de souffrance, non seulement pour l'enfant mourant mais aussi pour les autres enfants de la famille et pour eux-mêmes. S'ils bénéficient d'un soutien, ils auront une perspective plus large de la situation, davantage de compassion envers eux-mêmes et une meilleure compréhension de l'importance de leur rôle, lequel consiste à aimer leur enfant et à l'accompagner jusqu'au bout.

Pour qu'un enfant puisse mourir avec l'esprit en paix, il a besoin que ses parents le consolent, qu'ils soient présents et qu'ils le rassurent en lui disant qu'il peut lâcher prise. Il n'est pas facile d'apporter à son enfant un tel réconfort et c'est probablement l'expression d'amour la plus douloureuse qu'on puisse imaginer. Or, c'est en nous défaisant de notre attachement et de notre peur que nous découvrirons peut-être ce qui est vrai et durable : l'amour véritable que nous éprouvons pour notre enfant. Notre enfant mourra, mais, comme nous le rappelle Elisabeth Kübler-Ross : « L'amour véritable ne meurt pas. » Voici la tâche que les parents sont invités à accomplir : se préparer de tout leur cœur à lâcher prise lorsque le moment sera venu, en laissant leur enfant partir librement.

Stephen Levine rapporte le récit d'une infirmière au cours d'un de ses séminaires. Un petit garçon âgé de huit ans était dans le coma depuis six mois. On avait cessé de le maintenir en vie artificiellement, mais il ne mourait toujours pas. Le corps de Mark n'était plus qu'une enveloppe charnelle inerte qui ne pesait plus que onze kilos. Il était si pénible à voir que ses parents ne lui rendaient visite que très rarement. Personne ne comprenait pourquoi Mark n'arrivait pas à mourir.

> « Mais, un jour, raconta l'infirmière, j'ai passé un moment très particulier avec lui, et tandis que je le massais tout en lui parlant et que nous écoutions de la musique, j'ai ressenti, presque comme s'il me le communiquait, que c'était parce qu'il s'inquiétait pour ses parents qu'il ne parvenait pas à lâcher prise. Après mon travail, j'ai appelé ses parents pour leur raconter ce qui venait de se passer et je leur ai expliqué ce que j'avais ressenti, à savoir que Mark s'accrochait à la vie parce qu'il ne voulait pas leur faire de la peine en mourant... »
>
> Plus tard dans la soirée, l'infirmière nous a appris que la mère de Mark lui avait téléphoné, en larmes, pour dire : « Nous sommes allés le voir dans sa chambre et nous avons mis la cassette de sa musique préférée dans le magnétophone que vous aviez laissé près de son lit. Nous lui avons dit que tout irait bien pour lui, ainsi que pour nous, s'il mourait. Puis l'infirmière a mis son corps maigre, tellement maigre, dans mes bras, et j'étais en train de le bercer, lui exprimant mon amour et lui disant que tout irait bien pour nous, lorsque tout à coup j'ai ressenti une paix profonde dans la pièce, puis Mark s'est détendu et il est mort dans mes bras [1]. »

• *Autres problèmes concernant les enfants mourants*

D'autres enfants rencontrent de grandes difficultés en raison des contraintes physiques dues à leur maladie. Ils sont jaloux des autres enfants bien portants et se sentent constamment frustrés. Cette attitude peut les inciter à se rebeller et à se plaindre davantage, ou à se replier encore un peu plus sur eux-mêmes. Il est tout à fait normal qu'ils éprouvent ces sentiments, surtout s'ils étaient pleins de vie et en bonne santé auparavant. En même temps, ils pleurent les relations qu'ils vont perdre et souffrent que leurs amis cessent de venir les voir et de leur parler de leur vie. A mesure qu'ils deviennent plus dépendants des autres et perdent le contrôle de leurs fonctions corporelles au cours du processus de la mort, les enfants plus âgés doivent faire face à des sentiments de honte.

Les adolescents qui vivent leurs derniers instants souffrent de savoir qu'ils vont mourir avant d'avoir connu la liberté et les promesses tant attendues de l'âge adulte, et parce qu'ils craignent que leur vie, leur souffrance et leur mort ne soient dépourvues de sens. L'adolescent en fin de vie pleurera son avenir perdu, son ancien mode de vie, les amis abandonnés en cours de route et la perte anticipée de tous ceux qui font partie de sa vie. Son chagrin qui est tout à fait normal doit être reconnu. Même si nous ne lui avons jamais dit qu'il est en train de mourir, l'adolescent éprouvera ces sentiments douloureux et ils lui sembleront d'autant plus pénibles qu'il aura l'impression de ne pas pouvoir les exprimer.

Nous pouvons encourager les enfants plus âgés ou les adolescents à se consacrer aux quatre tâches de la vie et du moment de la mort ou à l'une d'entre elles, ce qui leur donnera le sentiment d'avoir accompli quelque chose, même dans leur courte vie, et de donner à leur mort une signification plus élevée.

Il faut inciter les enfants de tous âges à trouver dans leur propre tradition religieuse des images ou des symboles porteurs d'espoir qui les aideront à transcender leur souffrance et leur mort. Si nous leur conseillons d'adopter une attitude positive face à leur souffrance, en effectuant des pratiques spirituelles telles que la dévotion, la prise de refuge ou la compassion, nous verrons que nos enfants sont réceptifs à cette forme essentielle de soutien. Certains enfants désireront peut-être que leurs parents leur apprennent des prières ou des psaumes, à moins qu'ils ne souhaitent pratiquer des méditations comme celle de tonglen ou du p'owa essentiel. D'autres voudront peut-être tout simplement visualiser la forme aimante, rayonnante et puissante de Dieu, du Bouddha ou d'une présence divine afin de l'invoquer et de lui demander de l'aide.

Se préparer à la mort, pleurer ensemble et guérir les relations peut alléger de lourds fardeaux et contribuer à créer une atmosphère pleine d'amour, paisible et favorable au lâcher prise à l'heure de la mort. Par ailleurs, lorsque les parents partagent avec leurs enfants une tradition spirituelle vivante, qu'ils s'appuient sur leur foi et leur pratique dans les moments difficiles, leurs enfants apprennent également à apprécier la perspective spirituelle plus vaste qui embrasse la totalité de la vie et de la mort. Ils sauront alors sans l'ombre d'un doute qu'ils ne sont pas seuls, quoi qu'il arrive. Il n'y a rien de plus précieux que nous puissions offrir à nos enfants.

14

L'accompagnement des mourants comme pratique spirituelle

Marisa, une femme médecin d'environ trente-cinq ans, jolie et vive, m'a demandé comment elle devait s'y prendre pour s'occuper d'une patiente exigeante et colérique. Je lui ai proposé de pratiquer, plus particulièrement avant d'entrer dans sa chambre, une des méditations bouddhistes qu'elle avait apprises.

Elle a pris le temps d'effectuer les pratiques pour développer la compassion décrites au chapitre 7 : *Se considérer comme identique à autrui et se mettre à la place d'autrui.* « Lorsque je me suis mise à la place de ma patiente, je suis soudain devenue cette vieille femme qui souffrait constamment, se sentait laide, impuissante et inutile, s'est souvenue Marisa. Et au moment où j'ai vu cette séduisante jeune doctoresse entrer dans ma chambre tout sourires, je me suis mise à la détester plus que tout. »

Lorsque Marisa est revenue dans la chambre de sa patiente, elle ne souriait plus joyeusement. Maintenant qu'elle comprenait vraiment cette femme âgée et éprouvait à son égard un amour authentique, elle était capable de la regarder en face, alors même que cette femme continuait à lui crier sa colère.

« *Je savais exactement ce qu'elle ressentait.* Dans mon cœur, je lui ai dit que je comprenais sa colère et que cela ne posait pas de problème. Elle a continué à se comporter de façon exigeante, mais, après s'être aperçue que je ne réagissais plus, le ton de sa voix s'est adouci. Lorsque j'ai quitté la chambre et marché le long du couloir, mon esprit était paisible et concentré comme si la méditation se poursuivait. »

Je lui ai demandé ce qui s'est passé lorsqu'elle est allée voir son prochain patient. « Cet homme était très doux et très gentil, si bien que j'ai réagi joyeusement. » Elle a ri. « A ce moment-là, je me suis aperçue que je venais de perdre mon équanimité, et j'ai compris à quel point il est important de maintenir l'état de la méditation en toute situation, qu'elle soit désagréable ou agréable. »

Travailler avec des personnes âgées qui sont malades ou en fin de vie est une tâche astreignante. Il est très difficile d'être témoin de la souffrance des autres quand vous ne pouvez pas les soulager de toutes leurs douleurs, morales ou physiques. Et lorsque vous vous attachez à vos patients et que vous les voyez mourir, vous ressentez le poids de chaque nouveau chagrin. En plus de devoir faire face et répondre à la souffrance de vos patients, vous devez affronter les changements, les combats et les pressions de votre vie privée. Peut-être avez-vous aussi des conflits à résoudre au sein de votre équipe de travail, ou devez-vous décider comment réagir lorsqu'on vous ordonne de faire quelque chose qui n'est pas, à vos yeux, dans le meilleur intérêt du patient. Même si vous pratiquez fidèlement, vous pouvez avoir l'impression que votre cadre de travail vous oblige à prendre une attitude craintive et défensive. Peut-être effectuez-vous de longues journées de travail qui sont sans doute épuisantes, physiquement et moralement.

Ne vous découragez pas. En tant que soignante, je vous propose de considérer que *votre lieu de travail est votre autel,* l'endroit où vous méditez ou priez. Peut-être avez-vous divisé votre vie en compartiments – physique, affectif, spirituel et professionnel – selon les moments de la journée. La vision présentée dans ce livre est plus intégrée et plus profonde. Le chemin de la vie est déjà un voyage vers la mort, mais dès lors que vous décidez d'en faire un voyage spirituel, chaque aspect de votre vie, y compris votre travail de soignant, vous fera avancer sur la voie spirituelle.

Une façon d'entraîner l'esprit à la compassion consiste à réfléchir, lors de votre méditation quotidienne, à la souffrance de tous les êtres et à prier du fond du cœur pour que vous soyez capable de la soulager. Par ailleurs, en tant que soignant professionnel ou bénévole, vous exprimez votre compassion de façon active en *faisant* quelque chose pour les personnes dont vous vous occupez. Toutes les tâches que vous accomplirez dans votre travail, y compris vos difficultés personnelles, accumuleront ainsi davantage de mérites que si vous ne faisiez que méditer ou prier. *Votre travail est une forme de pratique extrêmement puissante.*

Comment pouvez-vous maintenir votre pratique de la méditation dans un grand hôpital ou une maison de retraite alors que rien ne la favorise ? Si vous vous entraînez quotidiennement à mettre en pratique les « Trois Principes sacrés » (être motivé par une profonde compassion, garder une attitude dénuée de toute saisie et terminer votre pratique en dédiant ses mérites), vous verrez sous un jour nouveau tout ce à quoi vous êtes confronté dans votre travail. L'étape suivante consiste à poursuivre vos efforts jusqu'à ce que votre motivation compatissante et votre pratique spirituelle fassent partie intégrante de vous-même. Une fois que vous aurez modifié l'attitude de votre esprit et de votre cœur, vous pourrez être heureux, même si votre environnement de travail est pénible.

• *Générer une motivation de profonde compassion*

Le fait d'éveiller une profonde compassion en nous rend notre pratique et nos prières plus puissantes pour aider les personnes en détresse. Avant de commencer votre méditation quotidienne, pensez à la souffrance qui règne partout dans le monde, à celle de vos amis ou de vos patients, et tandis que cette souffrance touche et ouvre votre cœur, laissez s'approfondir votre compassion et s'affermir votre intention de venir en aide. Dédiez votre méditation et vos prières à ceux qui traversent de grandes souffrances. Vous pouvez même imaginer qu'ils sont tous réunis autour de vous et qu'ils pratiquent avec vous, puis que vous recevez les bénédictions tous ensemble.

Ensuite, renouvelez chaque jour votre intention sacrée d'accomplir votre chemin spirituel et votre vie tout entière en reconnaissant les multiples degrés de souffrance que vivent tous les êtres partout dans le monde, en priant pour qu'ils puissent tous jouir du bonheur et se libérer de la souffrance et pour qu'ils atteignent l'éveil. Inspiré par cette intention, vous découvrirez peut-être que le meilleur moyen d'œuvrer pour le bienfait des autres et de les libérer de la souffrance consiste à consacrer votre vie à atteindre l'éveil.

Vous pouvez prier de la sorte : « Puisse tout ce que je ferai aujourd'hui être bénéfique. En gardant à l'esprit ma pratique spirituelle tout au long de la journée, puissé-je acquérir davantage de confiance dans la sagesse et la compassion de ma nature véritable. Et, grâce à cette réalisation, puisse chaque contact que j'aurai avec autrui être bénéfique pour nous deux, nous soulager de la souffrance, nous apporter guérison et bonheur et nous faire avancer sur le chemin qui mène à la libération. Puissent la bonté et la sagesse croître dans le monde et, grâce aux efforts que je fournirai aujourd'hui, puissé-je contribuer à l'amélioration de la vie pour tous. *Bénissez-moi afin que je sois utile.* »

Faire naître cette motivation dans notre travail crée une atmosphère sacrée pour toutes nos activités. Lorsque les difficultés surviendront, nous serons capables de les accueillir en les considérant comme des rappels nous invitant à transformer notre manière de voir les choses. Au lieu de vouloir constamment changer les autres ou les juger, nous apprendrons à voir la souffrance et la peur qui se cachent derrière leurs actions et à éprouver de la compassion à leur égard.

Bien sûr, nous faisons parfois des erreurs. En nous occupant des autres, nous nous apercevrons peut-être que nous avons dit ou fait quelque chose qui n'aide pas vraiment. Nous pouvons aussi éprouver des regrets ou de la frustration lorsque nous sommes contraints d'agir d'une façon que nous n'approuvons pas. Au lieu de nous laisser emporter par nos réactions, nous devons alors nous rappeler notre motivation, qui est d'œuvrer pour le bienfait immédiat et ultime de tous les êtres, car ce qui importe est l'intention qui sous-tend nos actions. Dès lors que nous prenons conscience de nos erreurs, nous pouvons demander pardon et nous entraîner à garder notre cœur et notre esprit purs. Chaque jour, nous pouvons décider de faire mieux et de devenir plus conscients, plus compatissants et plus habiles.

• *Maintenir une attitude dénuée de toute saisie*

Puis, prenez la résolution de rester dans votre nature véritable tout au long de la journée. De l'immensité spacieuse et de la clarté de notre essence la plus secrète, une compassion et un amour inconditionnels rayonnent vers tous les êtres. Après avoir médité, laissez cette présence résonner en vous aussi longtemps que possible. Même si vous ne parvenez pas à vous relier directement à la nature de votre esprit en méditant, le simple fait de savoir qu'elle est présente vous permettra de relâcher votre fixation égocentrique et d'être plus à l'aise avec vous-même. Lorsque vous commencez à percevoir les choses différemment, même légèrement, vous apportez sur votre lieu de travail cette qualité de non-attachement, un esprit « qui ne s'accroche pas ». Vous avez probablement remarqué comme il est facile de se fixer sur un problème professionnel, au point de se sentir tendu, en colère ou contrarié. A partir du moment où vous restez « accroché » à ce problème et où vous l'avez « solidifié », il devient votre réalité tout entière et vous ne pouvez plus être présent pour personne. Lorsque vous êtes tendu, vous commettez encore plus d'erreurs et vous avez davantage de problèmes de communication. A la place, méditez plutôt le conseil de Chagdud Rinpoché :

> Reconnaissez toujours la qualité semblable à un rêve de la vie et diminuez l'attachement et l'aversion. Faites preuve de bon cœur envers tous les êtres. Soyez aimant et compatissant, quel que soit le comportement des autres à votre égard. Ce qu'ils feront n'aura pas autant d'importance si vous le voyez comme un rêve. La clé consiste à avoir une bonne intention pendant le rêve. C'est là l'essentiel, et c'est la spiritualité véritable [1].

Lorsque vous reconnaissez que tout est impermanent, vous prenez les choses plus à la légère et vous faites preuve de davantage d'humour. Chaque fois que vous vous surprendrez à retomber dans vos schémas émotionnels et d'attachement, rappelez-vous votre nature fondamentale semblable au ciel et laissez les changements vous traverser.

Vous pourrez alors commencer à briser la division artificielle entre votre pratique spirituelle et votre travail quotidien. Laissez l'inspiration et la générosité spacieuse de votre méditation transformer votre manière de percevoir ceux que vous rencontrez et guider vos choix et vos réactions, de sorte que votre vie devienne une expression continue et active de votre motivation la plus profonde.

• *Terminer la pratique en la dédiant*

Chaque jour, à la fin de votre pratique, pensez au cadeau que vous avez reçu : un chemin spirituel qui peut vous libérer de la souffrance. En souhaitant du fond du cœur que vos patients, vos amis, votre famille et tous les êtres deviennent libres eux aussi, dédiez votre pratique et tout ce que vous faites, tout votre travail et même vos difficultés pour le bien de tous les êtres. Le fait de dédier votre travail à la fin de chaque journée garantit que tous les aspects positifs de vos actions ne seront jamais perdus.

L'entraînement spirituel vous permet de diminuer votre égoïsme et votre attachement au soi. Cependant, après avoir fait quelque chose de bien, il se peut que votre ego réagisse en disant : « Quel acte magnifique et noble ! J'espère que quelqu'un s'en apercevra et m'en remerciera ! » Afin de vous défaire de cet attachement subtil, dites-vous plutôt : « Puissent tous les actes de bonté que j'accomplis ne pas être vus par autrui. Puissé-je partager avec tous les autres le mérite et le pouvoir positif de ma pratique et de mon travail, afin que chacun jouisse de circonstances favorables dans sa vie et soit libre de la souffrance. Puissent tous mes efforts positifs contribuer à l'éveil de tous les êtres. »

Intégrer la méditation dans notre vie quotidienne

La paix profonde de notre nature véritable n'est pas quelque chose dont nous devrions avoir un aperçu fugitif au cours de notre méditation pour l'oublier aussitôt après. Nous devons revenir continuellement à la présence pure et à la simplicité naturelle de notre être jusqu'à ce que notre esprit soit stabilisé dans cet état. En plus d'apprendre à méditer, il est nécessaire de s'entraîner de la sorte afin d'intégrer la méditation dans notre vie :

– pratiquer la méditation tous les jours ;
– prolonger la méditation dans l'activité suivante ;
– utiliser chaque expérience pour se rappeler la pratique ;
– pratiquer régulièrement tout au long de la journée ;
– faire de son développement spirituel une priorité.

• *Pratiquer la méditation tous les jours*

Dire que « ma vie est ma pratique spirituelle » ne suffit pas. Avoir bon cœur et souhaiter venir en aide à autrui est un début magnifique, mais sans la pratique de la méditation, nous continuerons à vivre et à communiquer avec les autres d'une façon dualiste et à nous perdre dans le stress de la vie avec nos vieilles habitudes fermement ancrées en nous.

Une pratique quotidienne de la méditation nous relie toujours plus à notre nature de sagesse, de telle sorte que notre connaissance et notre confiance s'approfondissent. La méditation peut inspirer une compassion et un amour profonds dans notre cœur et notre esprit, et c'est cela que nous apportons dans la chambre d'une personne qui souffre et vit ses derniers instants. N'est-ce pas là le genre d'accompagnement que nous souhaiterions tous avoir au moment où nous serons au seuil de la mort ?

En raison des graves complications causées par sa leucémie, mon mari a passé beaucoup de temps à l'hôpital au cours des premiers mois de sa maladie. Il nous semblait parfois que ces séjours à l'hôpital étaient comme des peines de prison à durée indéterminée, qui duraient parfois jusqu'à trois semaines par mois. Lyttle détestait aller à l'hôpital et il y a eu un jour en particulier où il s'est senti gravement déprimé.

L'homme qui se trouvait dans la chambre d'à côté

était exubérant et plein d'entrain. Nous pouvions entendre sa grosse voix quand il téléphonait, ainsi que le bruit des boîtes de soda s'écraser contre le mur quand il essayait de marquer un panier en les lançant dans la poubelle. Il était seul la plupart du temps, mais on aurait dit qu'une fête battait son plein dans sa chambre.

Dans l'après-midi, je suis allée dans les toilettes contiguës aux deux chambres et j'ai entendu l'infirmière qui se trouvait dans la chambre de cet homme plaisanter avec lui et le taquiner. Lyttle et moi étions assez proches de cette infirmière, pourtant je me suis dit : « Elle n'est pas dans l'humeur qui convient à mon mari aujourd'hui. »

Lorsqu'elle est entrée dans la chambre de Lyttle quelques minutes plus tard, j'ai remarqué qu'elle était totalement présente et lucide, consciente de la tristesse de Lyttle, et qu'elle s'était adaptée à ses besoins.

Les enseignements bouddhistes soulignent l'importance d'apprendre à devenir complètement ouvert, infiniment souple, en laissant passer chaque moment qui s'achève afin d'être pleinement présent et conscient dans l'instant. La méditation nous aide à revenir en nous-mêmes, en dissipant nos concepts et nos projets pour la journée, de sorte que nous puissions être pleinement présents pour répondre de façon appropriée à ceux qui souffrent.

• *Poursuivre la méditation dans l'activité suivante*

Ce qui compte n'est pas tant la pratique de la méditation elle-même que notre état d'esprit lorsque nous avons fini de méditer. Il est important de prévoir une transition paisible entre notre pratique et ce qui suit. Si possible, choisissez une activité qui permette à l'attention et à la conscience claire de se maintenir, comme par exemple écouter de la musique, faire le ménage, manger en silence ou aller se promener.

Il arrive parfois que votre pratique de la méditation ne soit qu'un moment de complète distraction, ce qui risque de vous décourager. Vous avez l'esprit dispersé, vos pensées et vos émotions sont déchaînées et vous n'arrivez pas à vous concentrer plus de quelques secondes sur l'objet de votre méditation. Ne jugez pas votre pratique et n'abandonnez pas. Vous vous entraînez à quelque chose de nouveau et vos vieilles habitudes peuvent resurgir encore plus fort pendant un certain temps. Avec le temps, de la discipline et une certaine assiduité, la méditation aidera votre esprit à se défaire des pensées et des émotions qui vous empêchent de vous concentrer, et à retrouver son état fondamental de félicité et de clarté.

Selon les mots de Sogyal Rinpoché : « Dans l'immobilité et le silence de la méditation, nous entrevoyons, puis réintégrons cette nature profonde que nous avons perdue de vue depuis si longtemps, au milieu de l'effervescence et de la distraction de notre esprit[2]. » *Parfois, l'état véritable de la méditation peut vous être révélé au moment où vous vous levez de votre coussin ou de votre chaise.* Mais si vous vous levez d'un bond et que vous partez précipitamment, vous le manquerez !

- *Utiliser chaque expérience pour se rappeler la pratique*

Apportez la conscience claire de votre nature véritable dans votre façon de percevoir les autres et de communiquer avec eux. Dès lors, chaque instant devient la méditation, chaque activité une prière et chaque personne rencontrée un bouddha potentiel, digne de respect. Entraînez-vous à communiquer avec chaque personne avec une perception pure et un bon cœur, en ayant toujours l'intention d'agir pour le bienfait d'autrui. Mère Teresa disait qu'elle voyait dans chacun des mourants dont elle s'occupait « le Christ en détresse ». Pour elle, s'occuper de leur corps, c'était s'occuper du corps souffrant et mourant de Jésus-Christ.

Vous pouvez trouver de nombreuses façons d'intégrer votre pratique spirituelle dans vos activités tout au long de la journée :

- Lorsque vous vous réveillez, pensez avec gratitude à la bonté que vous avez reçue.
- Au lieu de faire des commérages, dites du bien des gens.
- Au lieu de maudire quelqu'un, envoyez-lui vos bénédictions.
- Lorsque vous marchez, considérez que vous vous avancez vers la vérité.
- Lorsque vous préparez à manger, pensez avec gratitude à tous les êtres qui se sont sacrifiés pour vous apporter cette nourriture, puis offrez mentalement votre repas et le plaisir que vous aurez à manger à tous les êtres éveillés.
- Lorsque vous faites le ménage, imaginez que vous purifiez vos habitudes négatives.
- Lorsque vous mettez des vêtements propres ou recevez quelque chose de neuf, offrez la joie que cela vous procure.
- Lorsque vous voyez une personne heureuse, réjouissez-vous avec elle.
- Lorsque vous voyez une personne qui souffre, au lieu de vous en détourner par peur, tournez-vous vers elle avec amour et donnez ce que vous pouvez à ce moment-là.

Lorsque vous souffrez physiquement ou moralement, au lieu de laisser vos difficultés devenir un obstacle, transformez-les en une forte motivation pour ramener votre cœur et votre esprit à la pratique. Ainsi, tout ce que vous faites et tout ce que vous vivez peut faire partie de votre chemin spirituel. Selon les mots de Dilgo Khyentsé Rinpoché :

Les obstacles qui naissent des circonstances bonnes ou mauvaises ne devraient jamais nous dissuader ou nous dominer. Soyons comme la terre qui porte tous les êtres vivants, sans chercher à distinguer ce qui est bon ou mauvais, favorable ou défavorable. La terre est, tout simplement[3].

• *Pratiquer régulièrement tout au long de la journée*

Voyez comment vous pourriez ramener votre cœur et votre esprit vers la pratique, par exemple en demeurant dans l'état de la méditation, en songeant à la gratitude ou à la dévotion, en faisant naître en vous la compassion ou en récitant de courtes prières ou des mantras, ne serait-ce que pendant quelques instants. Plusieurs périodes de pratiques réparties sur toute la journée auront plus d'influence sur votre esprit et votre manière d'être qu'une séance plus longue.

Essayez de voir quels sont les instants de la journée pendant lesquels votre esprit et votre cœur sont libres de pratiquer : quand vous attendez au téléphone, quand vous vous rendez à votre lieu de travail, en marchant le long d'un grand couloir, durant les pauses, quand vous pouvez sortir et marcher en silence. Sans pour autant méditer de façon formelle, vous découvrirez parfois que vous êtes dans un état d'aise naturelle et d'ouverture inspirée. Prenez alors quelques minutes pour rester dans cette clarté et cette présence apparues spontanément.

Peu à peu, vous vous apercevrez que votre pratique de la méditation inspire votre vie, et que votre vie inspire votre méditation. Si vous pratiquez continuellement tout au long de la journée de manière formelle et informelle, alors, comme le dit Sogyal Rinpoché, la séparation artificielle entre la pratique spirituelle et la vie de tous les jours disparaîtra, « et vous vous trouverez de plus en plus dans l'état de pure présence naturelle, sans distraction[4] ».

• *Faire de son développement spirituel une priorité*

La discipline, c'est le courage et la détermination tranquille de toujours nous rappeler ce qui est le plus important dans la vie, puis de simplifier notre vie afin d'aller dans ce sens. Si nous voulons vraiment évoluer spirituellement, il est indispensable de décider que la pratique spirituelle et l'étude seront les principaux centres d'intérêt de notre vie.

Si vous désirez acquérir une compétence, vous devez planifier la façon d'y arriver : suivre des cours, organiser votre emploi du temps et votre vie de manière à pouvoir vraiment étudier et pratiquer. Regardez tout ce que vous avez programmé dans votre agenda et demandez-vous : « Ces activités vont-elles m'aider au moment où je serai en train de mourir ? *Quelle est la chose la plus importante et combien de temps est-ce que je lui consacre actuellement ?* »

Afin de changer vraiment, de nourrir et de développer la confiance dans notre nature véritable, nous devons commencer par écouter et entendre les enseignements de notre chemin spirituel et y réfléchir jusqu'à ce qu'ils deviennent partie intégrante de notre être. Nous devons également pratiquer la méditation régulièrement, parfois de façon intensive, et appliquer à notre mode de vie tout entier ce que nous avons étudié. Il est bon de prévoir tout au long de l'année des périodes de retraite pour nous concentrer sur l'étude et la pratique spirituelles.

Il est possible de prévoir régulièrement dans notre vie des retraites d'une semaine pendant lesquelles, outre le fait d'aller travailler, nous consacrerons tout le reste de notre temps à pratiquer et à étudier. Si nous voulons réaliser notre potentiel le plus élevé et nous préparer à la mort du mieux possible, nous devons, selon la formule de Sa Sainteté le Dalaï-Lama, « programmer l'éveil ».

Un oiseau a besoin de ses deux ailes pour voler. En

faisant de l'étude et de la pratique spirituelles des priorités dans notre vie, nous développerons les deux « ailes » qui nous aideront le plus dans notre travail de soignant : les moyens habiles et la sagesse.

Intégrer la pratique essentielle du p'owa

La pratique essentielle du p'owa est capable d'apporter un soutien spirituel inestimable aux êtres qui souffrent, et cela pour deux raisons : premièrement, les circonstances extrêmement difficiles que vit la personne et, deuxièmement, le pouvoir illimité des êtres éveillés d'accorder leur compassion et leurs bénédictions à la personne pour laquelle nous prions. Ceux d'entre nous qui pratiquent dans la tradition Nyingma invoquent la présence et la bénédiction de Padmasambhava, qui est pour eux l'incarnation de la sagesse parfaite, de la compassion sans limites et du pouvoir de tous les êtres éveillés, de tous les bouddhas et de tous les maîtres de la lignée. Padmasambhava est considéré comme un bouddha très spécial et très puissant pour notre époque. Il est immédiatement présent lorsqu'il s'agit d'apporter un soutien spirituel aux personnes confrontées à de grandes souffrances, à des catastrophes ou à la mort.

Bien que les êtres éveillés se manifestent dès que nous les invoquons, le pouvoir de leur présence et de leurs bénédictions peut être intensifié par la force de notre dévotion authentique. Quel que soit l'être éveillé que vous choisissez d'invoquer, il est important d'établir une relation fondée sur l'ouverture, la gratitude, l'amour et le respect, et de prier sincèrement du fond du cœur, afin que les bénédictions émanant de cette présence, qui vous purifient et vous transmettent leur pouvoir, pénètrent complètement en vous et éveillent votre nature de sagesse.

Après avoir terminé la pratique essentielle du p'owa et afin de vous aider à maintenir la clarté et la présence de la conscience claire tout au long de la journée, considérez que cette présence divine est constamment dans le ciel devant vous, au-dessus de la tête ou dans le cœur de toutes les personnes que vous rencontrez. En agissant de la sorte, toutes vos actions, toutes vos paroles et toutes vos pensées deviendront une prière vivante, une expression continue de dévotion et de sagesse.

Si nous faisons naître en nous une dévotion profonde et sincère au cours de notre pratique quotidienne, alors, quand nous effectuerons la pratique essentielle du p'owa à l'intention d'une personne qui souffre ou vit ses derniers instants, nous serons en mesure d'invoquer cette présence divine et d'en faire bénéficier cette personne avec davantage de force.

Des soignants travaillant dans des services d'urgence m'ont demandé : « Comment puis-je offrir un soutien spirituel à des gens qui sont en train de mourir au beau milieu d'une opération ? Je fais de mon mieux pour sauver la vie d'une personne, mais, tout de suite après sa mort, je dois aller m'occuper du patient suivant. Et, même quand rien ne presse, si nous n'avons pas pu sauver la vie d'une personne, tout le monde s'éloigne du corps et c'est tout. »

Pendant votre formation médicale, vous apprenez et pratiquez de nombreuses techniques de réanimation d'urgence afin qu'au moment où vous vous trouverez dans une situation critique, vous soyez capable d'agir sans réfléchir, par automatisme. Vous devez vous entraîner à la pratique spirituelle de la même manière, de façon à pouvoir apporter spontanément ses bienfaits à toutes les situations de votre travail ou de la vie. Le service des urgences est aussi votre salle de méditation.

Effectuez la pratique essentielle du p'owa tous les jours avant de vous rendre à votre travail, avec l'intention forte et compatissante que votre pratique soit vraiment bénéfique et qu'elle vienne en aide à toutes les personnes qui souffrent. A la fin de la pratique, laissez votre être se fondre dans le Bouddha, le Christ ou l'être éveillé que vous avez invoqué, et reprenez vos activités quotidiennes. Apportez cette présence divine avec vous à l'hôpital ou sur votre lieu de travail, en l'invoquant et en lui adressant continuellement vos prières pendant que vous vous occupez de vos patients.

Puis, si votre patient est entre la vie et la mort, priez avec ferveur et demandez à la présence divine de l'aider. Considérez que cette présence, ou le Bouddha, fait briller de puissants rayons de compassion et de bénédiction sur votre patient, purifiant toute peur ou angoisse dans son cœur et dans son esprit. Priez pour qu'il puisse, si possible, être guéri et survivre à cette épreuve. S'il meurt en dépit de vos efforts pour le sauver, imaginez sa conscience sous la forme d'une petite sphère de lumière qui jaillit de son corps telle une étoile filante et se dissout entièrement dans le cœur et l'esprit de la présence divine. Une fois de retour chez vous, prenez le temps d'effectuer la pratique essentielle du p'owa de façon plus complète pour tous les patients dont vous vous êtes occupé au cours de la journée.

David, qui exerce comme médecin au service des urgences d'un grand hôpital, m'a confié à quel point son travail était stressant auparavant et que tout avait changé depuis qu'il avait commencé à intégrer sa pratique spirituelle dans son travail.

« Au moment de la mort, les familles s'affolent, elles appellent le SAMU et font venir leurs proches au service des urgences. Lorsqu'elles arrivent, elles ne sont absolument pas prêtes à affronter ce qui va se passer. Ce que je constate chez elles, c'est une énorme peur, de la confusion, de l'angoisse et un sentiment d'impuissance. Auparavant, je faisais face à cette situation en prenant une attitude détachée. Je faisais de mon mieux pour le patient, mais je ne voyais pas ce que je pouvais faire d'autre pour aider.

« Annoncer à une famille que leur proche venait de mourir ou qu'il était sur le point de mourir, c'était ce que je détestais le plus dans mon travail. La famille réagissait souvent en manifestant de l'hostilité et de la colère à mon égard. Pour moi, ce travail était pénible et désagréable.

« Depuis que j'ai commencé à pratiquer dans la salle des urgences, j'ai observé que l'expression de la personne, lors des dernières minutes de sa vie, passait de la peur et de l'anxiété à l'acceptation, avec parfois même un léger sourire. Comme s'il y avait une ouverture, une libération. Puis, lorsque je vais annoncer à la famille que leur proche est mort, je remarque une énorme différence dans leur réaction. Souvent, les membres de la famille me remercient et viennent même me serrer dans leurs bras. Le fait d'effectuer ma pratique spirituelle à l'hôpital a transformé ma vie et ma façon d'exercer ma profession de médecin. »

Une autre façon de voir les états d'épuisement

Les trois causes les plus fréquentes à l'origine de l'épuisement sont la perte de perspective, une accumulation de chagrins et d'affaires non réglées et une grande fatigue accompagnée de stress.

Du point de vue de l'esprit ordinaire et de l'ego, l'épuisement est un réel danger. Mais si l'on se place du point de vue de la nature véritable, il est impossible de s'épuiser en donnant aux autres. Votre essence compatissante est semblable au soleil : plus vous rayonnez la générosité, plus le lien qui vous unit à la source de sagesse se fortifie. Au lieu de vous épuiser, l'expression de cette compassion transcendante vous recharge, si bien que vous avez davantage à donner. Demandez-vous alors comment vous vous situez généralement.

Pour les professionnels ou les proches qui s'occupent

des mourants, les quatre tâches de la vie et de la mort ne sont pas facultatives. Nous ne serons pas capables d'aider les autres à guérir leur chagrin et à mettre un terme à leurs affaires non réglées si nous ne les avons pas reconnus en nous-mêmes et si nous ne nous en sommes pas libérés. Le fait de nous préparer sérieusement à notre mort nous apportera une compréhension inestimable, ainsi que la confiance nécessaire pour nous occuper, avec amour et de façon appropriée, des personnes qui souffrent. La distinction artificielle entre « celui qui aide » et « celui qui est aidé » disparaîtra lorsque nous nous apercevrons que nous sommes tous logés à la même enseigne, car nous sommes confrontés à la mort à chaque instant.

• *Tonglen pour les soignants*

La pratique de tonglen est particulièrement appropriée pour les soignants, car elle peut les aider à se relier à la souffrance d'une façon tout à fait nouvelle. Lorsque vous vous occupez de personnes qui souffrent, vous ressentez généralement de l'espoir et de la peur. Vous craignez d'avoir la même maladie que vos patients ou de subir la même douleur qu'eux, et vous espérez pouvoir les soulager de toute leur souffrance. Cette perspective conduit à la frustration et à l'épuisement total, puisqu'il est impossible de soulager la souffrance de tout le monde, et que la peur que vous ressentez en voyant leurs difficultés ne fait que fermer votre cœur. En outre, lorsque vous éprouvez de l'aversion à l'égard de la souffrance de votre patient, celui-ci perçoit votre peur et votre rejet, de sorte qu'il aura encore plus de mal à s'accepter lui-même et ce qu'il vit.

Avant de faire la pratique de tonglen pour les autres, vous aurez peut-être besoin de passer quelque temps, tous les jours, à effectuer tout d'abord la méditation sur l'amour-compassion et la pratique de tonglen sur vous-même, afin d'ouvrir votre cœur et de guérir vos peurs et vos chagrins accumulés. Une fois que vous aurez transformé votre propre souffrance émotionnelle, pratiquer tonglen pour autrui vous permettra d'accepter et d'aimer l'autre exactement tel qu'il est.

Imaginez un instant ce que doit ressentir un saint ou un bouddha face à notre souffrance. Qu'éprouve une mère aimante lorsqu'elle voit son enfant souffrir ? Elle ne rejette pas sa souffrance pour s'en détourner ; elle aspire profondément à l'en libérer et souhaite plus que tout lui apporter la paix de l'esprit. Il ne fait aucun doute que la compassion illimitée d'un être éveillé se manifesterait de la même façon à notre égard.

Puisque la nature véritable d'un être éveillé ne peut être affectée par la souffrance ni épuisée à force de donner de l'amour, le fait de nous relier à notre nature de sagesse nous procurera une joie confiante pour « donner et recevoir » sans peur. Lorsque nous envisageons la pratique ainsi, elle est plus puissante et apporte davantage de bienfaits aux personnes pour lesquelles nous pratiquons, ainsi qu'à nous-mêmes.

Les pratiques sur la compassion décrites aux chapitres 6 et 7 sont particulièrement bien adaptées au travail de soignant. Mais en ce qui concerne la méditation principale de tonglen, je vous conseille de commencer à vous y entraîner chez vous, en pratiquant « donner et recevoir » à chaque respiration comme pratique quotidienne de méditation. Dès lors que vous pratiquerez avec assurance, vous pourrez intégrer la pratique de tonglen dans votre travail de soignant.

- *Soyez bon avec vous-même*

Chaque fois que vous priez pour que tous les êtres soient heureux et libérés de la souffrance, veillez à ne pas vous oublier ! Pour pouvoir servir les autres, vous devez prendre soin de vous-même et vous « nourrir » afin de pouvoir vraiment donner. Ce n'est pas faire preuve de compassion que de se mettre dans un état d'épuisement et de tension parce que vous vous croyez indispensable. Ne pas être conscient de ce qui se passe dans votre corps et ne pas prendre soin de vous-même est aussi une manifestation de votre ego. Il est important de vérifier régulièrement que vous n'êtes pas en train de vous démener pour les autres dans le but de ne pas avoir à affronter vos propres difficultés et votre douleur intérieure.

Si tel est le cas, travaillez sur vous-même en faisant preuve de créativité, par exemple en lisant des passages d'enseignements spirituels ou en écoutant des cassettes qui ouvriront votre esprit et votre cœur. Si, en raison de votre douleur émotionnelle, vous vous êtes replié sur vous-même en évitant de pratiquer la méditation, prenez alors un peu de temps chaque jour pour vous « nourrir », en effectuant la pratique pour développer l'amour-compassion ou celle de tonglen pratiqué sur soi-même.

Accordez-vous des moments de détente. Le fait de vous relaxer profondément vous permet de vous recharger et de continuer à apporter de l'inspiration dans votre travail. Sachez aussi que le fait de vous imposer des limites, que ce soit dire non à la demande d'un de vos patients ou refuser de faire des heures supplémentaires, est parfois l'expression d'un amour essentiel envers vous-même.

Les soignants peuvent réduire le stress qui règne sur leur lieu de travail lorsqu'ils prennent conscience des difficultés auxquelles ils sont confrontés et reconnaissent qu'ils ont besoin d'une atmosphère plus favorable. Plusieurs équipes de soignants travaillant dans des unités de soins palliatifs ou dans des hôpitaux ont défini, après les avoir mis en pratique avec succès, les éléments nécessaires à un environnement qui les soutienne : la décision partagée par les membres de l'équipe de parler de leurs problèmes le plus tôt possible à partir du moment où ils apparaissent ; des rencontres fréquentes de l'équipe ainsi que des réunions régulières supervisées par un thérapeute ou un travailleur social ; un roulement permettant au personnel médical de travailler dans des services où la mort survient moins souvent ; la permission implicite de s'accorder des pauses à tour de rôle ou de plus longues périodes de repos pour soulager toutes les tensions inhérentes au travail.

N'oubliez jamais que vous ne pouvez pas surmonter seul les souffrances et les épreuves les plus profondes de votre vie. Une fois que vous avez pris conscience de vos difficultés, soyez prêt à demander et à recevoir de l'aide. Faites appel à un thérapeute professionnel ou tournez-vous vers des amis capables d'écouter. Passez un accord avec un groupe d'amis pour vous soutenir mutuellement. Ainsi, lorsque l'un d'entre vous traversera un moment de détresse, il pourra téléphoner en toute liberté à l'une des personnes inscrites sur la liste. Bien entendu, si la personne que vous appelez n'a pas le temps de vous écouter à ce moment-là, elle vous le dira honnêtement. Dans ce cas, arrangez-vous avec elle pour la rappeler plus tard, ou bien téléphonez à un autre ami dont le nom figure sur la liste.

Pensez à vous créer des habitudes saines et à ne pas avoir de projets et d'activités pour tous vos moments libres de la journée ou de la semaine. Pour vous rétablir, accordez-vous du temps, juste pour vous. Si vous avez eu une journée particulièrement difficile, arrangez-vous pour avoir le temps et l'espace de vous retrouver *avant* de reprendre votre vie de famille : que ce soit pratiquer une demi-heure de méditation, prendre un bain chaud, écouter de la musique, faire une promenade dans la nature ou écrire votre journal.

Chaque semaine, pratiquez une activité qui vous aide à nourrir et à restaurer votre être tout entier – corps, émotions, cœur et esprit– afin de maintenir un équilibre dans votre vie entre le soutien accordé à autrui, et la détente et le jeu.

Si vous vous occupez à domicile d'une personne

âgée, ou handicapée, nécessitant des soins prolongés, cela la soulagera certainement de voir que vous prenez du temps pour vous-même et elle aura ainsi moins l'impression d'être une lourde charge pour vous.

Enfin, pour manifester une compassion véritable, vous devez faire preuve d'intelligence et de discernement, de sorte qu'en répondant à la souffrance des autres vous fassiez ce qui est en votre pouvoir tout en abandonnant vos tensions ou vos inquiétudes. Gardez à l'esprit le message de la « Prière de la Sérénité » :

> Mon Dieu, accordez-moi la sérénité d'accepter ce que je ne peux changer,
> Le courage de changer ce qui est en mon pouvoir,
> Et la sagesse de savoir faire la différence.

Ainsi que l'exprime le grand saint bouddhiste et maître de compassion Shantidéva : « Si vous pouvez faire quelque chose pour remédier à votre problème, alors il n'y a pas de quoi s'en inquiéter ; et si vous ne pouvez rien faire, à quoi bon s'en soucier ? » En conséquence, au lieu de vous tracasser au sujet de situations où votre aide est inefficace ou indésirée, faites appel à la sagesse du discernement ainsi qu'à tout votre savoir-faire et à votre perspicacité pour trouver les domaines où vous *pouvez* améliorer la qualité de vie de vos patients et leur mort.

L'impermanence et le changement sont présents à chaque instant ; vous ne pouvez pas vivre pleinement le moment suivant si vous n'êtes pas détaché du précédent. *Il y a des situations où vous ne pouvez vraiment rien faire pour améliorer les choses, alors détendez-vous.*

Développer une perspective plus vaste

Que signifie trouver l'espoir au moment où nous sommes confrontés à la souffrance ou à la mort ? C'est lorsque nous commençons à découvrir et à développer une perspective plus vaste de la vie que naît l'espoir véritable : une façon de percevoir tout le cycle de la vie et de la mort à partir de la dimension plus profonde de notre nature véritable.

Nous faisons alors tout ce qui est en notre pouvoir pour ceux qui souffrent, sans considérer ce qu'ils vivent comme des tragédies irrévocables. En outre, nous ne portons pas tout le poids de leurs problèmes sur nos épaules. Lorsque le fardeau d'une personne pèse trop lourd pour nous, cela signifie que nous avons perdu de vue cette perspective plus vaste et que nous ne sommes plus capables de l'aider. Selon les mots du maître zen Suzuki Roshi :

> Vivre dans le monde de la nature de Bouddha signifie mourir en tant que petit être, d'instant en instant. Quand nous perdons notre équilibre nous mourons, mais, en même temps, nous nous développons, nous grandissons. Tout ce que nous voyons change, perd son équilibre. Si tout semble beau, c'est parce que tout est en déséquilibre, mais qu'au fond, tout est toujours en parfaite harmonie. C'est ainsi que tout existe dans le monde de la nature de Bouddha, perdant l'équilibre sur un fond de parfait équilibre. Si vous voyez les choses sans prendre conscience de cette nature de Bouddha à l'arrière-plan, tout apparaît alors sous forme de souffrance. Mais si vous comprenez le fond de l'existence, vous comprenez que la souffrance elle-même est notre manière de vivre et de continuer notre existence[5].

La perspective spirituelle qui embrasse la totalité de la vie et de la mort transforme également notre manière de voir nos patients. Une infirmière qui travaille dans une unité de soins palliatifs depuis de nombreuses années l'exprime de cette façon : « J'ai appris à voir et à apprécier la vraie personne à l'intérieur de chaque patient, l'être humain véritable qui est toujours présent, sous son apparence physique ou son état émotionnel. »

Apprendre à reconnaître notre propre souffrance avec compassion fera naître dans notre cœur une compassion illimitée à l'égard de la souffrance d'autrui et une révérence pour la vie sous toutes ses formes. En continuant à effectuer notre pratique spirituelle et à étudier, nous cultivons la joie de développer notre potentiel et commençons à apprécier le potentiel sacré présent en chaque personne à qui nous prodiguons des soins. Ne laissez jamais leur apparence ou leur souffrance vous faire oublier *qui* ils sont vraiment. *Dans l'essence de son être, quelle que soit son apparence, chaque personne est parfaite et complète.*

Épilogue

Après la mort de Lyttle, mon mari, j'ai repensé avec gratitude à tout ce qui s'était bien passé au cours de notre dernière année ensemble ainsi qu'à mes erreurs. En écrivant le poème suivant après son décès, j'ai pu exprimer mes regrets et faire la paix avec moi-même. Si vous avez perdu un être cher, je vous invite à faire de même : pardonnez-vous toutes vos erreurs et soyez certain que, si vous l'avez vraiment aimé du mieux que vous le pouviez, il le sait.

Tu peux perdre ta beauté

Tes cheveux tombent et
tu n'es plus aussi beau.
Tes yeux ont des cernes,
ton corps est boursouflé : tes bras couverts de
  bleus et de piqûres d'aiguilles ;
  tes jambes enflées et inutiles.
Ton corps et ton esprit
sont affaiblis par des médicaments toxiques,
ton urine a une odeur d'antibiotique
  et même la transpiration
dans laquelle baigne ton corps tout entier
aux premières heures de l'aube
empeste la dicloxacilline et la méthotrexate.

Tu as constamment la nausée.
J'ai peur de bouger au lit
de crainte que tu ne te réveilles
  en gémissant

et te penches sur le côté
pour vomir dans un sac.
Je me replie sur moi-même dans la position du fœtus
  et me réfugie dans mes rêves,
le dos tourné vers toi, pleine d'effroi –
  j'ai peur
  et je me cache,
mais je t'aime tant ;
cette vérité-là est immuable.

Il y a des années,
lorsque je t'ai rencontré et que nous sommes tombés
amoureux l'un de l'autre,
ta beauté m'avait attirée :
  longs cheveux châtains et dorés,
  yeux verts limpides et pleins de sérénité,
  pommettes hautes, muscles allongés,
mais, tu le sais, c'est de ton âme dont je me suis éprise,
  de ton essence véritable,
qui, elle, ne peut perdre sa beauté.

Ces derniers jours,
même ton âme a semblé s'obscurcir,
  mais je te reconnais toujours.

Sans doute sommes-nous effrayés,
  désireux de dissimuler notre tristesse.
Peut-être nous faudra-t-il encore du temps
pour reconnaître la vérité,
  pourtant je ne souhaite être nulle part ailleurs :

Je suis là, près de toi,
tu peux perdre ta beauté aux yeux du monde,
  sois sans crainte –
Je t'aimerai toujours.

Je ne sais ce qu'a représenté pour vous la lecture de ce livre, mais en ce qui me concerne, sa rédaction fut un réel défi. J'ai en effet été confrontée sans équivoque à des aspects jusqu'alors inachevés de ma vie : mon incapacité de pardonner, des peurs non résolues, d'anciens chagrins et des expériences douloureuses dont j'avais besoin de prendre conscience. Tandis que je couchais ces mots sur le papier, de nouvelles pertes et des fins importantes ont eu lieu. Alors même que je décrivais les pratiques et les enseignements spirituels présentés dans cet ouvrage, j'ai dû les utiliser pour apaiser ma propre souffrance : prendre conscience avec compassion de ma douleur morale et physique, faire appel à des amis et à un thérapeute pour qu'ils m'apportent leur soutien, affronter et résoudre des affaires non réglées et considérer avec un regard neuf les enseignements spirituels. J'ai dû méditer et prier alors même que j'étais parfois en pleine crise de larmes.

Au début de mon voyage spirituel, j'avais espéré me libérer complètement de toute ma souffrance et de toutes mes peurs. Au pied de la montagne, le regard fixé sur les cimes enneigées, j'imaginais un voyage rapide et sans douleur jusqu'au sommet. Or, le chemin spirituel, dont la promesse renferme tant d'espoirs, me renvoie à ma propre responsabilité. Je dois accomplir le difficile voyage et faire le travail nécessaire pour guérir ma vie, mes comportements et mes habitudes égoïstes. Et tout ce qui arrive – toutes les pertes et les frustrations – révèle de nouveaux défis.

Ce que j'ai surtout appris, c'est l'importance d'être bon avec soi-même alors qu'on avance sur le chemin spirituel. La vie n'est pas facile, et il est parfois bien tentant de *ne pas* nous pardonner nos défauts et nos erreurs. Mais telle est la condition humaine. Nous devons reconnaître nos erreurs et nous pardonner, nous diriger vers l'instant suivant avec un cœur pur sans porter de jugement. Tout le monde souffre et beaucoup de gens ne possèdent pas les outils leur permettant de trouver une issue ou d'entrevoir une lueur d'espoir. Si, à travers notre propre souffrance, nous pouvons développer un cœur compatissant de plus en plus vaste et aimant, nous aurons alors quelque chose d'authentique à offrir aux autres.

Je souhaite que ce livre vous ouvre des portes d'espoir, de pardon et de guérison. Je souhaite qu'en prenant connaissance de la souffrance que d'autres personnes et moi-même avons subie, des erreurs que nous avons commises et de la compréhension que nous avons acquise, vous puissiez mettre en application ces pratiques et ces enseignements spirituels et trouver ainsi la force de commencer à vivre avec courage et compassion, avec le sentiment d'avoir un but dans la vie, en prenant le risque d'accorder votre soutien aux autres avec amour et une profonde confiance en vous. Que nous soyons ainsi soulagés des souffrances inutiles de la vie et de la mort.

Si vous avez « pratiqué l'art de mourir » tout au long de votre vie, si vous pouvez de bon gré abandonner vos attachements et offrir tout ce que vous laissez derrière vous, si en regardant dans votre cœur vous y découvrez une source intarissable d'amour, et si vous êtes capable de demeurer sans distraction dans l'immensité de votre nature véritable, alors la mort sera comme de sortir d'une très vieille prison qui disparaît derrière vous telle une image dans un rêve.

Tandis que j'écris ces mots, c'est le vingtième anniversaire de la mort de Lyttle. Ce livre est pour moi une façon de dédier sa souffrance au bienfait de toutes les personnes qui sont actuellement malades ou mourantes ainsi qu'à leurs proches et aux personnes chargées de leur donner des soins. Je prie pour que chacun d'entre nous reconnaisse le potentiel sacré présent en nous-mêmes et irradie la présence de sagesse et de compassion illimitées, afin d'apporter davantage de bonheur et de paix dans le monde, jusqu'à ce que tous atteignent l'éveil.

Tranquillité

A l'intérieur de ce nouvel amour, meurs.
Ton chemin commence de l'autre côté.
Deviens le ciel.
Prends une hache pour casser le mur de ta prison.
Evade-toi.
Disparais comme quelqu'un qui serait soudain devenu
couleur.
Fais-le maintenant.
Tu es recouvert d'épais nuages.
Glisse sur le côté. Meurs,
et sois tranquille.
La tranquillité est le signe incontestable de ta mort.
Dans ta vie ancienne tu fuyais éperdument
le silence.

La pleine lune silencieuse
apparaît maintenant.

RÛMÎ [1].

Notes

Chapitre 1

1. Cette histoire, rapportée par Sogyal Rinpoché, parut pour la première fois dans la revue *Psychology Today* (avril 1977), dans un article intitulé « *New Evidence for the Survival of Consciousness* » de Daniel Goleman. Une version plus complète figure dans le livre de Sogyal Rinpoché, *Le Livre tibétain de la Vie et de la Mort*, traduit par Gisèle Gaudebert et Marie-Claude Morel, Editions de La Table Ronde, Paris, 1993, p. 300.

Chapitre 4

1. Sogyal Rinpoché, *Le Livre tibétain de la Vie et de la Mort*, Editions de La Table Ronde, Paris, 1993, p. 33.
2. Kenneth Ring, *Sur la frontière de la vie*, Robert Laffont, 1982.
3. Margot Grey, *Return from Death : An Exploration of the Near-Death Experience* (Boston : Arkana, 1985), p. 47.
4. Michael B. Sabom, *Souvenirs de la mort*, Robert Laffont, 1983.
5. Margot Grey, *Return from Death*, *op. cit.*, p. 47.
6. *Id.*, *ibid.*, p. 53.
7. Raymond A. Moody, *La Vie après la vie : enquête à propos d'un phénomène, la survie de la conscience après la mort du corps*, Robert Laffont, 1978 ; J'ai lu, 1986.
8. P. M. H. Atwater, *Coming Back to Life* (New York : Dodd, Mead, 1988), p. 36.

9. Sogyal Rinpoché, *Le Livre tibétain de la Vie et de la Mort*, *op. cit.*, p. 36.

Chapitre 5

1. Pesach Krauss, *Why Me ? Coping with Grief, Loss, and Change* (New York : Bantam, 1988), p. 66.

2. Les quatre nobles vérités sont traditionnellement formulées de la sorte : la vérité de la souffrance, la vérité de la cause de la souffrance, la vérité de la cessation de la souffrance et la vérité du chemin qui conduit à la cessation de la souffrance.

3. Elisabeth Kübler-Ross, *La mort est un nouveau soleil*, Presses Pocket, 1990, p. 58.

Chapitre 6

1. Ken Wilber, *Grace and Grit : Spirituality and Healing in the Life and Death of Treya Killam Wilber* (Boston : Shambhala, 1991), p. 360.

2. *Bodhicitta* est un mot sanskrit qui signifie « le cœur de l'esprit d'éveil ». La bodhicitta absolue fait référence à l'aspect de sagesse de notre nature, tandis que la bodhicitta relative est un pur amour inconditionnel et une compassion qui irradient de notre nature de sagesse vers tous les êtres.

3. Sogyal Rinpoché, *Le Livre tibétain de la Vie et de la Mort*, *op. cit.*, p. 91.

4. *Id., ibid.*, p. 268.

5. Ken Wilber, *Grace and Grit, op. cit.*, p. 250.

6. Sogyal Rinpoché, *Le Livre tibétain de la Vie et de la Mort*, Editions de La Table Ronde, Paris, 1993, p. 95.

Chapitre 7

1. Sogyal Rinpoché, *Le Livre tibétain de la Vie et de la Mort*, Editions de La Table Ronde, Paris, 1993, p. 415.

Chapitre 9

1. Mère Teresa, *Le Chemin tout simple,* Plon/Mame, 1995.

2. Evangile selon saint Jean, 14,14.

3. Ruth Hatch dans « The Way to Life », éditorial paru dans le journal *Community Spirit,* Monterey, CA, 1983.

4. International Committee on English in the Liturgy, *Pastoral Care of the Sick – Rite of Anointing and Viaticum* (New York : Catholic Book Publishing, 1983), p. 210.

5. C'est la version courte du *Viduy,* la prière de confession pour le moment de la mort dans la tradition hébraïque, telle qu'elle apparaît dans le *Mourning in Halachah* du rabbin Chaim Binyamin Goldberg (Brooklyn, NY : Mesorah Publications, 1991), p. 442.

6. Les testaments précisant les « dernières volontés de vie » ne constituent pas toujours une obligation juridique, et il arrive parfois que les médecins, les responsables d'hôpitaux ou les membres de la famille outrepassent les instructions de la personne mourante. Par contre, une procuration établie par un notaire est un document juridiquement contraignant.

7. *Le Livre des Morts tibétain,* trad. par Francesca Fremantle et Chögyam Trungpa, *Le Courrier du livre,* 1984.

8. Sogyal Rinpoché, *Le Livre tibétain de la Vie et de la Mort,* Editions de La Table Ronde, Paris, 1993, p. 313.

9. *Le Livre des Morts tibétain, op. cit.*

10. Dans la tradition Nyingma, le pratiquant invoque Padmasambhava et récite son mantra : *Om Ah Hum Vajra Guru Padma Siddhi Hum.* De nombreuses personnes m'ont confié avoir ressenti une plus grande confiance en la présence de Dieu ainsi qu'une plus grande réceptivité à Son pardon et à Sa bénédiction lorsqu'elles récitaient une courte prière issue de leur propre tradition spirituelle tout en effectuant la pratique essentielle du p'owa.

11. Une autre pratique pour le moment de la mort consiste à murmurer le nom de certains bouddhas, comme par exemple Amitabha, Avalokiteshvara ou Padmasambhava, dans l'oreille de la personne mourante, ou à réciter leur mantra, ce qui invoque la présence et les bénédictions de ces bouddhas dans la chambre du mourant ou dans son cœur.

12. Nyoshul Khenpo, *Natural Great Perfection* (Ithaca, NY : Snow Lion, 1995), p. 56.

13. La signification du *Mani,* le mantra d'Avalokiteshvara,

est expliquée de façon détaillée dans *Le Livre tibétain de la Vie et de la Mort* de Sogyal Rinpoché, *op. cit.*, p. 512-515.

14. Cette pratique est décrite dans *The Way of a Pilgrim and The Pilgrim Continues His Way,* trad. par R. M. French (Harper San Francisco, 1965) ; et dans *The Path of Prayer* par saint Théophane le Reclus (Newbury, MA : Praxis Institute Press, 1992).

Chapitre 10

1. Léon Tolstoï, *La Mort d'Ivan Ilitch,* traduit par Michel R. Hofmann. Le Livre de Poche, p. 85-86, p. 89-90.

2. Stephen Covey, *First Things First* (New York : Simon & Schuster, 1994), p.17.

3. Kenneth Ring, *Sur la frontière de la vie,* Robert Laffont, 1982.

4. *Id., ibid.*

5. Margot Grey, *Return from Death : An Exploration of the Near-Death Experience* (Boston : Arkana, 1985), p. 100.

6. Sogyal Rinpoché, *Le Livre tibétain de la Vie et de la Mort,* Editions de La Table Ronde, Paris, 1993, p. 284.

7. Mwalimu Imara, « La mort, dernière étape de la croissance », dans Elisabeth Kübler-Ross, *La Mort, dernière étape de la croissance,* Editions du Rocher, 1985.

8. Shunryu Suzuki, *Esprit zen, esprit neuf,* traduit par Sylvie Carteron, Le Seuil, Points/Sagesses, p. 112-113.

9. Viktor Frankl, *Découvrir un sens à la vie,* Editions de l'Homme, 1988.

10. Sandol Stoddard, *The Hospice Movement : A Better Way to Care for the Dying* (New York : Random House, 1991), p.123.

11. Pesach Krauss, *Why Me ? Coping with Grief, Loss, and Change* (New York : Bantam, 1988), p. xiv.

12. *The Essential Rumi,* trad. par Coleman Barks (San Francisco : HarperCollins, 1995), 31-32.

13. Frère David Steindl-Rast, cité dans la *Hanuman Foundation Newsletter,* 1981, vol. 2, p. 12.

Chapitre 11

1. Judy Tatelbaum, *The Courage to Grieve : Creative Leaving, Recovery and Growth Through Grief* (New York : Harper & Row, 1980), p. 107.
2. *Id., ibid.*, p. 9.
3. *Id., ibid.*, p. 160.
4. C. S. Lewis, *A Grief Observed* (New York : Bantam, 1963).

Chapitre 12

1. Sogyal Rinpoché, *Le Livre tibétain de la Vie et de la Mort*, Editions de La Table Ronde, Paris, 1993, p. 346.
2. Michael Sabom, *Souvenirs de la mort*, Robert Laffont, 1983.
3. Ce fait fut observé et consigné par écrit par deux infirmières travaillant dans une unité de soins palliatifs, Maggie Callanan et Patricia Kelley, dans leur livre *Final Gifts : Understanding the Special Awareness, Needs and Communications of the Dying* (New York : Bantam, 1992).
4. George Ritchie, *Retour de l'au-delà*, Robert Laffont, 1986.
5. Padmasambhava, cité par Tsele Natsok Rangdröl dans *Le miroir qui rappelle et clarifie le sens général des bardos*, Editions Dharmachakra, Bruxelles, 1993.
6. Mary Oliver, « In Blackwater Woods », extrait de *American Primitive* (Boston : Little, Brown, 1983), p. 82.
7. Pesach Krauss, *Why Me ? Coping with Grief, Loss, and Change* (New York : Bantam, 1988), p. 170.

Chapitre 13

1. Stephen Levine, « Coma Stories », publié dans *Co-Evolution Quarterly* (Sausalito, CA, Winter 1983), p. 46.

Chapitre 14

1. Chagdud Tulku Rinpoché, *Life in Relation to Death* (Cottage Grove, OR : Padma Publishing, 1987), p. 28.
2. Sogyal Rinpoché, *Le Livre tibétain de la Vie et de la Mort*, Editions de La Table Ronde, Paris, 1993, p. 94.
3. Dilgo Khyentsé, *The Wish-Fulfilling Jewel* (Boston : Shambhala, 1988), p. 75.
4. Sogyal Rinpoché, *Le Livre tibétain de la Vie et de la Mort*, *op. cit.*, p. 117.
5. Shunryu Suzuki, *Esprit zen, esprit neuf*, traduit par Sylvie Carteron, Le Seuil, Points/Sagesses, p. 43.

Épilogue

1. *The Essential Rumi*, trad. par Coleman Barks (San Francisco : HarperCollins, 1995), 31-32.

Remerciements

J'aimerais exprimer ma plus profonde gratitude à tous les maîtres spirituels dont les enseignements, les bénédictions et les encouragements constants sont la source et l'inspiration de mon travail : mes principaux maîtres, Sogyal Rinpoché et Nyoshul Khen Rinpoché, ainsi que Tulku Urgyen, Dzongsar Jamyang Khyentsé Rinpoché et Dodrupchen Rinpoché, et les grands maîtres tibétains de ce siècle qui m'ont généreusement prodigué leurs bénédictions, leurs enseignements et leur protection : Sa Sainteté le Dalaï-Lama, Sa Sainteté le seizième Gyalwang Karmapa, Sa Sainteté Dudjom Rinpoché, Sa Sainteté Dilgo Khyentsé Rinpoché, Khandro Tsering Chödrön, et Kyabjé Pénor Rinpoché. Puisse l'infatigable activité compatissante qu'ils déploient pour le bienfait des êtres apporter une satisfaction toujours plus grande, et puisse l'héritage de leur sagesse se perpétuer pendant les siècles à venir.

Pour m'avoir aidée à mettre la dernière touche à ce livre, mes remerciements profonds vont à Frank Zechner, qui m'a offert une aide inestimable en m'apportant son soutien et en effectuant des recherches, en lisant le texte et en me suggérant de nombreuses améliorations. Je suis reconnaissante à D. Patrick Miller et à Phyllis Hatfield qui ont mis à ma disposition leur très précieux talent de correcteurs, leur créativité, leur patience et leur immense gentillesse, afin de donner forme à ce livre. Mes remerciements vont également à Patrick Gaffney, qui m'aida à éclaircir des points cruciaux et qui est pour moi une source constante d'inspiration, tant par son talent d'écrivain que par son être tout entier.

Il y a beaucoup d'autres personnes à qui je suis redevable, cependant j'aimerais remercier plus spécialement toutes celles qui ont offert leur assistance, leurs suggestions ou leur aide en effectuant des recherches et des transcriptions, notamment : Ringu Tulku, Gabriel Berdé, Richard Bredsteen, Marion Kuiper et Robin Phillips.

Je suis également reconnaissante à toutes les personnes qui m'ont offert leurs encouragements et leur soutien personnel et pratique au cours des nombreuses années que nécessita la rédaction de cet ouvrage, notamment : Diane Exeriede, Michael Pope, Sandra Scales, Marie-Hélène Crépin, Henryk et Illeane Szmidt, Annette Cyran, mes amis à Seminarhaus Engl – Wolfgang, Heike et Ute –, la famille Muckle, Carol Wadsworth, Annie Eichenholz, Erric Solomon, les Brombach et le personnel à Hospiz Elizabeth, et mes parents.

De nombreuses personnes, au sein de Rigpa et du « Programme d'étude et de formation pour l'accompagnement spirituel », ont contribué à mon travail au fil des années, et je leur offre à toutes mes sincères remerciements. J'aimerais exprimer tout spécialement ma profonde gratitude à ceux qui, durant de nombreuses années, ont offert leur soutien pour la création du « Programme d'étude et de formation pour l'accompagnement spirituel » et le développement de mes enseignements : Sandra Pawula, Tim McKnight, docteur Catherine Blanc, Catherine Cornière et Nicole Géhin, Olivier Raurich, Morgan Gottschalk, Monique Béranger, Monique Liégeois, Marie-Christine Petit et les membres de l'association Tonglen, Christa Reichert et Mary Moore, directrice du « Programme d'étude et de formation pour l'accompagnement spirituel », et Angela Bork-Krahmer qui coordonne le programme de mes enseignements en Europe depuis plusieurs années.

Je tiens à remercier également mes traductrices, Marie-Béatrice Leray et Marianne Coulin, et tous ceux qui m'ont offert leurs suggestions et leur soutien.

Je suis particulièrement reconnaissante à mes agents Robert Levine et Danny Baror, mon ami Geoffrey Menin et mon éditeur à Doubleday, Betsy Lerner, pour leurs encouragements, leurs conseils et leur indispensable soutien, qui permirent à ce livre de voir le jour.

Finalement, ma profonde reconnaissance va à mon fils, Donovan, dont l'amour inconditionnel enrichit ma vie, et à mon ex-époux, Lyttle, dont la vie, la souffrance et la mort m'ont poussée à m'engager sur un chemin spirituel et à trouver un sens plus grand à ma vie.

Je dédie ce livre à tous ceux dont les récits et les idées figurent dans ces pages, en expression de la gratitude que j'éprouve à leur égard, car en prenant connaissance de leur expérience, de nombreuses autres personnes sont maintenant encouragées à guérir les blessures de leur vie et à trouver l'espoir dans la mort.

Annexe A

Bibliographie

Sur la mort et les mourants

CL. BASCHET, J. BATAILLE, *La Mort à vivre,* Ed. Autrement.

CH. BIOT, F. GUINAND, F. ORTALA, *Mourir vivant,* Ed. L'Atelier.

CH. GLEIZE, *Vers l'autre rive,* Ed. St. Paul.

STANISLAV GROF, *Au-delà de la mort : les portes de la conscience,* Seuil, 1991.

NAGO HUMBERT, *La Douleur : une crise du corps et de l'âme,* Ed. Victor Attinger.

MARK et DAN JURY, *Gramps : A Man Ages and Dies,* New York : Penguin, 1976.

PESACH KRAUSS, *Why me ? Coping with Grief, Loss, and Change.* New York : Bantam, 1988.

ELISABETH KÜBLER-ROSS, *Vivre avec la mort et les mourants,* Editions du Rocher, 1990.

–, *La mort est un nouveau soleil,* Editions du Rocher, 1988.

–, *La mort, dernière étape de la croissance,* Editions du Rocher, 1985.

–, *Les derniers instants de la vie,* Labor et Fides, 1989.

STEPHEN LEVINE, *Qui meurt ? Une investigation du processus conscient de vivre et mourir,* Le Souffle d'Or, 1991.

DORIS LUND, *Eric,* Philadelphia : J. B. Lippincott, 1974.

MARIE de HENNEZEL, *La Mort intime,* Robert Laffont, 1995.

–, *L'Art de mourir,* Robert Laffont, 1997.

M. RUIZNIEWSKY, *Face à la maladie grave,* Editions Dunod.

BERNIE S. SIEGEL, *L'Amour, la médecine et les miracles,* Robert Laffont, 1989 ; J'ai lu, 1999.

LÉON TOLSTOÏ, *La Mort d'Ivan Ilitch,* traduit par Michel R. Hofmann. Le Livre de Poche.

–, *La mort est une autre naissance,* Espaces libres, Albin Michel, 1989.

L'accompagnement des mourants dans une unité de soins palliatifs et à domicile

N. Bénédicte, *Journal d'une infirmière*, Plon.

Véronique Blanchard et collaborateurs, *Soins palliatifs, réflexions et pratiques*, Fondation de France : Editions Formation et Développement, 1996.

Maggie Callanan et Patricia Kelley, *Final Gifts : Understanding the Special Awareness, Needs and Communications of the Dying*, New York : Bantam, 1992.

Deborah Duda, *Coming Home : A Guide to Dying at Home with Dignity*, New York : Aurora Press, 1987.

Ted Edison, *The AIDS Caregiver's Handbook*, New York : St. Martin's Press, 1993.

Earl Grollman, *Concerning Death : A Practical Guide for the Living*, Boston : Beacon, 1974.

Nancy L. Mace et Peter V. Rabins, *The 36-Hour Day : A Family Guide to Caring for Persons with Alzheimer's*, Baltimore : Johns Hopkins University Press, 1991.

Cicely Saunders et Mary Baines, *La vie aidant la mort : thérapeutiques antalgiques et soins palliatifs en phase terminale*, Medsi, 1985.

Sandol Stoddard, *The Hospice Movement : A Better Way to Care for the Dying*, New York : Random House, 1991.

Soutien aux personnes en deuil

Paul Kent Froman, *After You Say Goodbye : When Someone You Love Dies of AIDS*, San Francisco : Chronicle Books, 1992.

Judith Guest, *Ordinary People*, New York : Viking, 1976.

C. S. Lewis, *A Grief observed*, New York : Bantam, 1963.

Christopher Lukas et Henry Seiden, *Silent Grief : Living in the Wake of Suicide*, New York : Bantam, 1987.

Harriet Sarnoff-Schiff, *Parents en deuil*. Robert Laffont, 1984.

–, *Living Through Mourning*, New York : Viking Penguin, 1986.

Judy Tatelbaum, *The Courage to Grieve : Creative Living, Recovery and Growth Through Grief*, New York : Harper & Row, 1980.

Les enfants face à la mort

MYRA BLUEBOND-LANGER, *The Private Worlds of Dying Children,* Princeton : Princeton University Press, 1980.

CHARLES A. CORR et Donna M. CORR, *Helping Children Cope with Death and Bereavement,* New York : Springer, 1995.

EARL GROLLMAN, *Talking About Death : A Dialogue Between Parent and Child,* Boston : Beacon, 1976.

ELISABETH KÜBLER-ROSS, *La Mort et l'Enfant,* Editions du Rocher.

Les expériences de proximité de la mort

P. M. H. ATWATER, *Beyond the Light,* New York : Avon, 1994.

MARGOT GREY, *Return from Death : An Exploration of the Near-Death Experience,* Boston : Arkana, 1985.

DAVID LORIMER, *L'Enigme de la survie,* Robert Laffont (Les énigmes de l'univers), 1992.

RAYMOND A. MOODY, *La Vie après la vie : enquête à propos d'un phénomène, la survie de la conscience après la mort du corps,* Robert Laffont, 1977 ; J'ai lu, 1986.

–, *Lumières nouvelles sur la vie après la vie,* J'ai lu, 1990.

MELVIN MORSE, *Les Enfants dans la lumière de l'au-delà,* Robert Laffont, 1992.

KENNETH RING, *En route vers Oméga,* Robert Laffont (Les énigmes de l'univers), 1991.

–, *Sur la frontière de la vie,* Robert Laffont (Les énigmes de l'univers), 1982.

GEORGE RITCHIE, *Retour de l'au-delà,* Robert Laffont, 1986.

MICHAEL B. SABOM, *Souvenirs de la mort,* Robert Laffont (Les énigmes de l'univers), 1983.

Enseignements bouddhistes sur la mort et le moment de la mort

CHAGDUD TULKU RINPOCHÉ, *Life in Relation to Death,* Cottage Grove, OR, Padma Publishing, 1987.

CHÖKYI NYIMA RINPOCHÉ, *The Bardo Guidebook,* Kathmandu, Rangjung Teshé, 1991.

FRANCESCA FREEMANTLE et CHÖGYAM TRUNGPA, *Le Livre des morts tibétain,* Le Courrier du livre, 1984.

PHILIP KAPLEAU (ed.), *The Wheel of Death : A Collection of Wrintings from Zen Buddhist and Other Sources on Death, Rebirth, Dying,* New York : Harper & Row, 1971.

LAMA LODÖ, *Bardo Teachings,* Ithaca, NY : Snow Lion, 1987.

LATI RINPOCHÉ, ELISABETH NAPPER, JEFFREY HOPKINS, *La Mort, l'état intermédiaire et la renaissance dans le bouddhisme tibétain,* Dharma, 1986.

GLENN H. MULLIN, *Pour mieux vivre sa mort : Anthologie tibétaine,* traduit du tibétain et de l'anglais par Olivier de Féral, Trismégiste, 1990.

TSELE NATSOK RANGDROL, *Le miroir qui rappelle et clarifie le sens général des bardos,* Editions Dharmachakra, Bruxelles, 1993.

SOGYAL RINPOCHÉ, *Le Livre tibétain de la Vie et de la Mort,* traduit par Gisèle Gaudebert et Marie-Claude Morel, Editions de La Table Ronde, Paris, 1993.

Autres thèmes spirituels

CHARLOTTE JOKO BECK, *Vivre le zen ou le zen vivant,* Presses Pocket, 1997.

PEMA CHÖDRÖN, *Start Where You Are,* Boston : Shambhala, 1994.

DALAÏ LAMA, THE FOURTEENTH, *Kindness, Clarity and Insight,* Ithaca, NY : Snow Lion, 1984.

RAM DASS et PAUL GORMAN, *How Can I Help ?* New York : Alfred A. Knopf, 1985.

LARRY DOSSEY, M. D. *Recovering the Soul : A Scientific and Spiritual Search,* New york : Bantam, 1989.

MATTHEW FOX, *A Spirituality Named Compassion,* Harper San Francisco, 1979.

VIKTOR FRANKL, *Découvrir un sens à la vie,* Editions de l'Homme, 1988.

GERALD JAMPOLSKY, *Sans peur et sans reproches,* Editions Vivez Soleil, 1989.

NYOSHUL KHENPO, *Natural Great Perfection,* Ithaca, NY : Snow-Lion,1995.

DILGO KHYENTSÉ, *La Fontaine de grâce,* Editions Padmakara, 1993.

J. KRISHNAMURTI, *Think on These Things,* New York : Harper & Row, 1964.

THOMAS MERTON, *La Sagesse du désert,* traduction de Marie Jadie, Albin Michel, 1987.

–, *Contemplative Prayer,* New York : Doubleday, 1969.

JACK RIEMER (ed.), *Jewish Reflections on Death,* New York : Schocken, 1974.

FRÈRE DAVID STEINDL-RAST, *Le Cœur à l'écoute – L'art de la vie contemplative,* Dangles, 1996.

–, *Gratefulness, the Heart of Prayer : An Approach to Life in Fullness,* Ramsey, NJ : Paulist Press, 1984.

SHUNRYU SUZUKI, *Esprit zen, esprit neuf,* traduit par Sylvie Carteron, Le Seuil, Points/Sagesses, 1977.

MÈRE TERESA, *Jésus, Celui qu'on invoque,* Nouvelle Cité, 1988.

–, *Le Chemin tout simple,* Plon/Mame, 1995.

SAINT THEOPHAN THE RECLUSE, *The Path of Prayer,* Newbury, MA : Praxis Institute Press, 1992.

CHÖGYAM TRUNGPA, *Training the Mind in Loving Kindness,* Boston : Shambala, 1993.

KEN WILBER, *Grace and Grit : Spirituality and Healing in the Life and Death of Treya Killiam Wilber,* Boston : Shambhala, 1991.

Annexe B

Programme d'étude et de formation pour l'accompagnement spirituel

Si vous désirez en savoir davantage sur le sujet traité dans ce livre, vous pouvez vous renseigner sur le « Programme d'étude et de formation pour l'accompagnement spirituel », conçu pour venir en aide aux personnes intéressées par les problèmes de la mort et du moment de la mort.

Ce programme, né du travail de Rigpa et inspiré par le livre de Sogyal Rinpoché, *Le Livre tibétain de la Vie et de la Mort,* s'efforce d'appliquer la compassion et la sagesse des enseignements bouddhistes aux besoins des personnes de notre temps : dans leur vie, au moment de la mort ou durant les périodes de deuil.

Christine Longaker, ainsi que d'autres personnes, donne des conférences en Amérique du Nord, en Europe et en Australie, et il existe un réseau de groupes d'étude et de pratique qui se sont avérés particulièrement utiles aux soignants qui travaillent dans les domaines de la médecine, de la santé et des services sociaux. Le développement d'un programme d'accompagnement vient de commencer avec la création d'une unité de soins palliatifs en Irlande.

Si vous désirez davantage de renseignements sur le « Programme d'étude et de formation pour l'accompagnement spirituel », écrivez ou téléphonez à :

Rigpa
40, rue Blanche, 75009 Paris.
Tél. : 01.40.82.90.70.

• *Cassettes audio*

Pour vous procurer le dernier catalogue des cassettes audio de Sogyal Rinpoché et de Christine Longaker, prenez contact avec :

Rigpa Diffusion
40, rue Blanche, 75009 Paris.
Tél : 01.40.82.91.15.

• *D'autres adresses utiles*

« Répertoire d'aide aux personnes endeuillées » : Fondation de France, pôle Santé, 40, avenue Hoche, 75008 Paris. Tél. : 01.44.21.31.01 & 01.44.21.31.00.

« Fédération des associations JALMAV » : 21, rue Sainte-Anne, 45000 Orléans. Tél. : 02.38.53.15.85. Fax : 02.38.56.16.85.

« Soins palliatifs et accompagnement des malades en fin de vie » : Dr Delbecque, ministère des Affaires sociales et de la Ville.

Union des ASP : 66, rue Boissière, 75116 Paris. Tél. : 01.45.01.27.57.

Association Tonglen : route de la Boissière, 34150 Aniane.

Association Albatros : 33, rue Pasteur, 69002 Lyon. Tél. : 04.78.58.94.35.

Association François-Xavier Bagnoud, 7, rue Violet, 75015 Paris. Tél. : 01.44.37.92.00.

Maison médicale Jeanne-Garnier, 106, avenue Emile-Zola, 75015 Paris. Tél. : 01.43.92.21.00.

À propos de l'auteur

Christine Longaker est une étudiante de Sogyal Rinpoché (auteur du *Livre tibétain de la Vie et de la Mort*) depuis 1980. Elle a été pendant neuf ans la principale coordinatrice de « Rigpa Fellowship » aux Etats-Unis, une association qui diffuse les enseignements bouddhistes sous la direction de Sogyal Rinpoché. L'expérience directe qu'elle a acquise en tant que soignante et en traversant, seule, l'épreuve de son chagrin après la mort de son mari, a fait d'elle une pionnière du mouvement des soins palliatifs. Elle participa en effet à la création de l'Unité de soins palliatifs du comté de Santa Cruz en Californie et en devint la présidente.

Depuis qu'elle a cessé de travailler dans les unités de soins palliatifs, Christine a dirigé des centaines de séminaires de formation à l'accompagnement des mourants, aux Etats-Unis, au Canada et en Europe. Pendant de nombreuses années, elle a donné des cours sur la mort et le moment de la mort dans des universités, formé des infirmières, des religieux et des soignants travaillant dans des unités de soins palliatifs, et conseillé les familles. Elle travaille actuellement en étroite collaboration avec Sogyal Rinpoché au développement du « Programme d'étude et de formation pour l'accompagnement spirituel » qui applique la compassion et la sagesse des enseignements bouddhistes aux besoins des personnes de notre temps : dans leur vie, au moment de la mort ou durant les périodes de deuil.

Outre les séminaires dirigés par Christine, le programme soutient un réseau grandissant de groupes d'étude et de pratique pour les professionnels de la santé qui souhaitent intégrer les enseignements dans leur vie et dans leur travail.

J'AI LU
Bien-être
7179

PCA – 44400 Rezé
Achevé d'imprimer en Europe (Allemagne)
par Elsnerdruck à Berlin
le 25 octobre 1999.
Dépôt légal octobre 1999. ISBN 2-290-07179-X

Éditions J'ai lu
84, rue de Grenelle, 75007 Paris
Diffusion France et étranger : Flammarion